·高职高专院校工学结合立体化项目教材·
高等职业教育"十三五"规划教材

员工培训管理
YUANGONG PEIXUN GUANLI

主 编 马远
副主编 陈雪玉 刘升忠 胡雪花 戴宇萍

·广州·

内容简介

本书是高等职业教育"十三五"规划教材之一,共分为七个项目,分别是认知员工培训管理、分析员工培训需求、设计和策划培训项目、组织并实施培训、评估培训效果、新员工入职培训、E化培训。全书内容根据高职院校工学结合的人力资源管理人才培养模式进行设计,采取以项目为载体、以任务为驱动进行编写,具有较强的实践性。每个项目均设置了情境任务设计、训练任务、学习任务、案例分析、实训训练等内容,同时,每个任务均有即时案例导入,通过"做中学""学中做"的方式引导学生理解知识并掌握员工培训管理的实操技能。

本书可用于高职院校人力资源管理专业的员工培训相关课程,也可作为从事人力资源管理领域培训、致力于人力资源管理领域教学的工作者和企业管理人员的参考资料。

图书在版编目(CIP)数据

员工培训管理/ 马远主编. —广州:华南理工大学出版社,2017.2
高职高专院校工学结合立体化项目教材
高等职业教育"十三五"规划教材
ISBN 978 – 7 – 5623 – 5158 – 0

Ⅰ. ①员… Ⅱ. ①马… Ⅲ. ①企业管理 – 职工培训 – 高等职业教育 – 教材 Ⅳ. ①F272.92

中国版本图书馆 CIP 数据核字(2017)第 014822 号

员工培训管理

马　远　主编

出　版　人:卢家明
出版发行:华南理工大学出版社
　　　　　(广州五山华南理工大学 17 号楼,邮编 510640)
　　　　　http://www.scutpress.com.cn　　E-mail:scutc13@scut.edu.cn
　　　　　营销部电话:020 – 87113487　87111048(传真)
责任编辑:王　磊
印　刷　者:佛山浩文彩色印刷有限公司
开　　　本:787mm×960mm　1/16　印张:17.25　字数:386 千
版　　　次:2017 年 2 月第 1 版　2017 年 2 月第 1 次印刷
印　　　数:1~2 000 册
定　　　价:42.00 元

版权所有　盗版必究　　印装差错　负责调换

前　言

人力资源的开发与管理一直是现代企业组织管理中的一个重要课题，如何科学地、合理地组织和开发人力资源已成为企业生存和发展的关键所在。企业不仅要在招聘、吸引、选拔的基础上不断发现合格人才以充实其员工队伍，而且更要对现有员工潜能进行管理与开发，这就涉及员工培训的问题。

从20世纪90年代开始，世界经济发展的一体化进程加快；进入21世纪，信息技术的飞速发展把企业及其员工带入一个信息化的数字生存空间。因此，对企业及其员工来讲，迫在眉睫的任务就是如何适应快速发展的世界经济一体化进程及高速发展的信息化社会。培训员工与开发人力资源成为企业适应环境、实现增值及企业全面发展的最便捷和不可或缺的途径。

本教材的编者都是多年从事员工培训相关课程的一线专业教师与从事企业培训的主管和经理，有着丰富的一线教学与工作经验。本教材秉承高职高专院校人才培养的理念，是基于培训部门的工作过程开发的一体化项目教材，也是一部融理论与实践应用于一体的员工培训方面的综合性教材。本教材结合最前沿的实务动态，深入细节，分析了培训专员、培训主管岗位的典型工作任务，设立了新颖、逼真的学习任务情境，融会知识，训练技能，体现"项目导向、任务驱动、工学结合、教学做一体"的原则。

全书内容根据高职院校工学结合的人力资源管理招聘人才培养模式进行设计，采取以项目为载体、以任务为驱动的方式进行编写，具有较强的实践性。根据高职高专教育的特点和员工培训课程的性质，按照培训专员、培训主管岗位的典型工作任务及工作过程分为七个项目：认知员工培训管理、分析员工培训需求、设计和策划培训项目、组织并实施培训、评估培训效果、新员工入职培训、E化培训。每个项目中又包含一些具体的项目任务，通过一个个具体任务的完成，使学生真正掌握完成培训各项目所必须的专业知识与专业实践能力。在内容编排上，每个项目均设置了情境任务设计、训练任务、学习任务、实训训练、案例分析等内容，同时，每个任务均有即时案例导入，通过"做中学""学中做"的方式引导学生理解知识并掌握招聘与甄选的实操技能，具有以下特点：

（1）基于"工作过程导向——工作过程系统化课程设计"的设计方法。根据人力资源管理人才培养模式进行课程体系设计，采取以项目为载体、以任务为驱动进行编写，具有较强的实践性。

（2）突出高职高专特点。本教材针对高职高专学生而编写，在内容选择上充分考虑了高职高专学生的接受能力和特点，力求做到既有理论阐述又有实践训练，难易程度

适中。

（3）注重技能训练。本教材力求精炼知识点，突出技能训练，通过情境任务导入、即时案例、实训训练等众多教学方式，培养和训练学生进行培训管理的各项业务技能。

本书可用于高职院校人力资源管理专业的员工培训相关课程，也可作为从事人力资源管理领域培训、致力于人力资源管理领域教学的工作者和企业管理人员的参考资料。

本书是广州工程技术职业学院人力资源管理专业教师、珠海长隆投资发展有限公司人力资源管理部、广州普联房地产开发有限公司联合编写的校企合作教材。其中，马远担任主编，负责全书的框架、思路、整理、修订及全书的统稿；陈雪玉、刘升忠、胡雪花、戴宇萍担任副主编，承担了此书部分项目的编写。

本书在编写过程中，参阅了大量的相关著作、研究成果和文献资料，同时，华南理工大学出版社的王磊编辑对本书的修订和出版付出了很多辛苦与努力，在此一并表示衷心的感谢！

由于编者水平有限，书中难免存在错误或遗漏之处，恳请广大读者批评指正。

编者
2017 年 1 月

目 录

项目一 认知员工培训管理 ... 1
- 任务1 认知员工培训的作用、目的和意义 ... 4
- 任务2 掌握员工培训的特点、方法与误区 ... 12
- 任务3 认知员工培训理论发展状况 ... 19
- 任务4 认知员工培训的基本程序 ... 26
- 复习与讨论 ... 35
- 案例分析 ... 35
- 实训训练 ... 38
- 项目测验 ... 39

项目二 分析员工培训需求 ... 42
- 任务1 认知员工培训需求 ... 44
- 任务2 掌握培训需求调查方法 ... 52
- 任务3 实施培训需求调查 ... 58
- 任务4 撰写员工培训需求调查报告 ... 66
- 复习与讨论 ... 74
- 案例分析 ... 74
- 实训训练 ... 75
- 项目测验 ... 77

项目三 设计和策划培训项目 ... 80
- 任务1 确定培训目标及制订目标实现评估方案 ... 82
- 任务2 选择培训方法和形式 ... 87
- 任务3 设计培训课程 ... 95
- 任务4 编制培训经费预算 ... 100
- 任务5 编写培训方案 ... 106
- 复习与讨论 ... 115
- 案例分析 ... 115

实训训练 …………………………………………………………………… 117
　　项目测验 …………………………………………………………………… 118

项目四　组织并实施培训 …………………………………………………… 121
　　任务1　开展培训准备工作 ………………………………………………… 123
　　任务2　选择培训机构和培训师 …………………………………………… 132
　　任务3　促进培训成果的转化 ……………………………………………… 141
　　复习与讨论 ………………………………………………………………… 150
　　案例分析 …………………………………………………………………… 151
　　实训训练 …………………………………………………………………… 152
　　项目测验 …………………………………………………………………… 152

项目五　评估培训效果 ……………………………………………………… 155
　　任务1　认知培训效果评估的模型 ………………………………………… 156
　　任务2　收集评估培训效果的信息 ………………………………………… 166
　　任务3　分析培训效果评估数据 …………………………………………… 175
　　任务4　撰写培训效果评估报告 …………………………………………… 182
　　复习与讨论 ………………………………………………………………… 187
　　案例分析 …………………………………………………………………… 187
　　实训训练 …………………………………………………………………… 188
　　项目测验 …………………………………………………………………… 189

项目六　新员工入职培训 …………………………………………………… 192
　　任务1　分析新员工入职培训需求状况 …………………………………… 194
　　任务2　设计新员工入职培训方案 ………………………………………… 200
　　任务3　组织实施新员工入职培训工作 …………………………………… 211
　　任务4　评估新员工入职培训效果 ………………………………………… 218
　　复习与讨论 ………………………………………………………………… 223
　　案例分析 …………………………………………………………………… 223
　　实训训练 …………………………………………………………………… 225
　　项目测验 …………………………………………………………………… 227

项目七　E化培训 ………………………………………………………… 229
　任务1　认知 E-Learning ……………………………………………… 231
　任务2　构建 E-Learning 培训体系建设 ……………………………… 237
　任务3　开发 E-Learning 培训课程 …………………………………… 243
　任务4　实施并评估 E-Learning 培训 ………………………………… 248
　任务5　制定 E-Learning 培训管理制度 ……………………………… 255
　复习与讨论 ……………………………………………………………… 260
　案例分析 ………………………………………………………………… 260
　实训训练 ………………………………………………………………… 262
　项目测验 ………………………………………………………………… 263

参考文献 ………………………………………………………………… 266

项目一　认知员工培训管理

知识目标

1. 员工培训的概念、作用
2. 员工培训的目的、原则和意义
3. 员工培训的特点、方法与误区
4. 员工培训的理论发展：早期理论阶段和现代理论阶段
5. 我国培训理论发展现状
6. 员工培训的基本程序

能力目标

1. 能够运用所学的员工培训知识，通过对当地某一企业进行调查，分析员工培训对企业的价值。
2. 能认知并运用员工培训流程知识，对具体某企业的培训工作进行分析评价。
3. 能针对一个培训主题，撰写培训策划方案。

情境任务设计

四家公司员工培训项目大 PK

根据《培训杂志》(*Training Magazine*)的一篇报道，美国企业平均每年花在员工培训与发展项目上的资金约高达45亿美元。以下几家美国公司提供的实用的培训项目，能够将你培养成为一名更好的领导者和经理人，并且教你更好地进行团队合作。

1. Seattle Genetics

公司简介：Seattle Genetics是总部位于美国西雅图的一家生物科技公司，主要研发治疗癌症的抗体靶向药物。

招聘地点：华盛顿州博瑟尔市

员工人数：800名

开设培训项目：该公司不仅承诺报销员工的培训学费，而且在公司内部开设了旨在提高相关工作技能的课程，同时还积极选派员工参加与工作有关的各种会议。

该公司的人事专员泰勒·克莱因表示：“我们鼓励并支持员工接受继续教育。我们在公司里开设了一系列培训课程，以提高员工在工作和管理方面的技能。同时我们还为员工提供了参加与工作相关的会议的机会。”

为什么提供这种福利：克莱因表示，"帮助员工进行职业发展，无论对于员工还是Seattle Genetics公司的未来，都是一笔重要的投资。"

该公司在寻找哪种人才：克莱因表示，"首先要具备团队精神，其次不论做什么事情都要有激情。我们想要的是那种能够为了实现个人目标而不懈奋斗，同时又能意识到集体的力量的人才。"

2. SAS

公司简介：SAS是商业分析软件与服务领域的领军者。

招聘地点：该公司的全球总部位于北卡罗来纳州的加利市。它在公司总部、全美各地和国际上都开放了职位招聘。

员工人数：全球14 019人；公司总部5 519人。

开设培训项目：该公司设置了以职业培训与发展为主要内容的后备干部计划，并提供了职业辅导服务，同时还开设了一座职业资源中心。另外，该公司还开设了专门面对销售和技术岗位的"SAS学院"项目，为新招聘的大学毕业生提供课堂知识与实地操作相结合的培训，确保他们尽快成功地进入工作角色。

为什么提供这种福利：该公司的高级公关专员莎伦·希思表示，"知识型人才永远不想原地踏步。所以SAS提供了多种成长机会，让我们的员工始终保持挑战性、积极性和参与性。"

该公司在寻找哪种人才：波帕表示，"我们在招聘时，主要着眼于公司的一些核心价值，而我们的企业文化也正是基于这些价值而打磨出来的。我们认为，在招聘人才时，最重要的就是聚拢这样一群人，他们喜欢彼此的陪伴，并尊重彼此的技能。可能前一分钟，他还在智力层面与你争论不休；下一分钟，你们又一起勾肩搭背地吃东西去了。"

3. AT&T

公司简介：AT&T帮助全球数百万人接入娱乐系统、移动网络、高速互联网和语音服务。

招聘地点：全美各地。

员工人数：在全球各地拥有28万余名员工。

开设培训项目：该公司开设了一个叫作"AT&T大学"的培训项目，该项目以培训高级管理人员为主，重点进行领导力与管理发展方面的培训。除了在达拉斯总部开设了有关课程以外，"AT&T大学"通过与佐治亚理工学院和在线教育机构Udacity合作，还在全美各地开设了分校区。AT&T还开设了有史以来的第一个在线计算机科学硕士学位（OMS CS），并且通过与Udacity合作，推出了多套被称为"微学位"的技术认证培训课程。这些课程可由员工自行控制学习进度，在较短时间内就能取得相关资质。目前已开课的资质类别课程包括网页与移动开发、数据分析和技术创业等，日后还会逐渐增加新的课程。

为什么提供这种福利：该公司的企业沟通经理玛蒂·里克特表示，"我们不能光指望招聘，也不能光指望传统教育体系下培养的人才。我们需要的是已经有了在竞争环境下和数字化世界中工作经验的人。我们关注的是如何让公司的领导集中精力推动企业的战略创新与业务实绩，以及对我们的28万名员工的技能进行培训和再培训，并且培养一种持续学习的文化。"

该公司在寻找哪种人才：里克特指出，"我们寻找的是对科技和创新抱有激情，并且具有出色的沟通和客户服务技能的人才。我们希望应聘者能够在快节奏、多元化的工作环境中茁壮成长，并且具有最高标准的诚实、正直和尊重等美德。"

4. Randstad US

公司简介：Randstad US是美国最大的人事组织之一，该组织拥有900多个分支及办事机构，平均每周为10万多人提供临时性工作及永久安置服务。

招聘地点：美国各地。

员工人数：5 300名企业员工

开设培训项目：该组织提供了专业认证、新任经理人技能、经理人效率、领导力发展、沟通与展示技能，以及职业辅导等方面的培训项目。

为什么提供这种福利：该组织的人才管理高级副总裁米歇尔·普林斯指出，"我们非常重视员工的价值，鼓励员工个人的职业成长，并且鼓励他们在企业内部进行职业流动。而为员工提供职业发展项目，则是帮助他们在Randstad US取得职业成功的重要一环。"

该公司在寻找哪种人才：普林斯表示，"我们需要的是对成功有强烈追求，并且拥有强大的判断力和工作道德的求职者。"

——资料节选：财富中文网

训练任务

1. 你如何看待案例中四家美国公司所开展的员工培训？
2. 请简要谈谈每种培训项目的适用人群？
3. 四家美国公司的员工培训给了你哪些启示？
4. 请收集一个或两个当地企业员工培训方面的案例，并分析他们是如何开展员工培训工作的。

训练目标

理解员工培训的含义、熟悉培训理论与流程的内容、掌握员工培训的方法。

训练要求

学生分组，以小组为单位，每个小组收集一个或两个企业员工培训管理方面的案例，制作成 PPT 并派学生代表上台演示。

训练考核

每组派出一位代表与教师组成评委团，对各小组的 PPT 文件和演示进行综合评价，老师和各小组代表评分各占 50%。

本项目学习任务

1．能够掌握培训的概念、分类、方法等，理解员工培训理论的发展，熟悉企业开展员工培训的流程。

2．根据本项目所学的员工培训方面的理论知识，分析某个企业在实际的员工培训工作中的培训程序是否科学合理。

3．以小组为单位，选择一个培训主题，小组成员讨论分析后，撰写一份培训策划方案。

4．通过网上搜集资料或企业现场观察收集企业员工培训方面的资料，撰写企业开展员工培训情况的分析报告。

任务 1　认知员工培训的作用、目的和意义

▶▶ 即时案例

> 不久前，一位朋友向记者抱怨，说单位组织的员工培训让他苦不堪言，不但总是占用工作时间，而且还枯燥无味、收效甚微。
>
> 其实，当前社会上不少企业的内部培训都存在收效与投入不成正比的问题。其原因无非有四点：一是选错了受训人，学员没有积极性；二是选错了培训时间，给学员的正常工作"添乱"；三是选错了培训讲师，学员收获太少；四是选错了培训内容，学员认为"不值"。

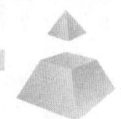

员工培训的最大意义在于所学能够有效辅助工作。因此，根据培训类型和内容，选择让真正做该项工作或有意向做相关工作的员工参加培训是首要原则。准确选择受训人员，让最合适、最期望学习这些内容的员工参加培训，才能提高员工的主动参训率和学习积极性。

培训时间是确保培训到位率的重要依据，必须综合考虑受训人员的时间安排。重要培训应尽量脱产，用时较少的专题培训则应时间灵活，避开员工工作的重要时间节点，保证正常工作有序开展。

培训讲师是员工培训的灵魂，讲师的素质也在很大程度上决定着培训的整体质量和最终效果。选择讲师要本着权威性原则，立足专业领域、立足企业特点，聘请员工认可度高的讲师进行授课。针对各行业的特殊性，部分业务培训的讲师可由熟悉业务的内部工作人员担任，这样能让培训更具针对性和实用性。

另外，为了更好地适应经营发展需要，提高员工工作技能和专业知识水平，培训内容的确定要本着贴近工作所需的原则，真正做到"干什么、学什么"，避免与实际工作脱节，确保学有所用。如此一来，切实关注员工需求，使员工培训接地气、入人心，才能保证培训实效。

——资料来源：刘晓莹，《员工培训莫要学用脱节》，东方烟草报，2016年7月22日

即时问题

此案例主要分析了培训中存在的哪些问题？给了你怎样的启发？

一、认知培训

人类所步入的21世纪是一个以知识和科技为主体的知识经济时代，而作为知识和科技的载体——人才，在这个时代显得格外耀眼和重要。身处这个充满巨大变革的知识经济时代，全球很多企业已把"人本管理——21世纪的管理核心""企业最终争夺的将是人才"当作永远不变的真理。然而，企业所需要的人才从哪里来？

人，并非天生就具有知识和技能，需要后天的学习和训练。要成为人才，成为真正对企业有用的人才，培训是最有效、最快捷的方式。在现代瞬息万变的知识经济时代，企业的人才已不再是从经验中跌打滚摸出来的，而是经过严格有效的培训开发出来的！美国的卡耐基早在七十年前就开拓了企业人才培训这一行业。今天，全世界已有七十多个国家引进了卡耐基训练，全世界平均每周有三千多人到卡耐基公司报名受训。

人力资源的开发与管理一直是现代企业组织管理中的一个重要课题，如何科学地、合理地组织和开发人力资源已成为企业生存和发展的关键所在。企业不仅要在招聘、吸

引、选拔的基础上不断发现合格人才以充实其员工队伍,而且更要对现有员工潜能进行管理与开发,这就涉及员工培训的问题。

从20世纪90年代开始,世界经济发展的一体化进程加快;进入21世纪,信息技术的飞速发展把企业及其员工带入一个信息化的数字生存空间。对企业及其员工来讲,迫在眉睫的任务就是如何适应快速发展的世界经济一体化进程及高速发展的信息化社会,因此,培训与开发成为企业适应环境、实现增值及企业全面发展的最便捷和不可或缺的途径。

(一)培训概念

培训(training)是指企业有计划地实施有助于员工学习与工作相关能力的活动。从管理学的视角来看,培训是企业组织实施,能够使接受培训的人员进行有计划的系统学习。培训的目的是为了确保员工能够按照预期的标准完成自己的工作,而对员工开展的有关知识、技能、态度,甚至行为发生的定向改进活动。从企业和员工的双重视角来看,实现组织发展与个人发展的统一是培训的最终目标。

所谓培训,即指为了达到统一的科学技术规范、标准化作业,通过目标规划设定、知识和信息传递、技能熟练演练、作业达成评测、结果交流公告等现代信息化的流程,让员工通过一定的教育训练技术手段,达到预期的水平而提高组织目标的过程。

可以用图1-1来表示培训发挥作用的过程。

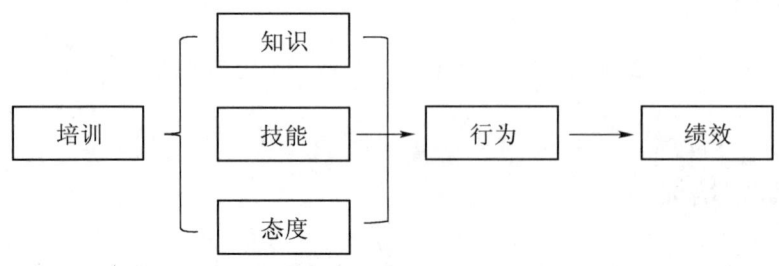

图1-1 培训的作用模型

从图1-1可以看出,员工行为是造成其绩效差异的主要原因。因此,培训的主要内容应着重增强员工的知识、技能,帮助其树立正确的工作态度。培训的本质是学习,培训所体现的不仅是知识的传播与技术的传授,更重要的是可以促使员工的行为发生正向的变化。

培训的最终目标是实现个人发展与企业发展的统一。经过培训后,员工可以在现有的岗位上表现得更加出色,可以胜任更多的工作、承担更大的责任、满足企业更高层次的要求;同时,培训也可使员工的个人职业生涯得到不断优化和实现。这个过程是员工与企业共生共荣的良性互动过程。

"科学管理之父"——美国管理专家泰勒在《科学管理》一书中系统论述了员工培

训的重要性。并强调要对员工进行科学培训。泰勒指出，一流的员工不是从天而降，而是通过两种途径产生的：一是严格挑选，二是科学培训。被誉为"经营之神"的日本松下公司创始人松下幸之助认为：培养人才是当务之急……公司是制造人才的地方，兼而制造电器……企业各方面的钱都可以省，技术研究开发费用及培训费用绝对不能省。

（二）培训的分类

1. 根据内容分类

（1）技能培训

技能培训是为了增强市场就业竞争力，由技能培训机构开展的。通过技能考核，可以得到国家认可的技能证书。与学历教育不同，学历教育侧重综合素质的提高，而技能培训注重某项技能的提高。比如电脑技能培训，软件开发技能培训，汽修技能培训，厨师技能培训。

（2）绩效培训

绩效培训关注的是员工中期或者长期的绩效改善。绩效培训的时间从几个月到几年不等。在绩效培训中，企业和员工没有必要过分关注细节。绩效培训的一般流程如图 1-2 所示。

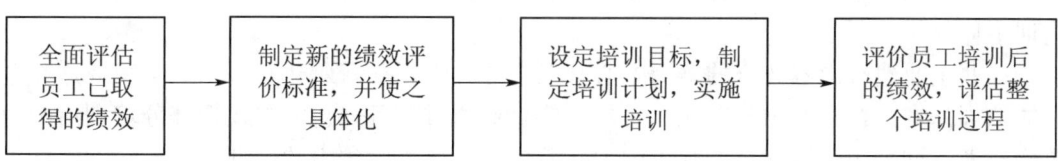

图 1-2 绩效培训的一般流程

（3）发展培训

发展培训是为了开发员工的各项潜能而开展的一种培训，其内容可以丰富多样。在发展培训中，企业可以设定多个主题。参加培训的人员面对的是更加抽象的概念，而不是技能培训中的具体信息，也不是绩效培训的评估标准。

发展培训一般注重解决的问题，如：受训人员的定位如何，他们未来的职业通道如何确定，怎样才能使员工克服性格上的不足，如何才能使员工与同事有效合作，一起高效地工作等。发展培训关注员工有关职业、事业和生活方面的问题，这些问题是企业发展和员工成长的结合点。在员工领导能力开发项目中，常会安排发展培训。由于发展培训具有高度个性化的特征，所以大多数企业一般聘请外部人员来实施培训。

2. 根据受训人员在企业组织中的层次分类

（1）基层人员培训

对于基层人员的培训，企业注重受训员工做好本职工作所需的基础知识、基本技能、企业的规章制度等。

（2）中层人员培训

对于中层人员的培训，企业着重于受训人员如何增强管理本部门的能力，例如，培养部门成员的合作互助精神、提高团队工作效率、加强上下级间的沟通，以及学会时间管理、项目管理、效益管理的方法等。

（3）高层人员培训

对于高层人员的培训，企业注重强调对受训人员领导能力、组织协调能力、管理才能的提升，例如，提高战略规划能力，明确激励的措施和效果等。

3. 根据培训对象在企业中的职能分类

根据培训对象在企业中的职能，可以把培训分为营销人员的培训、生产人员的培训、研究开发人员的培训、人力资源管理人员的培训和财务人员的培训等。

4. 根据培训时员工与工作岗位的关系分类

根据培训时员工与工作岗位的关系，可以把培训分为新员工入职培训、员工在职培训（也叫在岗培训）、员工离职培训（也叫脱产培训）等。

5. 根据培训的实施主体分类

根据培训的实施主体，可以把培训分为企业培训、专业机构培训和咨询公司培训等。企业可以根据培训的内容和要求、自身的规模和势力及员工的具体情况选择不同的培训主体。

一些企业建有内容齐全的培训中心甚至企业大学，如海尔建有海尔大学等，这类企业的培训基本上在企业内部完成。另外一些企业通过业务外包的方式把部分培训给专业机构或者咨询公司来做，自己则集中力量开展增强核心竞争力的培训。

6. 根据培训的授课形式分类

根据培训的授课形式，可以把培训分为案例式培训、讲演式培训、角色扮演培训、互动式培训、网络在线培训等。

（三）员工培训的特性

企业开展员工培训，其对象是企业内的在职人员，它具有如下特征：

（1）广泛性

广泛性指员工培训的网络涉及的面广，不仅一般员工需要受训，而且决策层管理者也需要培训；员工培训的内容涉及企业经营活动或企业将来需要的知识、技能以及其他问题，而且员工培训的方式与方法也具有更大的广泛性。

（2）层次性

层次性指员工培训网络的深度。也是培训网络现实性的具体表现。不仅企业战略不同，培训的内容及重点不同，而且不同知识水平和不同需要的员工，所承担的工作任务不同，知识和技能需要也各异。

（3）协调性

协调性指员工培训网络是一个系统工程。要使培训网络运转正常，就必须要求培训的各环节、培训项目协调。首先要从企业经营战略出发，确定培训的模式、培训内容、培训对象；其次应适时地根据企业发展的规模、速度和方向，合理确定受训者的总量与结构；最后还要准确地根据员工的培训人数，合理地设计培训方案，培训的时间、地点等。

（4）实用性

实用性指企业对员工的培训投资应产生一定回报。培训成果转移或转化成生产力，并能迅速促进企业竞争优势的发挥与保持，即要使员工培训系统发挥其功能。首先，企业应设计好的培训项目，使员工所掌握的技术、技能、更新的知识结构能适应新的工作。其次，应让受训者获得实践机会，为受训者提供或其主动抓住机会来应用培训中所学的知识、技能和行为方式。最后，为培训成果转化创造有利的工作环境，构建学习型组织。

（5）长期性和速成性

长期性和速成性指随着科学技术的日益发展，人们必然不断接受新知识和新技能，因此，任何企业对其员工的培训工程将是长期且将永远进行下去的一项事业。员工培训的主要目的是为企业更好地工作，因此，培训一般具有针对性较强、周期短、速成的特点。许多培训项目是随企业经营管理的变化而设置的，如为改善经济技术指标急需掌握的知识和技能以及为掌握已决定进行的攻关课题、革新项目急需的知识和技能、为强化企业内部管理急需掌握的管理技能等。

（6）实践性

实践性指培训应根据员工的生理、心理以及一定的工作经验等特点，在教学方法上采取让员工有更多动手实践的教学方法。因此，企业应针对各个岗位的工作实际情况采取多种教学方式，如启发式、讨论式、研究式以及案例式等，以便使员工培训效果更佳。

二、培训的原则

1. 参与原则

在培训过程中，必须使受训员工参与其中，如果受训者只保持一种静止的消极状态，就不可能达到培训的目的。为调动员工接受培训的积极性，日本一些企业采用"自我申请"制度，定期填写申请表，主要反映员工过去5年内的能力提高和发挥情况和今后5年的发展方向及对个人能力发展的自我设计。然后由上级针对员工申请与员工面谈，互相沟通思想、统一看法，最后由上级在员工申请表上填写意见后，报人事部门存入人事信息库，作为以后制定员工培训计划的依据。同时，这种制度还有很重要的心理作用，它使员工意识到个人对工作的"自主性"和对于企业的主人翁地位，疏通了上下级之间思想交流的渠道，更有利于促进集体协作和配合。

2. 激励原则

个体主动且自发的学习愿望称之为动机。人的一切行动都是由某种动机引起的，动机是一种精神状态，它对人的行动起激发、推动、加强的作用。一般而言，动机多来自于需要，所以在培训过程，就可应用种种激励方法，使受训者在学习过程中，因需要的满足而产生主动学习意愿。

3. 应用原则

企业员工培训与普通教育的根本区别在于员工培训特别强调针对性、实践性、有效性。企业发展需要什么、员工缺什么就培训什么，要努力避免脱离实际，向学历教育靠拢的倾向。不搞形式主义的培训，而要讲求实效，学以致用。

4. 因人施教原则

企业不仅岗位繁多、员工知识与技能水平参差不齐，而且员工在人格、智力、兴趣、经验和技能方面，均存在个别差异。所以对担任岗位工作所需具备的各种条件，各员工已具备的与未具备的亦有不同，对这种已具备与未具备的条件的差异，在实行员工培训时企业应该予以重视。显然，企业进行培训时应因人而异，不能采用普通教育"齐步走"的方式培训员工。也就是说要根据不同的对象选择不同的培训内容和培训方式，有的甚至要针对个人制定培训发展计划。

三、培训的作用

1. 补偿作用

企业培训是有效支持企业经营管理与发展机能的一种补偿。企业内"文化"育成的目的是为了实现企业经营发展战略。由于不断追求更高的经济增长率，只有恰当地利用人力资源，才能取得更高的劳动生产率，而技能培训是人力资源开发的重要途径。因此，员工的培训应与企业经营战略密切配合。

2. 保持企业竞争力的重要手段

高素质的企业队伍是企业最重要的竞争因素。通过对员工开展各项培训，进而可提高员工的知识与技能水平、首创精神和创新能力等。同时也可以提高员工工作热情和合作精神，建立良好的工作环境和工作气氛，提高员工的工作满意度和成就感，从而提高员工队伍的整体素质，增强企业竞争力。

3. 提高生产力

通过对员工开展有效的培训，可减少企业在生产商品或服务时所需的工作时间，从而降低人力及推销成本；减少材料的浪费和不良产品的产生，从而降低供应成本；改进或革新由企业将产品或服务输送到用户手中的方法，因而降低了服务成本。可见生产的数量、品质和效率跟员工的知识、技术和能力有绝对的相关性。而通过培训可增加员工的知识、判断力和解决困难的能力，这两者均可促进企业生产力的提高。

四、培训的意义

企业在面临全球化、高质量、高效率的工作系统挑战中,培训所扮演的角色显得尤为重要。培训可有效提高与改善员工的知识、技能与态度等,由此提高企业效益,获得竞争优势。具体体现在以下方面:

(1) 能提高员工的职业能力

员工培训的直接目的就是要发展员工的职业能力,使其更好地胜任现在的日常工作及未来的工作任务。在能力培训方面,传统上的培训重点一般放在基本技能与高级技能两个层次上,但是未来的工作需要员工具有更广博的知识、学会共享、创造性地运用知识来调整产品或服务的能力。同时,通过培训使员工的工作能力提高,为其取得好的工作绩效提供了可能,也为员工提供更多晋升和高收入的机会。

(2) 有利于企业获得竞争优势

面对激烈的国际竞争环境,一方面,企业需要越来越多的跨国经营人才,因而需要为进军世界市场做好人才培训工作;另一方面,员工培训可提高企业新产品研究开发的能力,员工培训就是要不断培训与开发高素质的人才,以获得竞争优势,这已为人们所共识。尤其是人类社会步入到以知识经济资源和信息资源为重要依托的新时代,智力资本已成为获取生产力、竞争力和经济成就的关键因素。企业的竞争不再依靠自然资源、廉价的劳动力、精良的机器和雄厚的财力,而主要依靠知识密集型的人力资本。员工培训是创造智力资本的重要途径。智力资本包括基本技能(完成本职工作的技术)、高级技能(如怎样运用科技与其他员工共享信息、对客户和生产系统了解)以及自我激发创造力。因此,这要求建立一种新的适合未来发展与竞争的培训观念,提高企业员工的整体素质。

(3) 有利于改善企业的工作质量

工作质量包括生产过程质量、产品质量与客户服务质量等。毫无疑问,培训会促使员工综合素质、职业能力的提高,而这将直接提高和改善企业工作质量。培训能改进员工的工作表现、降低成本;培训可增加员工的安全操作知识;提高员工的劳动技能水平;增强员工的岗位意识,增加员工的责任感,规范生产安全规程;增强安全管理意识,提高管理者的管理水平。因此,企业应加强对员工敬业精神、安全意识和知识方面的培训。

(4) 有利于高效工作绩效系统的构建

在 21 世纪,科学技术的发展导致员工技能和工作角色的变化,企业需要对组织结构进行重新设计(如工作团队的建立)。今天的员工已不是简单接受工作任务,提供辅助性工作,而是参与提高产品与服务的团队活动。在团队工作系统中,员工扮演许多管理性质的工作角色。他们不仅具备运用新技术获得提高客户服务与产品质量的信息、与

其他员工共享信息的能力，还需具备人际交往技能和解决问题的能力、集体活动能力、沟通协调能力等。因此，培训员工学习使用互联网、全球网及其他用于交流、搜集信息工具的能力，可有效提高企业工作绩效系统的高效运转。

（5）满足员工实现自我价值的需要

随着人类社会的不断发展，人类的生活质量也在不断提高，在现代企业中，员工工作的目的越来越关注"高级"需求——自我价值的实现。有效的员工培训可提高员工新的知识与技能，使其更好地适应或接受具有挑战性、竞争力的工作与任务，实现自我成长和自我价值的实现，这不仅使员工在物质上获得满足，更使员工获得精神上的成就感。

任务2　掌握员工培训的特点、方法与误区

▶▶ 即时案例

如果把培训看作一种消费，那么这种消费的风险肯定大于我们在商场买鞋子。我的经验是：三次买鞋，至少要出现一次不合脚情况。所以每次遇到培训，我总要犯嘀咕：不会又浪费时间吧？

"老师水平差"或"学生素质低"，是培训效果不好时、讲听双方最容易得出的结论。

鞋子不合脚时，我们很少认为鞋子太差，营业员更不会指责"尊脚不端"。双方很容易知道问题出在哪——是选择的问题。

虚荣心以及自我保护的本能使得人们常常忘却简单的道理而杜撰出符合自己利益的结论。其实和买鞋子一样，一次培训课效果如何，至少80%取决于事先的选择是否到位。

一、培训的3个误区

选择就是要深入地回答三个问题：培训谁？培训什么？谁培训？

回答这些问题可能要不了10分钟，但培训效果不佳多半却是因为这些问题回答得太简单，以致陷入一些误区。

先看一下培训谁。在一个组织里，培训总是上司为下属安排的功课，下属工作效率不高时，上司就着急，就"请家教"，而自己却很"忙"，常常在培训课上"点个卯"就溜。

有一次我旁听一节培训课，一个问题讨论完后，我觉得收获颇大，但举目一望，发现与该问题相关的经理们却一个都不在了。这次培训的效果可想而知。

常识告诉我们，一个组织存在问题，首先是这个组织的领导存在问题。因此，我

们可以得出培训的一个基本法则:"上司"应该是第一被培训对象。做不到这一点,培训效果就会大打折扣。

再来看培训什么。一般来说,我们不能指望通过培训解决企业的所有问题。短期培训所能解决的多半是知识、经验、技巧等"技术性"问题。对"思想性""战略性"等问题,培训者是无能为力的。我们甚至也不能指望培训能够解决工作作风(如扯皮、搬弄是非)这类问题。

因此在培训前,我们必须在企业现存的众多问题中,精心选出适合培训解决的问题作为培训的主题。如果不这样,培训往往会变为漫谈式娱乐聚会。

最后来看谁培训。我最近参加了两次培训,效果迥异。第一次,公司花钱请了"沟通专家",对全公司(包括各地分公司—— 时间成本很高)的管理人员讲沟通。整整一天不停地做游戏、搞笑,但也只是再次证明了"沟通不容易"这个常识,事后问大家都觉得"挺好玩",但对如何改善沟通并没学到什么。第二次,通过朋友关系邀请了某著名企业的采购总监讲采购。就培训来讲,后者是业余的(特点之一是笑话很少),但就所讲内容来看,其人绝对是经验丰富的内行,对我们企业采购的改进建议是立竿见影的。

二、"专家"不如业余

为什么"专家"效果反而不如业余的呢?主要有两个原因。其一是"专家"多为学院派,"闭门造车易,出门合辙难";其二是当今学术泡沫化所致。泛滥的虚名的确有市场需求,不过不是务实的制造业的市场需求。

要选到"货真价实"的培训者绝非易事。为了避免病急乱投医,也许可以通过排除法先去掉一些"泡沫"。如:头衔太多者不选;名气太大者不选;宣传太邪乎(特点是新潮用语多、"大旗"多、收费不菲)者不选。其实,对一个务实的企业来讲,最好的培训老师就是那些行业领袖。当然,这样的老师不是花钱就能请到的,因为那都是"非卖品"。

——资料来源:梁煦,《企业家是第一被培训对象》,《经理人》杂志

即时问题

1. 根据案例,你如何理解员工培训存在的误区问题?
2. 企业开展的员工培训,其培训效果的好坏由哪些因素决定?

一、员工培训的特点

目前,现代企业开展的员工培训,其特点有以下几点:

1. 全员性

企业员工培训的对象可以上至企业高层管理者下至普通员工，即企业全体员工，通过这种全员性培训可极大地提高企业员工的整体素质水平，有效地推动企业经营管理的发展。

2. 广泛性

培训的广泛性是指企业开展员工培训的内容涉及面非常广泛，包括生产培训、管理培训、经营培训、后勤培训等组织内部的各个环节各个部门，几乎无所不能。

3. 持续性

员工培训不是一次性的工作，而是一个持续的学习过程。信息化社会瞬息万变，随着时间推移，工作内容、岗位职责对员工的要求在不断提高，要想更好地胜任各工作岗位，员工必须不断地提高自己的知识与技能，因此，企业要为各种类型的员工提供不同的培训以减少工作岗位对员工的要求与员工已有知识技能之间的差距，如为新进员工提供基础性操作培训，为管理者提供相应的管理技能培训，为销售人员提供销售技能和沟通能力的培训，等等。

4. 多元性

培训的多元性是指企业开展员工培训的范围不仅仅局限于企业，而是扩展到整个社会，形成学校、企业、社会的三位一体的庞大完整的员工培训网络。

5. 计划性

员工培训的计划性是指企业已把员工培训工作纳入组织的发展计划内，在企业内部设有员工培训部门，专门负责培训需求调查、培训策划方案拟定、组织实施培训及评估培训工作等系列工作。

二、员工培训的方法

1. 讲授法

讲授法指培训师按照准备好的讲稿系统地向受训者传授知识的方法。它是最基本的培训方法。适用于各类学员对学科知识、前沿理论的系统了解。培训师是决定讲授法成败的关键因素，培训师的授课方式主要有三种：灌输式、启发式、画龙点睛式。讲授法的优点：内容多、知识比较系统全面，有利于大面积培养人才；对培训环境要求不高；有利于教师发挥；学员可在教室相互沟通；培训费用低。缺点：讲授内容多，学员难以完全消化吸收；单向传授不利于教学互动；不能满足学员个性需求；理论与实践脱节；教师水平影响培训效果。

2. 视听技术法

所谓视听技术法，是指利用现代视听技术（如投影仪、DVD、录像机等工具），对员工进行的培训。优点是运用视觉与听觉的感知方式，直观鲜明。但学员的反馈与实践

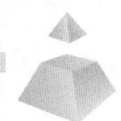

较差，且制作和购买的成本高，内容易过时。视听技术法多用于企业概况、传授技能等培训内容，也可用于概念性知识的培训。

3．讨论法

讨论法是根据教学的需要，受训者在培训师的指导下为解决某个问题而进行探讨、辨明是非、真伪以获取知识的方法。讨论法既是一种语言传递为主的培训方法，也是一种研究性的培训方法。按照费用与操作的复杂程序又可分成一般小组讨论与研讨会两种方式。研讨会多以专题演讲为主，中途或会后允许学员与演讲者进行交流沟通。优点是信息可以多向传递，与讲授法相比反馈效果更好，但费用较高。而小组讨论法的特点是信息交流时方式为多向传递，学员的参与性高，费用较低。多用于巩固知识，训练学员分析、解决问题的能力与人际交往的能力，但运用时对培训教师的要求较高。

讨论法的优点在于能更好地发挥学生的主动性、积极性，有利于培养学生独立思维能力、口头表达组织能力，促进学员灵活地运用知识。缺点：培训师有时难以掌控秩序；讨论气氛容易出现两极化，进而影响受训者的参与情况；受训者在讨论之前必须花大量时间准备资料，否则讨论的深度与广度均会受影响；受训者在讨论的过程中容易偏离讨论主题。

4．案例研讨法

案例研讨法是目前国内外培训界应用最多的培训方法之一。它源自高等院校中的案例教学法，并在企业实践中有所发展、有所创新。案例研讨法最初始于美国哈佛大学培训 MBA 学生之用。该培训方式着重于培训师与学员之间的互动，结合学员的实际工作或学习的需要，提供现实工作中的实际案例，由学员发挥自己的学识和经验通过讨论来提高解决问题的能力，此种方法更加符合企业人才培养的需要。

案例研讨法的优点：培训参与性强，学员变被动接受为主动参与；有利于提高学员解决实际问题的能力；有利于激发学员参与培训的积极性；能够交流学员的学识和经验；激发学员思考，发挥学员潜能。

案例研讨法的不足：案例研讨培训法的效率相对较差，比较花费时间；开发出科学、实用的案例颇为不易，需要培训师耗费大量的时间和精力；通用性不强，在其他场合无法照搬采用，显得"边际效益"不佳。

通过向培训对象提供相关的背景资料，让其寻找合适的解决方法。这一方式使用费用低，反馈效果好，可以有效训练学员分析解决问题的能力。另外，近年的培训研究表明，案例、讨论的方式也可用于知识类的培训，且效果更佳。

5．角色扮演法

角色扮演法是在培训情景下给予受训者角色实践的机会，使受训者在真实的模拟情景中，体验某种行为的具体实践，帮助他们了解自己，改进提高。通常，角色扮演法适用于领导行为培训（管理行为、职位培训、工作绩效培训等），会议成效培训（如何开会、会议讨论、会议主持等），沟通、冲突、合作等方面的培训。此外，还可应用于培

训某些可操作的能力素质,如推销员业务培训、谈判技巧培训等。

角色扮演法的优点:受训者参与性强,受训者与培训师之间的互动交流充分,可以提高学员参加培训的积极性;特定的模拟环境和主题有利于增强培训效果;通过观察其他受训者的扮演行为,可以学习各种交流技能,通过模拟后的指导,可以及时认识到自身存在的问题并进行改正;在提高受训者业务能力的同时,也加强了受训员工的反应能力和心理素质。

角色扮演法的缺点:场景的人为性降低了培训的实际效果;模拟环境并不能代表现实工作环境的多变性;扮演中的问题分析限于个人,不具有普遍性。

6. 游戏训练法

游戏训练法是一种在培训员工过程中常用的辅助方法。指由两个或更多的参与者在遵守一定规则的前提下,相互竞争并达到预期目标的方法。游戏训练法的目的是为了改变培训现场气氛,并且由于游戏本身的趣味性,可提高参加者的好奇心、兴趣及参与意识,并改进人际关系。游戏的形式取决于游戏的内容,通常游戏中含有竞赛和变革的内容。游戏只是手段,目的是培养学员的各种能力。游戏训练法因其参与性强,培训气氛好,近年来被广泛采用,一般用于培训员工的团队精神、创新精神及发现和解决问题的能力及开发受训者潜能等方面的培训。

游戏法的优点:可以激发受训者的积极性;改善受训者的集体人际关系;迁移性强。

缺点:游戏可能会使受训者缺少责任心;游戏前期准备工作及游戏过程所需花的时间均较多;游戏的有效性没有得到充分论证。

7. 自学法

自学法适合于对一般理念性知识的学习,由于成人学习具有偏重经验与理解的特性,让具有一定学习能力与自觉的受训员工自学是既经济又实用的方法,但此方法存在监督性差的缺陷。

8. 工作指导法(师傅带徒弟)

工作指导法指资历较深的员工指导新员工迅速掌握岗位技能的一种员工培训方法。其优点是:新员工在师傅指导下开始工作,可以避免盲目摸索;有利于新员工尽快融入团队;可以消除刚从高校毕业的受训者开始工作时的紧张感;有利于企业传统优良工作作风的传递;新员工可从指导人处获取丰富的经验。缺点:为防止新员工构成威胁,指导者可能会有意识保留自己的经验技术,使指导流于形式;指导者本身水平对新员工的学习效果有极大影响;指导者不良的工作习惯会影响新员工;不利于新员工的工作创新。

9. 工作轮换法

工作轮换又称职位轮换、岗位轮换,是企业有计划地按照预定的期限,通过让员工轮换从事不同的工作,锻炼员工的适应性、开发员工多种能力而进行的一种在职培训的

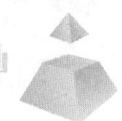

方法。通过工作轮换可以使员工获得不同岗位的工作经验，有利于促进员工对组织不同部门的了解，从而对整个组织的运作形成一个完整的概念；有利于提高员工的解决问题能力和决策能力，帮助他们选择更合适的工作；有利于部门之间的了解和合作。

10. 网络培训法

网络培训法是一种新型的计算机网络信息培训方式，主要是指企业通过内部网，将文字、图片及影音文件等培训数据放在网上，形成一个网上数据馆，网上课堂供员工进行课程的学习。优点：无须将学员召集到一起，节省了培训费用；可及时、低成本地更新培训内容；可充分利用大量的声音、图片和影音数据，增强课堂教学的趣味性，提高学习效率；培训的进程安排比较灵活，学员可利用空闲时间学习，不影响工作。缺点：网上培训要求企业建立良好的网络培训系统，需要大量的资金投入；某些培训内容不适用于网上培训，如人际交流的技能培训。

三、员工培训的误区

（1）培训成为员工跳槽的"踏板"

持有这种培训误区的管理者，认为培训是为竞争对手培养人才，员工学会了就会跳槽。这里就涉及培训的理念问题，企业培训是为了什么？

企业开展培训绝对不仅仅为了员工，而是为了企业的最终使命：追求最大化的利润。有句哲言：没有完全相同的两片树叶。同样，也没有完全一样的企业。每个企业开展培训工作均是紧紧围绕本企业而设计的一个科学培训体系，它所培训的人才，一定是只有在本企业中才能发挥最大效用和潜能。这些人才所组成的人力资源体系，也应只是本企业的人力资源体系，它的运作是整体运作，不是靠个体单枪匹马就能成功的。所以，员工跳槽并不可怕，只要培训体系还存在，只要企业的主体还存在，企业就可以不停地运作下去，因为它拥有了永不枯竭的企业人才的源头——培训。

但实际上员工流失的真正原因并不是源于培训，而是公平、福利、制度、沟通等问题。培训不仅不会使员工的离职率提高，恰恰相反，培训会提高员工的忠诚度和对企业的满意度，如果企业重视培训，员工会更愿意留下来。

（2）培训脱离实际，缺乏针对性，流于形式

中国现在的教育，大多是单向选择，即培训师教什么，学员就学什么，学员没有对学习内容的选择权利。这自然而然影响从教育衍生过来的企业培训。

许多培训师只知传授，而不问学员有没有接受，严重脱离学员的实际情况。很少有培训机构能在培训前对学员进行知识、技能的问卷调查，通常都是根据自己的经验设置课程和教学方案，导致学员重复学习或去学严重超出自己接受能力的知识技能。更少有人会在培训前和学员交流，了解其真正需要学习的内容。中国的企业培训另一大弱点是仅仅是简单知识技能的传授，而不与企业的实际情况相结合。培训是一项双赢策略，不

仅为企业服务，也为学员个人服务。

一些企业盲目追赶潮流，使培训工作流于形式，从表面上看，企业培训工作开展得轰轰烈烈，实际上效果并不一定理想。

（3）视培训为一种短期行为，期望培训效果速效全能

没有把培训当作长期性的工作来抓，一阵风，缺乏系统。出于短期成本收益的考虑，不少企业往往在出现问题或企业停滞不前时才被动去找培训师，这样会迫使企业的培训工作总是间歇性的。然而，培训是一个系统工程，不仅仅是一个人员配合的系统，更是时间合理分配的系统。"一阵风"的培训使企业"头痛医头，脚痛医脚"，治标不治本，解决不了根本问题，致使企业跟不上市场，往往步人后尘，处于被动挨打的局面，甚至出现企业运作混乱的现象。

一些成功的企业，不仅仅只看到眼前的成本支出，更看重的是远期收益，着力把人才培训当作长期的系统工作来抓，如广东长隆投资有限公司、药业领域的扬森、史克等都把员工培训视为生命线，每年定期轮训1~2个月。

由于近几年我国企业发展迅速，急需各种类型人才，于是不少企业把培训当作一剂灵丹妙药，期望培训效果能够立竿见影，想用两三天时间使员工的素质发生根本性变化，药到病除，立刻为企业创造高绩效，有的还企图通过培训解决企业人力资源所遇到的所有问题，然而，这仅仅是企业的一厢情愿，根本无法实现。

（4）培训是一种成本，应尽量减少

目前，许多企业愿意在广告投入上"一掷亿金"，但却忽视了对员工培训方面的投资。原因是有些管理者错误地认为：培训是一种成本。作为成本，当然应该全面降低，因此，尽可能地降低在企业培训方面的资金投入。

企业今天效益好，并不意味着明天效益依然会好。据统计，世界500强企业的平均寿命为30年左右，美国新企业中有80%在第二年就宣布倒闭。因此，企业在效益好时适当加强培训，可以保持企业可持续发展。相反，如果缺乏员工培训，会使员工的不适应增多，从而导致企业经济效益下滑。

也有不少企业认为，企业经济效益不好，资金紧张时，就应减少或不用开展员工培训，而这种做法弊大于利。从很多失败的企业案例来看，不重视员工的培训是很多企业失败的根本原因之一。培训是企业转亏为盈的重要手段之一。如果不培训，员工的态度、技能、知识就不可能提高，企业转亏为盈的概率也会降低。

（5）高层管理人员无须培训

不少企业的管理者认为：培训只是针对基层的管理者和普通员工，而高层管理者本来就是人才，经验丰富，平时又很忙，因而无需再培训。但实际上，一个企业高层管理人员的素质高低在很大程度上影响了企业的整体经营发展，因此，他们更需要更新知识、改变观念。在国外很多知名企业，甚至还把培训作为一项福利按职级进行分配，越是高层管理者，参加的培训就越多。

真正的企业培训，是紧密结合企业的人才需求，针对企业员工的知识、技能、态度问题和学习特点，设计直接面对培训对象的课程，采取有效的培训手段，达到企业和员工双赢的局面。

任务3　认知员工培训理论发展状况

员工培训的理论发展经历了早期理论阶段和现代理论阶段。

一、早期员工培训理论

早期员工培训理论源于20世纪初科学管理理论。1911年，弗雷德里克·温斯洛·泰勒（Frederick Winslow Taylor）出版了《科学管理原理》，提出了科学管理四大原则，其中第二条是"科学地挑选工人，并对他们进行培训、教育和使之成长"。他认为，一流的工人是通过严格挑选和科学培训获得的，首次从理论上说明了培训对企业绩效的支撑作用。

该时期的另一个代表是马克思·韦伯（Max Weber），他描述了一种理想的"官僚行政组织模式"，认为在理想的企业组织中，员工必须经过正规培训才能获得良好的组织绩效。此外雨果·芒斯特伯格（Hugo Munsterberg）也于1913年出版了《心理学与工业效率》，从心理学角度探讨了环境、心理等因素对劳动生产效率的影响，针对公务员、军人的选拔培训中出现的问题进行了讨论，强调了教育培训的重要性。总的来说，发达国家早期的培训理论大多强调对员工进行教育培训的重要性，但早期的理论研究只注重对员工操作动作进行客观分析，较少涉及人的心理因素，容易导致员工产生心理抵触，使得员工培训很难达到预期目的。

二、现代员工培训理论

早期员工培训的理论研究虽然做出了一定的贡献，但这些研究和理论相对较为零散，系统性较差。只是到了20世纪60年代，员工培训的理论研究才真正进入了全面而系统的阶段。从最早的行为理论，到需要培训理论、成人学习理论、培训评估理论等，从不同的角度阐述并丰富了现代培训理论体系。

1. 行为理论

行为理论代表人物为巴甫洛夫、桑代克、史金纳。行为理论以刺激与反应的联结理论来解释学习，认为学习是透过某些刺激，通过尝试错误的重复练习行为而达到学习目的。针对能力的达成，以技术性的项目训练为主。在应用到企业培训中时，需注意两点，一是是否存在不容员工犯错的情况，产生如多做多错、少做少错的思想，二是重复练习的次数与稳定性是否足够。美国教育心理学家桑代克提出尝试—错误理论，该理论认为：人类的学习都是通过"尝试—错误"方式形成各种各样情境与反应的联结；通过尝试—错误形成的环境和反应联结，须经过反复练习才能加强，不进行练习就会削弱；通过尝试—错误形成的环境和反应的联结，受到奖励就会得到加强，受到惩罚则会减弱。美国社会心理学家班杜拉提出模仿理论，该理论认为：人是通过观察榜样行为而学会新的行为的。人可以通过个人的直接经验模仿榜样的行为，但人更多的是模仿别人的榜样行为，从而通过模仿学会新的行为模式。该理论强调模仿在学习中的作用，从理论上为在教育实践中经常强调榜样、示范的作用提供了依据。

2. 需要培训理论

马斯洛需求层次理论认为人有一系列复杂的需求，包括生理需求、安全需求、社交需求、尊重需求以及自我实现需求，较低层次需求的满足会引起较高层次需求的愿望。

美国哈佛大学心理学教授斯金纳提出强化理论，该理论强调：人们愿意采取或避免某些行为是依据这些行为过去导致的结果来决定的。从培训角度来分析，强化理论说明为让学习者获得知识，改变行为方式或调整技能，培训者需要知道哪些是学习者认为属于正向成果或反向成果，然后培训者将这些成果与学习者知识、技能的获取或行为改变联系起来。

瑞文（Rvane）认为，组织中的称职行为既取决于价值观和能力，也取决于员工所处的组织环境氛围。约翰·阿诺德（John Amold）等人在研究知识需求时，提出从三个方面进行培训需求评价，即对专业性知识、产品服务和竞争者知识以及组织系统和人员信息网络知识进行分析。而依·瓦伦其（E Valne）等人则认为，个体行为是组织行为的基本组成单元，因而组织培训需求分析也应包括个体的感知、需要、个性、动机和态度等。

1961年，麦格希（McGehee）与赛耶（Thayer）在《企业与工业中的培训》中提出"三层次分析法"，即战略与组织分析、任务分析、人员分析。该方法要求对组织的每一层次都要进行测量和分析，每一层面的需求分析反映了这一层面的独特要求，这些分析对于组织选拔合格员工、设计培训方法和编制培训计划有着重要作用。国内外学者和管理者至今仍在沿用该理论进行培训需求分析。因此，它现在仍然是学术界和组织实际培训工作中讨论的热门话题。

3. 培训评估理论

培训评估理论中最为著名的是柯克帕特里克的四层评估模型。柯克帕特里克是培训研究领域非常著名的演说家、学者和咨询顾问，他于1959年在美国培训与开发协会主办的《美国培训经理人期刊》首次发表了有关培训效果评估步骤的文章，提出了四层评估模型，该模型至今仍为广大职业经理人所采用。柯克帕特里克将培训效果分为四个递进的层次：反应层次、学习层次、行为层次、效果层次，并且提出在这四个层次上对培训效果进行评估，该模型的主要内容如下。反应层（reaction）评估，反应层评估是指受训人员对培训项目的印象如何，包括对讲师和培训科目、设施、方法、内容、自己收获的大小等方面的看法。反应层评估主要是在培训项目结束时，通过问卷调查来收集受训人员对于培训项目的效果和有用性的反映。这个层次的评估可以作为改进培训内容、培训方式、教学进度等方面的建议或综合评估的参考，但不能作为评估的结果。学习层（learning）评估，学习层评估是目前最常见，也是最常用到的一种评价方式。它是测量受训人员对原理、技能、态度等培训内容的理解和掌握程度。学习层评估可以采用笔试、实地操作和工作模拟等方法来考查。培训组织者可以通过书面考试、操作测试等方法来了解受训人员在培训前后，知识以及技能的掌握方面有多大程度的提高。行为层（behavior）评估，行为层的评估指在培训结束后的一段时间里，由受训人员的上级、同事、下属或者客户观察他们的行为在培训前后是否发生变化，是否在工作中运用了培训中学到的知识。这个层次的评估可以包括受训人员的主观感觉、下属和同事对其培训前后行为变化的对比，以及受训人员本人的自评。这通常需要借助于一系列的评估表来考察受训人员培训后在实际工作中行为的变化，以判断所学知识、技能对实际工作的影响。行为层是考查培训效果的最重要的指标。效果层（result）评估，效果层的评估即判断培训是否能给企业的经营成果带来具体而直接的贡献，这一层次的评估上升到了组织的高度。效果层评估可以通过一系列指标来衡量，如事故率、生产率、员工离职率、次品率、员工士气以及客户满意度等。通过对这些指标的分析，管理层能够了解培训所带来的收益。

4. 成人学习理论

代表人物为诺尔斯（Knowles）。他认为成人的学习模式与儿童不一样，成人具有很强的动机及准备才会主动去学习。成人希望被尊重倾向较多是自我导向及独立的。成人重视如何解决实际问题，整合他们已知道的知识与经验。正如1980年诺尔斯提出成人学习的基本假设是成人具有自我导向的心理需求，成人学习强调知识的立即应用性；成人学习的动机是自发的。成人学习，在学习过程开始时，成人头脑中并不是一片空白。在学习过程中必定要受原有的知识和经验的影响，立足于调动过去的经验积累以激发联想、比较、思考等心理过程来接受和理解现在的学习内容。这种以往的知识和经验背景，对成人学习无疑具有双重意义。从积极的方面来说，原有知识和经验有助于现有学习内容的理解和把握；消极的方面则可能使原有的知识和经验成为进一步学习的障碍。这种障碍主要表现为成人对学习内容的选择，对学习对象所渗透的观点的接受，必定要受学习者现有价值观念的制约，一旦学习内容与学习者所持有的既有价值观发生冲突，则不管所要学习的内容是否科学，是否有很好的社会功效，或多或少都会做出心理抵抗。研究成人学习机制，就是要最大限度地扩大成人原有知识和经验对当前学习的积极作用而削弱其消极作用。

从总体上说，成人学习一般遵循这样的规律：第一阶段是激发起对过去的经历的回忆，让学习者想想自己以前做了些什么，是在什么情况下运用什么方法做的；第二阶段，启发学习者对这些经历进行反思，检讨这些经历的成功与失败之所在，看看他们以前做得怎么样；第三阶段就要引导他们着力去发现他们自己还缺少哪些引导成功的理论、方法和工具，即确定他们自己应该学习些什么，即所谓明确学习目标；第四阶段是进入学习理论、技巧、方法和工具的过程；第五阶段则要将新学的内容进行模拟运用，包括练习、实验、写作学习报告或论文等。经过这样五个阶段之后，才能说完成了一个简单的学习过程。而实际的学习，则需经上述五个阶段的不断循环提高才能实现。进行员工培训就必须了解被培训对象的特性，必须知道他们过去所从事的工作以及所取得的经验。违背成人学习规律的员工培训，单纯照搬中小学"填鸭式""满堂灌"的教学，不发挥学习者自身的学习主动性、积极性，往往是事倍功半，没有多大学习效果的。1986年布鲁克菲尔德（Stephen D. Brookfield）和普瑞斯基尔（Stephen Preskill）提出成人心理特征有自尊心强、学习的信心较低、有自己引导自己的行为的人格特质、有发表经验的心理需求和自主学习，而且成人学习的特征包括学习是自动自发的，插曲式的，而不是连续的；成人学习以问题为中心；成人学习讲求立即应用并且有明确的学习结果。成人学习必须从属于工作，不可能以全部时间和精力投入学习，受时间和精力的限制必须要对其所学习的内容进行选择，拣最急需的学，而所选内容则多多少少要同他们目前和未来要从事的工作和生活相关，其他内容则无暇顾及。因而成人学习非常明显地要突出"学以致用"。为了更好地工作和生活，包括为了保持或赢得自己在现有和未来的工作岗位中的竞争优势，就构成了成人学习的最重要的内在动力。因而，在设计开发对员工的培训时，要充分了解和考虑成人培训学习的特点。在设计培训体系中，应注意提供给员工足够的自我导向空间，营造一个鼓励学习者进行批判反省思考的学习环境，帮助学习者在学习中创造新的经验，同时应明白学员才是主角，而非课程本身，要培养成人学习者自我导向学习的能力。

5. 终身教育理论

1965年，保罗·朗格朗（Paul Lengrand）首次提出了持续教育培训与终身教育理念。他在《终身教育引论》中指出"终身教育包括了教育的各个方面、各种范围，包括从生命运动一开始到最后结束这段时间的不断发展，也包括了教育发展过程中的各方面和连续的各个阶段之间的紧密而有机的内在联系"。该创新理论突破了传统的教育理念，在全世界掀起终身教育的浪潮。

伦纳德·R. 赛利斯（Leonard Sayles）和乔治·斯特劳斯（George Strauss）在《人力资源管理》中也讨论了持续培训的问题，他们认为新的知识、问题、工艺、设备和新工作都在不断增加培训的需要，培训不是一种短期行为，而是一个不间断的、持续的过程。

三、我国培训理论发展现状

我国学者对于企业员工培训的研究始于20世纪90年代中后期，主要对企业员工培训模式和方法、培训需求评价、培训效果评估及培训风险分析进行了研究，并对我国企业培训中存在的问题进行了实证研究。

乔志林、万迪昉（2004）对培训中常用的模拟方法进行了比较，例如分析了训练模拟、角色扮演、计算机模拟、博弈等的区别与联系，并列举了综合运用这些方法的实例。刘宝发、杨庆芳（2004）分析了西方理论界主要讨论的九种员工培训模式，包括系统培训、咨询型培训、计划培训、持续发展型培训等模式。陆惠文（2004）分析了基于角色扮演的培训标准、角色学习的特点及方法、角色培训的过程，提出在培训中可以采用仿真模拟、案例研究、商业游戏、工作轮换、实践团体、师带徒、无领导小组讨论等方法。

王鹏、时勘（1998）介绍了国外关于组织培训需求评价的相关理论和方法，提出了重要启示：首先，需求评价的结果是后续培训的主要依据；其次，应从组织、任务及人员三方面进行培训需求评价，来明确最必要的知识、技能和态度等培训重点，作为制定培训计划内容的依据；第三，需求分析是进行培训需求评价的关键，而揭示绩效问题的原因则是关键中的关键；第四，对特定职位的胜任特征进行分析是培训需求评价的新趋势之一。吴宇虹（2004）和苏文平（2004）在培训体系方面进行了深入研究。吴宇虹认为，一个完整的培训体系应该包括讲师管理制度、培训课程体系、培训效果评估和培训管理体系，其中前三项是培训体系的三大核心工作。而培训管理体系是把原本独立的前三项内容融入企业管理系统中，特别是要同晋升和薪酬体制结合起来。苏文平则以"培训逆论"现象为案例，通过分析员工培训体系中存在的问题和缺陷提出了进行有效培训的方法。凌文辁、欧明臣（2004）认为培训评估可以从两个方面来解释，一是搜集定性资料来考察培训是否达到了预期目标，二是以货币价值来衡量培训成本和效益。他们根据柯克帕特里克（D. L. Kirkpatrick）的四层评估模型，实证分析ROI培训评价的实施方法和过程。

吕锋（2002）分析了一般意义上的培训评估过程，提出了培训评估的步骤：①培训需求分析；②明确评估目的；③建立培训评估数据库；④明确培训评估的层次；⑤调整培训项目；⑥沟通培训项目结果。苗青（2002）则针对培训评价的效度，从实际操作角度分析了评价培训效果的多种方案，包括前后测定法、简单预测法、多重测定法、对照测定法和时间序列法。田恩舜、杨雅清（2004）对培训风险的类型和防范策略进行了分析。他们将员工培训风险分为内在风险和外在风险。内在风险表现为观念风险和技术风险，外在风险则有培训收益风险、专业技术保密难度增大风险和人才流失风险。他们认为，加强培训管理，提高培训的质量是防范培训风险的关键，因而防范培训风险应有完善的制度和企业文化为保障。

知识链接

世界级营销大师谈培训

公司的培训费应该用来培养更好的员工，不是培养更好的人；应该追求有效，而不是有趣。

算命和培训有什么不同？"定位"理论的发明者、营销大师特劳特在2006年对美国式培训的总结，听起来好像是在说中国式算命。

"先是找到那些缺乏安全感或者觉得不幸福的人。给他们的问题提供一个答案，要用听起来智慧无比、实际上含混不清的语言来包装你的建议。要承认这是个糟糕的世界，不过不需要他们做实质性的改变就能解决。"

也就是说，解决方案要简单易行。就像算命先生的解决方案是护身符或者咒语，培训大师的解决之道是参加他们的讲座和工作坊，买他们的书和磁带。

要更好地竞争就要提升员工，这是对的。但是，特劳特发现，美国企业为了提升员工，把钱都花在了所谓的自我改善或称励志的培训项目上，这就错了。

根据特劳特的描述，总结出美国式培训的三个发展阶段。

第一阶段的代表人物是柯维，被称为"美国历史上自戴尔·卡耐基以来最热门的自我改善顾问"。他的《高效能人士的七个习惯》在中国也是畅销书，自然也有以此为主题的培训和其他产品。柯维的要点是："要充分发挥你的潜力，你需要打造性格。"

因此，这一阶段可以称为"性格"培训。

第二阶段的代表人物是罗宾斯，他明星派头十足，会在烟雾和追光中大步登上培训舞台。他著名的培训是UPW——"释放你内心的能量"，内容之一是被培训者赤脚走过热木炭。罗宾斯的要点是：只要采取了正确的态度，你就能做到任何事情。比如走过热木炭，关键在于态度，只需要很少的技能。

因此，这一阶段可以称为"态度"培训。

现在，美国式培训进入了第三阶段——"情感"培训。

就是引进那些战胜了失明、瘫痪或者其他生死考验的人作为演讲者，来鼓舞员工战胜一切困难。中国式培训跟美国式培训的区别是，顺序倒了过来，先是从这一阶段开始的——想一想以前那些身残志坚而事业有成的到处做报告的人们。

中国式培训除了"情感"培训是原创（当时还没有进入市场经济），"性格"培训和"态度"培训都借鉴了美国式培训的"成功"经验。一些中国公司，还从美国请培训师来培训，其中通常会包括脱离商业语境的人际游戏、角色扮演等"有趣"的内容。

项目一 认知员工培训管理

> 在特劳特看来，这些培训都是浪费时间。如果员工想走热木炭、玩游戏，让他们用自己的时间，花自己的钱。公司的培训费应该用来培养更好的员工，不是培养更好的人；应该追求有效，而不是有趣。
>
> 特劳特的建议是，首先，从最基本的地方开始培训。
>
> "很可能你的员工阅读存在问题，表达存在问题；写不好一篇备忘录，读不懂资产负债表；要么不会用、要么过度使用计算机。这些是应该开始做培训的领域。"
>
> 他举的例子是联邦快递，其培训完全围绕实现"隔夜快递"的目标展开，教员工如何高效率地递送和跟踪包裹。在海湾战争期间，美国军队的供应链体系复制了联邦快递的培训技术，因为有效。
>
> 然后，着力于更高的技能建设，尤其是营销和创新的技能。
>
> 特劳特赞扬了通用电气的培训模式，强调了受训者培训他人的重要性。在通用电气，1 100名高级经理人会接受7天的密集培训，然后，他们再去培训下面数十万的经理人和员工。
>
> 特劳特的建议，不够高深莫测，也不够激动人心，也不够简单易行（建立通用电气那样的培训体系可不是容易的事情）。特劳特对自己的定位，显然不是算命先生或者培训大师。
>
> ——资料节选：商业评论网

此外，由于我国企业培训的起点低，存在种种问题，严重阻碍企业的发展。针对这些问题，我国的学者进行了深入的研究。潘阳华、徐文俊等指出，在对培训的认识上，企业存在重视高管培训、轻视中低层员工培训的问题，导致很多员工缺乏工作积极性，流失率高，技术工人缺乏。赵曙明实证研究指出我国企业在培训方面的投入水平有所提高，但总体上仍偏低。胡敏则指出企业在培训业务上存在三方面问题：第一，缺乏程序化、系统化的制度；第二，培训控制不力，评价效果滞后；第三，培训方式落后，实践性差。

因此，国内关于培训的研究活动，基本上反映出两个主要特点：一是引进、介绍国外研究成果，阐释具有代表性的理论和方法；二是结合国内企业实际分析培训理论的应用问题，尤其是培训方法的实际操作问题。

相比较而言，发达国家在培训理论方面的研究较为透彻，理论体系也更加系统、成熟和健全。我国在这方面的理论研究大多是"舶来品"，很少有创新的理论观点，这与我国的理论基础和经济发展水平有很大关系。此外，我国企业在培训中存在着较多学术界和管理界迫切需要解决的问题。

任务4 认知员工培训的基本程序

>> **即时案例**

近日中石油青岛销售组织开展的订单式培训赢得了员工的一致好评,根据员工个性化需求制定培训计划,员工可选择参与培训内容,实现了培训需求与业务技能提升的精准结合,有效提升了培训工作的针对性。

中石油青岛销售对加油站业务实际操作、各专业线涉及基层的内容进行汇总分类,通过培训调查问卷形式,准确摸清站经理、值班长的培训需求,同时根据管理监督部门的日常检查督导,找准加油站管理人员业务技能方面的薄弱环节,将两者有机结合,制定了班组建设、溢耗管理等十项培训订单,采取送训上门方式,在所属各片区开展循环培训,员工可按需预约培训人员到加油站开展一对一授课,培训方式灵活便捷。

一名员工深有感触地说:缺什么、补什么,不出远门就能参加个性化培训,这种方式我们基层员工最欢迎。

——资料节选自徐冬、李响,《中石油青岛销售员工培训实现订单化》,青岛新闻网,2016-7-14

即时问题

"订单式"培训为什么获得了员工的高度认可?员工培训的流程有哪些,你对此有何看法?

培训是一个系统过程,包括培训需求分析、制定培训计划、实施培训、评估培训效果。培训的具体程序如图1-3所示。

一、培训需求分析

员工培训需求分析为企业培训工作提供了运作的基础。它是在企业培训需求调查的基础上,由培训部门、主管人员等相关工作人员等采用各种方法与技术、对各种组织及其成员的目标、知识、技能等方面进行系统的鉴别与分析。

培训需求分析需要从企业、工作、个人三个方面进行。首先,要进行企业分析,确定企业范围内的培训需求,以保证培训计划符合企业的整体目标和战略要求。其次,要进行工作分析,分析员工取得理想的工作绩效所必须掌握的知识和技能。再次,要进行个人分析,将员工现有的水平与预期未来对员工技能的要求进行比照,看两者之间是否存在差距。当能力不能满足工作需要时,就要进行培训。其培训需

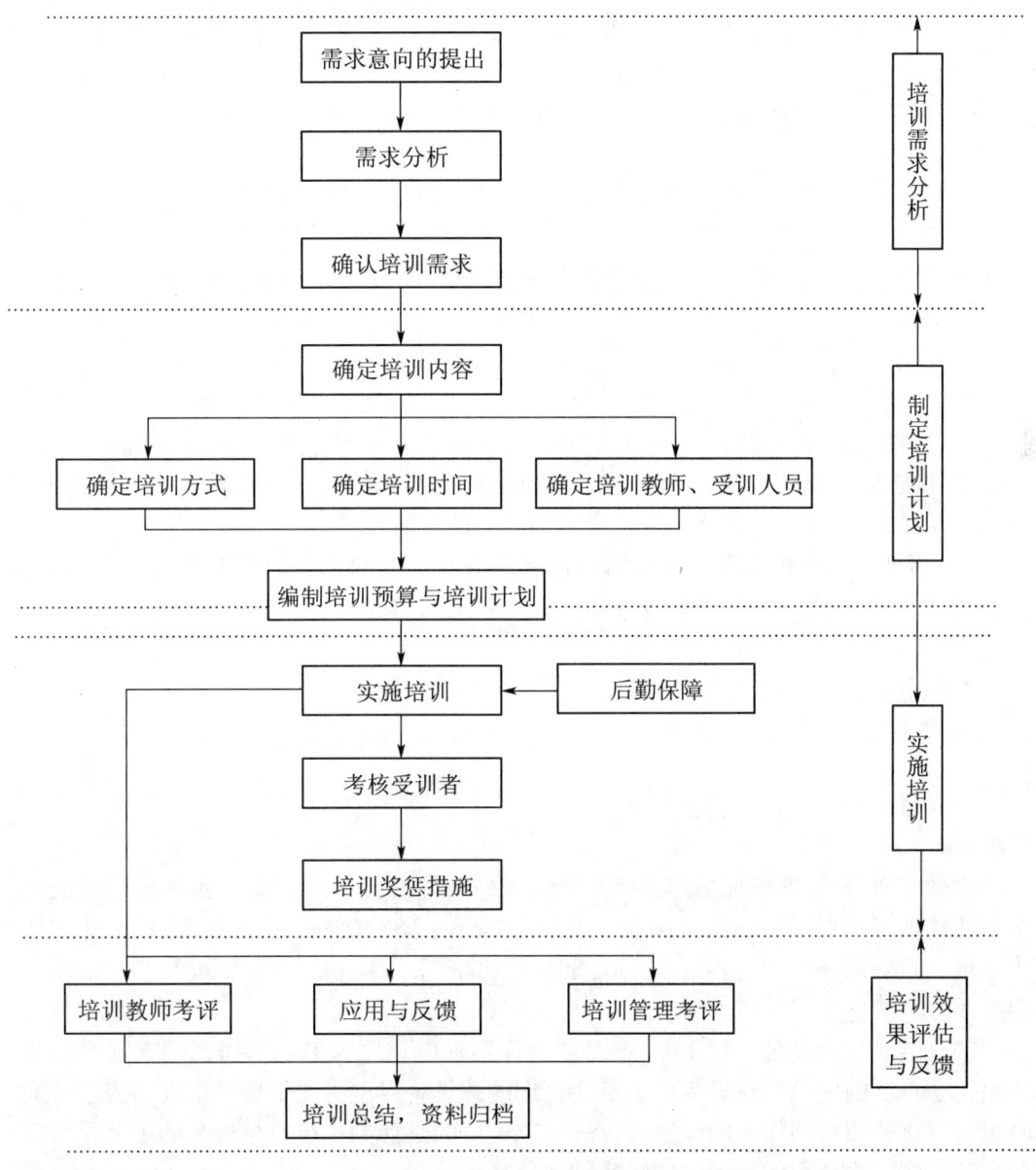

图 1-3　员工培训的基本程序

求分析的步骤如下：

（1）制订详细的培训需求调查计划书。一般包括：①调查目的。说明为什么要进行这项调查、想要知道的内容。比如培训对象、培训内容、培训时间、培训地点、培训形式、培训过程异常控制和预案、培训考核方式、由谁来主导培训等等。②调查项目。根据调查目的，决定所获取的资料类型和调查途径。③调查方法。决定调查地点、调查对象、调查样本及调查方法。④经费预算。主要包括文印资料费，调查人员的交通费、补贴费，调查过程所需要的费用，等等。⑤进度安排。根据调查过程所要做的各项工作及关系，列出调查进度表，画出调查进度网络图，以便控制培训需求调查的进度。

（2）制作好培训需求调查样本。根据调查的目的、对象及选用的方法，制作好不同的培训调查样表。

（3）组织实施培训调查。安排专人实施培训调查，各部门负责人给予一定的支持。常用的培训调查方法有观察法、问卷法、访谈法、档案法、集体（小组）讨论法、测试法、关键事件法、自我分析法等，企业可根据实际情况采取一种或多种方法收集培训需求信息与数据。重点要调查清楚受训员工受过什么同类或相关的培训（在哪里受训、何时受训、收获如何、评价）；受训者现在与本培训有关的能力（知识、技能、经验）水平、工作态度、业绩表现；受训者的知识结构、擅长什么、弱项是什么、到何种程度；受训者的学习动机、风格以及接受培训能力的环境特点等。

（4）培训需求分析整理，撰写培训需求调查报告。对调查所得的资料进行归类分析整理，并撰写培训调查报告，以便作为培训计划的附件，上报主管领导。

知识链接

员工培训需求调查表

各位同事：

　　为做好2016年度培训工作，提升员工工作技能和培训满意度，实现公司发展战略，使培训工作真正体现员工所需、公司所需。办公室面向公司全体员工开展2015年度培训需求调查，通过沟通了解大家对公司培训工作的看法、实际需求、建议和期望。

　　调查结果将为制订公司2016年度培训计划提供重要参考和依据，调查问卷也为您表达您自己的建设性意见提供了机会，您的意见将有助于实现您对培训的需求，同时也会促进公司培训体系的改进与提高，更重要的是您的积极参与将有助于公司培训的顺利实施，为公司的发展奠定坚实的文化基础。

　　非常感谢您抽出宝贵的时间来完成这个问卷，感谢您对我们培训工作的支持和帮助。

一、基本信息

姓名		部门	
岗位		入职时间	年　　　月

二、培训现状调查（请在您认可的答案"□"内打"√"）

1	今年您参加过几次培训课程（包括公司级和部门级培训）	□1～2次 □5～6次	□3～4次 □7～8次	□9～10次
2	对于今年各级培训中授课老师水平，您认为：	□很高 □一般	□比较高 □比较低	□很低
3	对于今年各级培训的频率，您认为：	□很高 □一般	□比较高 □比较低	□很低
4	对于今年各级培训的时间安排，您认为：	□很合理 □一般	□比较合理 □不太合理	□不合理
5	通过公司各级的培训，您个人感觉收获如何？	□很大 □一般	□比较大 □不大	□没有收获
6	您对公司培训的整体感觉如何？	□很满意 □一般	□比较满意 □不太满意	□很不满意
7	您认为目前影响培训效果的因素是什么？（可多选，限选3项）	□时间安排不太合适 □课程内容对工作无太大帮助 □培训师的授课水平有限 □员工培训意识未跟上 □形式太单调 □领导重视不够　□其他		
8	您认为目前公司培训需要改进的地方是（可多选，限选3项）：	□老师的选择 □内容的选择 □培训的形式	□时间的安排 □效果的评估	

三、培训需求调查（请在您认可的答案"□"内打"√"，如选择"其他"请在空格内简要描述）

1	您想学哪些课程？	□压力管理 □团队建设 □生产制度	□职场人际关系 □管理技能 □其他	□执行力 □班组长管理
2	您希望参加公司各种培训的频率是：	□每周一次 □每两个月一次	□每月两次 □每季度一次	□每月一次

续表

3	您认为公司培训的讲师来源最好是：	□公司内部　□部门内部 □工段内部　□其他
4	您最喜欢的培训方式是：	□课堂讲授　□案例分析　□模拟操作 □音像多媒体　□游戏竞赛　□研讨会 □其他
5	您希望培训时段安排在：	□工作时间　□晚上时间　□中午时间 □周末时间　□其他
6	您希望的每次培训时间长度为：	□半小时到一小时　　□一小时到两小时 □两小时以上　　　　□无所谓
7	您个人感觉，在工作中是否存在下列困惑？（请如实填写，可多选！） □工作压力大，有时或经常因工作原因情绪低落（考虑引入《压力与情绪管理》）。 □工作任务个人感觉多，总是感觉忙不过来（考虑引入《时间管理》）。 □和同事合作时，感觉沟通不够顺畅（考虑引入《团队协作与沟通管理》）。 □工作中和同事发成意见分歧时，有时不知如何处理，或处理后感觉效果不好（考虑引入《人际关系与冲突管理》）。 □个人感觉工作已经努力，但目标仍无法完成，或领导有时感到不满意（考虑引入《目标管理与执行力》）。 □日常活动中，个人的有些行为不知是否恰当，是否合乎礼仪要求（考虑引入《商务礼仪》）。 □其他（请详细说明） 　1. 　2. 　3.	
8	在专业知识、理论方面，结合您个人的职业发展规划，请列出您个人感觉最需要提高的三个方面： 　1. 　2. 　3.	

四、培训建议（如您对公司的培训有任何好的建议，请您在下表中提出，谢谢！）

项目一
认知员工培训管理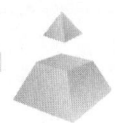

二、制定培训计划

培训计划必须是基于企业培训目的，综合考虑到企业现有资源条件和各层级员工的能力素质基础，考虑到企业可以投入到培训的成本预算及设备、时间等，考虑到企业人才培养制度及人才培养的超前性和培训效果的不确定性，进而确定培训方式和培训内容。培训计划应包含的内容：

1. 落实负责人

培训计划的制定和实施，关键是落实负责人。要建立责任制，明确分工。培训工作的负责人要有一定工作经验和工作热情，要有能力让主管部门批准培训计划和培训预算，要善于协调与生产部门和其他职能部门的关系，以确保培训计划的实施。

2. 确定培训目标和培训内容

可以通过组织分析、工作分析、个体分析进行。组织分析就是对整个机构的目标、计划、条件等进行分析，以决定培训重点所在。工作分析主要是分析工作人员怎样才能胜任工作，应具备哪些必要的知识和技能，以决定培训目标。个体分析就是对每个人员的具体情况进行分析，并找出与工作要求的差距，以决定培训内容。

培训内容包括三个层次，即知识培训、技能培训和素质培训。知识培训是企业培训中的第一个层次。如员工听一次讲座或者看一本书，就可能获得相应的知识。知识培训有利于员工理解概念，增强其对新环境的适应能力。技能培训是企业培训中的第二个层次。如招进新员工、采用新设备、引进新技术等都要求进行技能培训，因为抽象的知识培训不可能立即适应具体的操作。素质培训是企业培训中的最高层次。素质高的员工即使在短期内缺乏知识和技能，也会为实现目标有效、主动地进行学习。究竟选择哪个层次的培训内容，是由不同受训者的具体情况决定的。一般来说，管理者偏向于知识培训和素质培训，一般职员偏向于知识培训和技能培训。

3. 选择适当的培训方法

关于培训方法，前面已有介绍。每种方法都有不同的侧重点，因此必须根据培训对象的不同，选择适当的培训方法。方法的选择除了要考虑人员特点外，还要考虑企业各种客观条件的可能性。

4. 选择培训学员和培训师

除普遍轮训之外，参加培训的学员必须经过适当的挑选。因为企业员工培训需要花费一定的经费，企业应当把有限的资金花在有培训需求且有潜力的人员身上，这样可以做到培训效益最大化。培训师的选择对于培训工作的顺利进行也非常重要。国外企业的经验表明，聘请各级管理人员当培训师是一种有效办法。因为管理人员掌握了一定的培训方法，对培训者和企业情况比较了解，因此设计的培训内容更切合实际需要、针对性强。当然也可以从一些专业培训机构聘请专职培训师。

5. 制定培训计划表

制定培训计划表的目的是明确培训的内容、时间、地点、方式、经费等，使人一目了然，便于培训工作的正常开展。如下表所示。

2015 年度某公司年度培训计划表

| 序号 | 培训类别 | 课程名称 | 课程目标 | 课程对象 | 参训人数/个 | 培训课时/小时 | 培训方式 | 讲师 | 费用预算/元 | | 备注 |
									讲师费用	行政费用	
1	业务、售后（全公司）	售后服务人员素养	提升服务人员在外服务形象	全体服务人员	100	7	外训		15 000	12 500	差旅费按125元（人·天）预算
2		营销人员技能提升	提升销售人员营销技巧，提高销量	全体营销人员	100	7	外训		15 000	12 500	
3	采购（全公司）	如何降低采购成本及供应商谈判技巧	学习找到降低采购成本的方法	采购人员	30	7	外训		15 000	300	
4		供应商选择评估与全面管理	了解供应商选择评估标准，正确寻求最优的供应商	采购人员	30	7	外训		15 000	300	
5	生产（全公司）	订单交期控制方法	让班组长学会交期的管控	班组长等	60	7	外训		15 000	600	
6		班组管理方法	让班组长学会5MIE的管理套路，提升管理能力	班组长等	60	7	外训		15 000	600	
7		生产计划精细化管理	提高计划的管控与精准	班组长及以上人员	60	7	外训		15 000	600	

三、实施培训

培训计划的实施是整个培训流程中的关键步骤。实施培训主要涉及以下几个方面：

（1）确定培训师。要寻找到一位合适的培训师不是一件容易的事，企业要培养一位合格的培训师成本很高，而培训师的好坏直接影响到培训的效果。一位优秀的培训师既要有广博的理论知识，又要有丰富的实践经验，既要有扎实的培训技能，又要有吸引人的高尚人格。

（2）确定培训教材。一般由培训师确定教材，教材来源主要有四种：外面公开出售的教材、企业内部的教材、培训公司开发的教材和培训师编写的教材。一套好的教材应该是围绕培训目标，简明扼要、图文并茂、引人入胜。

（3）确定培训场地。培训场地的优劣也会影响到培训的效果好坏。培训地点一般有以下几种：企业内部的会议室、企业外部的会议室、宾馆内的会议室、室外拓展工作场等。同时，要根据培训的内容来布置培训场所。一般培训场地要满足三个条件：交通方便、环境安静、布置科学。培训场地布局原则：①最大限度的舒适和员工参与度。受训者的座位排列要保证受训员工、培训师目光自然交流。②培训前检查通风状况、室温、照明和外界的影响干扰等。

（4）准备好培训设备。例如：教材、模型、电脑、投影仪、屏幕等。

（5）确定培训时间。要考虑是在白天，还是晚上，工作日还是周末，旺季还是淡季，何时开始，何时结束等。

（6）做好后勤保障。要确保每一个应该来的人都收到通知，因此，培训工作人员还要做好追踪，使每一个人都确知培训时间、地点与培训基本内容。此外，还要妥善解决好培训期间受训员工的食宿及人身安全等事项。

四、培训效果评估与反馈

培训实施完成后，培训工作并没有结束，还需进行培训效果评估与反馈，这对于员工培训是十分重要的。通过效果评估与反馈，既可以了解培训产生的效益，又可以为未来的员工培训工作打好基础，有利于进一步开发人力资源。

培训的效果评估一方面是对学习效果的检验，另一方面是对培训工作的总结。效果评估的方法可分为过程评估和事后评估。前者重视培训活动的改善，从而达到提升实质培训成效的作用；后者则供人力资源管理部门的决策参考。从合理化的观点来看，最好是将两者结合起来。效果评估的方法有实验设计法，准实验设计法和非实验设计法。柯克帕特里克（Kirkpatrick）把培训效果评估划分为四层次：

（1）反应层次。这是培训效果评估的最低层次。主要利用问卷来进行测定，可以问以下问题：受训者是否喜欢这次培训，是否认为培训师很出色，是否认为这次培训对自己很有帮助，哪些地方可以进一步改进。

（2）学习层次。这是培训效果评估的第二层次，可以运用书面测试、操作测试、等级情景模拟等方法来测定。主要测定受训者与受训前相比，受训后是否掌握了较多的知识，较多的技能，是否改变了态度。

（3）行为层次。这是培训效果评估的第三层次，可以通过上级、同事、下级、客户等相关人员对受训者的业绩进行评估来测定，主要测定受训者在受训后行为是否改善，是否运用培训中的知识、技能，是否在交往中态度更正确等。

（4）效果层次。这是培训效果评估的最高层次，可以通过事故率、产品合格率、产量、销售量、成本、技术、利润、离职率、迟到率等指标来测定，主要测定内容是个体、群体、组织在受训后是否改善，这是最重要的一种评估层次。

根据柯克帕特里克的培训效果评估四层次，其效果评估方法采用以下方法：

①如果培训的目的在于了解参训者的反应，可以利用观察法、面谈或意见调查等方式，从而了解参训者对培训内容、主题、教材、环境等的满意程度。

②如为了解参训者的学习效果，可以利用笔试或者心得体会，了解其知识增加程度。

③如为了解参训者行为的改变，可以观察其行为及访谈其主管或同事。

④对工作实绩的测定，这种方法较为困难，它可能受到外来因素的影响。

项目小结

1. 培训，是指为了达到统一的科学技术规范、标准化作业，通过目标规划设定、知识和信息传递、技能熟练演练、作业达成评测、结果交流公告等现代信息化的流程，让员工通过一定的教育训练技术手段，达到预期的水平而提高组织目标的过程。

2. 培训的分类：可以根据内容、培训对象在企业中的职能、培训时员工与工作岗位的关系、培训的实施主体、培训的授课形式进行分类。

3. 员工培训的特性：广泛性、层次性、协调性、实用性、长期性和速成性、实践性。

4. 培训的原则：参与、激励、应用、因人施教。

5. 培训的作用：补偿作用、保持企业竞争力的重要手段、提高生产力。

6. 培训的意义：①能提高员工的职业能力；②有利于企业获得竞争优势；③有利于改善企业的工作质量；④有利于高效工作绩效系统的构建；⑤满足员工实现自我价值的需要。

7. 员工培训的特点：全员性、广泛性、持续性、多元性、计划性。

8. 员工培训的方法：讲授法、视听技术法、讨论法、案例研讨法、角色扮演法、游戏法、自学法、工作指导法、工作轮换法、网络培训法。

9. 员工培训的误区：①培训成为员工跳槽的"踏板"；②培训脱离实际，缺乏针对性，流于形式；③视培训为一种短期行为，期望培训效果速效全能；④培训是一种成本，应尽量减少；⑤高层管理人员无须培训

10. 现代员工培训理论：行为理论、需要培训理论、培训评估理论、成人学习理论、终身教育理论。

11. 员工培训的流程包括培训需求分析、制定培训计划、教学设计、实施培训计划、评估培训效果。

关键术语

培训　技能培训　发展培训　绩效培训　行为培训理论　需要培训理论　培训评估理论　成人培训理论　终身教育理论　培训需求分析

复习与讨论

1. 请简要阐述培训的概念及分类。
2. 请简要阐述培训的原则与作用。
3. 员工培训的方法有哪些？
4. 员工培训经常存在的误区有哪些？
5. 请简要阐述员工培训的理论发展情况。
6. 请简要阐述员工培训的流程。

案例分析

别把所有难题都推给培训

"培训、培训"，这个常被我们挂在嘴上的管理解决方案，长久以来，有被过度神话或过度使用当作"管理万灵丹"的趋势。

全球企业每年针对培训的支出十分庞大，培训费用与销售费用的支出，已经俨然成为管理费用中最不能被忽略、最不得不重视，也最迫切需要被检讨成效的项目。我们在这里要说的是，企业进行培训的实际效果，也有力有未逮的时候，企业不可以动辄将发生的管理问题，一股脑的留给培训去解决。

企业该如何重新清楚定位培训呢？培训在管理上有哪些似是而非、模糊不清以及误用？

首先，让教育的归教育、培训的归培训，我们不能把教育和培训混为一谈。所谓教育者，是人格特质与价值观的形成过程，它是一个极为漫长的成长蜕变阶段，它是国家教育、民族教育、社会文化教育、学校教育、家庭教育、宗教教育与同侪教育等的一个综合体。教育是累积多年的一套行为塑造过程，极为深远、极为绵长。从教育的影响产出端来看，更能洞悉它的影响力究竟在哪。教育的影响，在人格特质、价值观、态度与情操等较为隐性的职能条件。如果按照职能管理（competency management）的架构将人的职能划分为ASK三部分（attitude 态度、skill 技能、knowledge 知识），教育所及乃在于态度，最多是影响到未来对于学习技能或知识时的一种态度或习惯。而企业对于个人的培训，则没有这么长投资与等待收割的时间，事事须追求成本效益，追求投资收益，追求即学即用、解决问题，是在解决较为显性的职能条件技能与知识。想要穷尽职场数年的时间，去"教育教化"一个人，是无止境的沉重目标，是不切实际的，企业即使逐年编列再多的预算，也难以持续。企业倘要解决态度的问题，只能在晋用新人时多做缜密的筛选（直接接手好态度的员工），一旦报到上班，只能用纪律、规定、奖惩与激励制度去影响态度（也无法改变态度），而不是用培训的手段来处理。过去有一家企业，因为组织士气低落，请我去给他们上一堂提升士气的课。我要求他们做两件事而不是上课：①检讨工作内容、修改考核激励制度；②举办一次竞赛活动或组织员工旅游一次。结果取得了惊人的效果。

其次，让管理的归管理、培训的归培训。许多企业将老、大、难的问题，交给培训单位来解决，这又是一个牛头不对马嘴的因应措施。培训不是唯一处理问题的手段，也不要因为找不到解决方案就"推卸责任式"地把问题推给培训解决。依据某商业杂志对变革工具的分类，遇到管理问题至少有四大类的工具应该被选择运用。①文化工具：包括愿景、企业文化、组织氛围与公司制度、规章规定等。②领导工具：管理影响力、内部沟通说明、共识倡导营销等。③权力工具：包括角色定位、控制系统、财务诱因与职位升迁等报告体系。④管理工具：战略规划、绩效评估、培训、标准作业流程等。也就是说，遇到管理上的问题，要先思索运用的工具该是什么，而且选择是非常多元的，不同问题要用不同工具来处理，有时甚至是交互运用、多管齐下地灵活使用。所谓的培训，也只是众多得以运用的工具之一，不客气地说，还是比较不能立竿见影的工具。培训本身就难以解决的问题，包括有执行力、纪律不彰、士气低落、道德操守等等。这里绝不是要低估培训的重要性或是效果，而是要突显还有更多能使用的工具，如果单靠训练，效果会大打折扣。我主导过数以千计的策略管理项目，在项目过程中大家竭尽心力想出很多有价值的策略，野心勃勃冲劲十足地想要付诸实行，但是项目之后，其他相关激励性的管理配套措施，如果没有同步配合到位，到最后也一定是沦为雷声大雨点小，执行不了的下场。所以我常常说，进行培训的之前与之后阶段，往往重要性优于培训的当时，培训之前一定要清楚培训能够达到的目标，培训规划细节与效果，讲师能够做到的极限是什么。例如，企业常常喜欢办大型的培训（人数超过50人以上），那么培训之前就必须认识到其效果有限，无法有太多的双向交流与互动，势必会忽略部分人员的参与和回馈，此时的培训效果就像演说，最多就像倡导。培训之后的追踪更是重要，学员结训后有无学以致用，有无改变原来的认知或作业方式，运用后有无修正检讨的必要，都是培训计划或培训单位的工作重点。但实务上，这些最重要的事前与事后关键

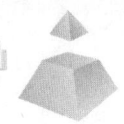

点，却总是被忽略。

最后，让员工福利归员工福利、培训的归培训。从财务会计的归属角度来看，员工福利是总人事成本的一部分，而培训，则属于财务费用、管理费用的一环，甚至于有些公司更广泛的将其涵盖于部分研发费用当中，它们本就是属性不同的东西。培训绝不是员工福利的一部分。这是两个截然不同的概念，二者目的也大相径庭。许多公司或员工，喜欢把培训视为员工福利的一环，误解为培训的机会多，意味着公司的福利越好。许多机构喜欢运用培训的名义，四处"交流考察"或是借机"游山玩水"，结束后提交一些见习或考察报告了事，最后还被人批评浪费资源、没有效果。员工福利是在法律规定的内与外，为照顾员工的身心，不计较事后成效下，量力而为的公司举措与企业责任。培训则是管理工具的一环，为解决问题，讲求即学即用的一种投资。既为投资，就要追求效果与收益，漫长的"教育"投资，企业没有这种能力与预算；短中期成效的"培训"，讲求收益的行为，才是企业能力所及，也是有效果的有目标的。很多企业，稍遇不景气或成本紧缩，就来压缩培训支出，就是因为其培训是不能讲求回报的"非必要"支出所致。我也看到许多企业，耗费巨资，建立培训部门、讲师群、培训教室、训练学院、企业大学，等到看不到成效与回报时，又来大砍预算，这都是事前认知不清，浪费资源，事后虎头蛇尾的结果，而这种事情其实非常普遍。

我曾在一篇名为《良医治未病》的专文中提到，过去在台湾的阿里山以及在山东，都曾发生过火车出轨的不幸事件。前者由于驾驶员上车后忘记启动刹车系统，导致无法减速而出轨；后者则是由于驾驶员超速飞奔所导致。两个事件都造成不少的伤亡。而追究责任与惩处，然后加强倡导培训之类的措施，都不足以从根本解决人为疏失造成的问题，但如果运用比如自动启动的刹车系统或是自动限速的系统，就能从根本上防止问题的再发生。只要跳不开因为人而衍生的问题，就会因为人的生理条件、心理疏忽、情绪、怠惰而重复发生，许多从根本解决问题、一劳永逸的方法，不是培训，而培训只是补强之道。

这些年来，在追求培训成效的要求下，随着培训方式的多元发展，各种方式的培训推陈出新，令人目不暇接。这本是好事一桩，但有些不好的，也极度夸大了该培训的成果与影响力。除了传统的训练方式以外，新的培训简单来说分为以下几种类别。

咨询式培训。这种培训以即学即作，即作即改，即改即用为特色，是省却耗费聘用顾问预算与时间，达成培训与咨询顾问双重效果的培训模式。更有甚者，结合软件工具的运用，使得结训后直接套用成工作程序的一部分，立竿见影很有效果。

体验式培训。这种培训强调双向、指导与体验式的学习，用在团队塑造、激励士气、突破思维习惯的瓶颈上很有帮助；包括国内外风行的教练、军训、拓展培训、战斗营等等。

借鉴式培训。这种培训多用于团队角色的认识与自我发展方面，它运用多元的评估工具，结合许多应用心理学与性向类的分析，用各式量表与数据分析来统计推论，用这些结果来辅助教学。

成长式培训。这种培训的方式有很多种，包括网络学习、远程教学、课程函授或外派研修考察，多用于更长远的职业生涯规划与人才储备。

不管培训的方式与技巧多么万紫千红，它都只是增强培训成效的方法与技巧，只是管理的一种辅助手段。如果不与实际的业务或系统工具软件结合，不与公司的规章制度、预算管理、绩效考核连成一气，再怎么风光、再怎么叫好叫座的培训，最终还是曲终人散、三分钟热度。只有认清问题所在，找出正确的解决方案，用培训增进认同与学习，不把所有难题都推给培训，才是永远的正道。

——资料节选：中国人力资源网

思考题：
1. 根据本项目所学理论知识及案例资料，你如何理解"培训"？培训的成效有哪些？
2. 培训与教育、管理的区别与联系有哪些？
3. 请分析员工培训的不同方式及它们的适用范围。

实训训练

1. 实训目的：通过本章的实训训练，进一步明确员工培训的概念、方法与流程，为以后学习本课程内容及各项业务打下良好基础。

2. 实训内容与要求

以"某企业一年内开展员工培训情况的分析"为题作一个调查，并写成调查报告。

3. 实训组织方法及步骤

（1）将一个班的学生分成若干小组，以5～8人为一组为宜。

（2）以小组为单位，进行资料查阅，对形象或重视程度涉及的项目进行分析讨论，并设计出"员工培训情况"的调查问卷。

（3）以小组为单位实施调查，搜集、整理数据。

（4）整理资料、分析数据，撰写调查报告。

（5）老师组织学生对调查报告进行分析、评议。

4. 实训时间

本实训资料查阅与调查实施可让学生利用1～2个周末时间进行，课堂讲解与评析占2课时。

5. 调查报告

要严格按照调查报告的格式写：调查目的、调查对象、调查内容、调查方式（一般可选择：问卷式、访谈法、观察法、资料法等）、调查时间、调查结果、调查体会

（可以是对调查结果的分析，也可以是找出结果的原因及应对办法等）。

6. 实训成绩评定

（1）实训成绩按优秀、良好、中等、及格、不及格5个等级评定。

（2）成绩评定参考准则

①是否理解员工培训的内容、方法、流程与在企业的作用。

②是否掌握进行员工培训调查的方法。

③是否独立设计问卷、撰写调查报告，真实度如何。

④调查报告是否记录了完整的实训过程，文字是否简练、清楚，结论是否明确，体会是否客观。

⑤是否积极参与实训，实训态度、实训前准备和遵纪情况如何。

⑥课堂讲解、讨论、分析等实训环节占总成绩的50%，实训报告占总成绩的50%。

项目测验

一、单选题

1. 在培训方法中，（　　）适用于从事具体岗位所应具备的能力、技能和管理实务类的培训。

　　A. 实践法　　　　B. 讲授法　　　　C. 专题法　　　　D. 研讨法

2. 以下关于敏感性训练的说法错误的是（　　）。

　　A. 要求学员在小组中就个人情感等进行坦率、公正的讨论

　　B. 目的是为了提高学员对自己的行为和他人行为的洞察力

　　C. 常采用集体住宿训练、小组讨论、个别交流等活动方式

　　D. 适用于组织发展训练，不适用于晋升前的人际关系训练

3. 针对（　　）的培训与开发，应采用头脑风暴法，形象训练和等阶变换思考等培训方法。

　　A. 基础理论知识　　　　　　　　B. 创造性

　　C. 解决问题能力　　　　　　　　D. 技能性

4. 在案例分析法中，案例讨论的步骤如下，排序正确的是（　　）。

①展示案例资料　②确定核心问题　③小组分别讨论　④选择最佳方案　⑤全体讨论解决问题的方案

　　A. ①②③④⑤　　B. ①③②④⑤　　C. ①⑤②③④　　D. ①⑤③②④

5. 以下关于绩效差距分析模型的说法不正确的是（　　）。

　　A. 绩效差距分析是一种全面分析方法

　　B. 需求分析阶段的任务是寻找绩效差距

　　C. 包括发现问题阶段、预先分析阶段以及需求分析阶段

  D. 发现问题阶段是找出理想和现实绩效存在差距的地方
 6. 以下关于培训效率评估的说法不正确的是（　　）。
  A. 要向高层管理人员汇报   B. 有利于提高培训效率
  C. 自省以前工作中的不足   D. 获得领导支持的有效方式
 7. 选择理想的培训师时，须考虑的因素不包括（　　）。
  A. 符合培训目标   B. 培训师的专业性
  C. 培训师的学历   D. 培训师的配合性
 8. 专题讲座法的优点不包括（　　）。
  A. 形式比较灵活   B. 员工的培训成本比较低
  C. 可随时满足员工某一方面的培训需求 D. 培训对象易于加深理解
 9. 参与型培训法是（　　）的方法。
  A. 以学习知识为目的   B. 调动员工积极性
  C. 以掌握技能为目的   D. 针对行为调整和心理训练
10. 以下关于行为模仿法的说法错误的是（　　）。
  A. 能够提高学员的行为能力
  B. 适用于高层管理人员的培训
  C. 根据培训的具体对象确定培训内容
  D. 使学员能更好地处理工作环境中的人际关系

二、多选题

1. 员工培训的特性包括（　　）。
  A. 广泛性 B. 层次性 C. 协调性 D. 实用性
  E. 长期性和速成性
2. 选择培训方法时要与受训者群体特征相适应，分析受训者群体特征可使用的参数有（　　）。
  A. 学员构成 B. 工作程序 C. 工作压力 D. 工作内容
  E. 工作可离度
3. 可运用观察法收集培训需求信息，以下关于观察法的说法正确的有（　　）。
  A. 较适合生产作业和技术人员
  B. 优点在于培训者与培训对象亲自接触
  C. 观察者的主观偏见会影响调查的结论
  D. 观察记录表可作为培训需求分析的依据
  E. 观察的效果受培训者对工作熟悉程度的影响
4. 培训的原则包括（　　）。
  A. 参与原则 B. 激励原则 C. 应用原则 D. 因人施教原则
5. 培训的作用包括（　　）。

  A. 补偿作用   B. 保持企业竞争力的重要手段
  C. 提高生产力   D. 激励作用

6. 研讨法的优点包括（　　　）。
  A. 形式多样，适应性强   B. 多向式信息交流
  C. 有利于大面积培养人才   D. 有利于培养学员综合能力
  E. 加深学员对知识的理解

7. 员工培训的特点是（　　　）。
  A. 全员性   B. 广泛性   C. 持续性   D. 多元性
  E. 计划性

8. 学员构成这一参数通过学员的（　　　）方面影响培训方法的选择。
  A. 职务特征   B. 技术心理成熟度
  C. 个性特征   D. 工作内容熟练度
  E. 家庭背景

9. 员工个人层次的培训需求分析的内容主要包括（　　　）。
  A. 工作态度   B. 员工素质   C. 工作绩效   D. 员工技能
  E. 工作任务

10. 现代员工培训理论包括（　　　）。
  A. 行为理论   B. 需要培训理论   C. 培训评估理论
  D. 成人学习理论   E. 终身教育理论

11. 组织层次的培训需求分析包括分析（　　　）等内容。
  A. 组织目标   B. 组织效率   C. 组织资源   D. 组织文化
  E. 工作任务

12. 关于制定培训需求调查计划，表述正确的是（　　　）。
  A. 行动计划要安排好时间进度以及各项工作中应注意的一些问题
  B. 要提高培训需求调查结果的可信度
  C. 选择合适的培训需求调查方法
  D. 内容不要过于宽泛
  E. 对于某一项内容可以从多角度调查

参考答案   补充材料1   补充材料2

项目二　分析员工培训需求

知识目标

1. 员工培训需求的定义、类别
2. 员工培训调查分析的理论模型、层次、调查对象和调查内容
3. 员工培训需求调查的方法以及各种方法的优缺点
4. 员工培训需求调查实施程序
5. 员工培训需求调查分析报告的内容

能力目标

1. 能够运用所学的员工培训调查分析的层次理论分析员工的培训需求
2. 能认知并运用员工培训需求调查的各种方法进行实地调研
3. 能够按照培训需求调查的各个程序实施企业员工培训需求调查活动
4. 能够撰写员工培训需求调查分析报告

情境任务设计

某航空公司成立于1982年，是全国第一家按企业化运行的地方航空公司。该航空公司自成立起就自主经营，现已发展成为一家拥有49架波音系列飞机的中等规模航空公司。作为典型的服务企业，员工的职业素质和服务水平直接影响航空公司的业务发展，而员工数量众多、基本素质参差不齐，这些现实问题也给员工培训体系的有效搭建带来了难度。目前，该航空公司在人员的培训广度上，体现了其战略上的考虑，企业为了培育和保持企业实现战略目标必不可少的核心竞争力，实行全员培训制度，花了大量的人力、物力、财力聘请了许多专家进行授课，着重培养人员的岗位技能和业务素质。

但是，很快公司就发现该公司的培训活动起不到效果，主要是因为：第一，培训工作缺乏长远的规划，培训开发活动与企业发展战略存在一定的脱节，经常出现"别人培训什么就培训什么""流行什么就培训什么"。由于员工数量众多，且培训计划性差，人力资源从业人员整天忙于组织培训活动等事务性工作，培训活动组织了一场又一场，但是培训效果却始终得不到体现，对培训的长期规划也没有时间和精力去进行思考和改进。第二，该航空公司的新员工培训仍延续传统的培训体系，其培训内容年年雷同，主要是企业介绍、企业文化、专业技能培训等常规的培训内容，缺乏针对性，新员工培存在一定的"形式化",严重影响了培训效果的转化。第三,缺乏对特殊核心工种人员需求相匹配的软性知识培训。航空业中的特殊岗位,如飞行员和空乘人员等在飞行过程中所承担的安全风险和服务压力相对普通运输服务的员工会大很多,岗位任职资格对个人的心理素质和综合素质的要求也高,但公司有关技能方面的课程不少,却缺少软知识的培训,如对思维、态度、心理健康和压力疏导方面的培训很少。

这些问题影响了培训效果的转化,也制约了企业的进一步发展。基于此,该航空公司的高层管理者陷入了深思,该公司的员工培训体系为什么会出现这么多问题,究竟要从哪些方面入手才能提高员工培训工作的有效性,促进企业业务的进一步发展,逐步实现企业的战略发展目标?

训练任务

1. 该公司的培训方案为什么会失败?缺少了培训工作中哪一项重要的环节?这一环节对员工培训工作有什么重大意义?
2. 要提高培训工作的有效性,促进企业实现战略发展目标,推动员工实现个人发展,企业在设计员工培训体系时应注意什么?
3. 请找一个企业注重分析员工培训需求的案例。

训练目标

理解员工培训需求的含义、熟悉培训需求分析理论的内容,掌握员工培训需求调查分析的主要方法。

训练要求

学生分组,每个小组找一个企业注重分析员工培训需求案例,制作成PPT并派学生代表上台演示。

训练考核

每组派出一位代表与教师组成评委团,对各小组的PPT文件和演示进行综合评价,老师和各小组代表评分各占50%。

本项目学习任务

1. 根据所学的员工培训需求的理论知识,分析企业在实际管理中实施的培训活动是否能够满足员工培训需求?

2. 根据所需知识，分析企业在实际运营中采用的调查方法能否科学地调查出员工的实际培训需求。

3. 以班级为单位，组织同学到企业观察或实地参与企业员工培训需求调查活动。

4. 通过网上搜集资料或企业现场观察收集企业员工培训需求调查分析的数据，撰写企业员工培训需求调查分析报告。

任务1 认知员工培训需求

▶▶ 即时案例

作为化工界老大的杜邦公司在很多方面都独具特色。其中，公司为每一位员工提供独特的培训尤为突出。因而杜邦的"人员流动率"一直保持在很低的水平，在杜邦总部连续工作30年以上的员工随处可见，这在"人才流动成灾"的美国是十分难得的。

杜邦公司拥有一套系统的培训体系。虽然公司的培训协调员只有几个人，但他们却把培训工作开展得有声有色。每年，他们会根据杜邦公司员工的素质、各部门的业务发展需求等拟出一份培训大纲。上面清楚地列出该年度培训课程的题目、培训内容、培训教员、授课时间及地点等。并在年底前将大纲分发给杜邦各业务主管。根据员工的工作范围，结合员工的需求，参照培训大纲为每个员工制定一份培训计划，员工会按此计划参加培训。

杜邦公司还给员工提供平等的、多元化的培训机会。每位员工都有机会接受像公司概况、商务英语写作、有效的办公室工作等内容的基本培训。公司还一直重视对员工的潜能开发，会根据员工不同的教育背景、工作经验、职位需求提供不同的培训。培训范围从前台接待员的"电话英语"到高级管理人员的"危机处理"。此外，如果员工认为社会上的某些课程会对自己的工作有所帮助，就可以向主管提出，公司就会合理地安排人员进行培训。

为了保证员工的整体素质，提高员工参加培训的积极性，杜邦公司实行了特殊教员制。公司的培训教员一部分是公司从社会上聘请的专业培训公司的教师或大学的教授、技术专家等，而更多的则是杜邦公司内部的资深员工。在杜邦公司，任何一位有业务或技术专长的员工，小到普通职员，大到资深经理都可作为知识教师给员工们讲授相关的业务知识。

🔍 即时问题

1. 什么是员工的培训需求？为什么员工会产生培训需求？
2. 杜邦公司的员工培训需求调查分析从哪几个层面展开？有什么特色？

一、员工培训需求的定义

心理学认为，人的需求产生于本身对某一事物的期望或欲望。当人们对于自身某一方面的现状感到不满意，意识到需要改进或提高时，人们对某一方面的需求就产生了。因此，当员工在工作中因为企业要求或自身需要而渴望通过各种方式提高自己的岗位知识、专业技能、综合素质时，员工就会希望通过培训的方式来满足需要和追求，以填补自己在某一方面的"现实状态"和"理想状态"之间的差距。麦格希和赛耶认为，培训需求就是培训对象为获得某种知识和技能的一种自发的学习愿望。

所以，员工的培训需求是指员工因特定工作的实际需求或自身发展的期冀与其本身现有知识、技术、能力结构之间存在差距而产生要弥补差距的需要和追求。我们可以把员工的培训需求用以下公式来表达：

$$员工培训需求 = 企业或员工期望状态 - 员工现实状态$$

二、员工培训需求的类别

根据马斯洛的需求原理，人具有生理需求、安全需求、社交需求、尊重需求和自我实现需求，因此，员工的需求是多元的，而且是不断发展的，把需要层次理论运用在培训中，可以明确各阶段员工的需要，采用合适的培训满足员工的不同需求，使企业的投资能得到最大的回报，员工能得到自身发展。根据调查显示，78%的员工希望得到更多的培训，因为通过培训，员工可以期望通过培训获得提高和实现自我发展，期望培训的内容更广泛，形式更灵活。

1. 按照员工需求的对象，可分为新员工培训需求和在职员工培训需求

新员工培训需求主要是基于新的员工需要了解企业的制度、文化和岗位业务需要，或者为了提高自身完成相应岗位所需要的技能和素质，从而能够胜任工作而产生的需求。

在职员工培训需求，主要鉴于企业在方针政策、经营策略和方向上发生变化，或是企业运用了新的技术或模式，员工原有的知识结构或技能已经无法满足工作需要，企业要求或员工主动要求通过培训提高自身的知识结构和能力，从而提升员工绩效。

2. 按照培训对象范围的大小，可分为员工一般培训需求和员工特殊培训需求

员工一般培训需求，一般是指所有员工共同的培训需求，就是不管任何企业类型、任何岗位的员工都需要进行的通用素质和技能培训，包括一般的管理理论和技能、行业的职业素养、员工的晋升途径和职业发展规划等培训需求。

员工特殊培训需求，一般是与员工的具体岗位和职能相联系，根据员工的部门、层级、岗位、资历的不同要求，部分或个别员工产生了个别需求。例如，专业技能培训、

专业知识培训就属于员工特殊培训需求。

三、员工培训需求调查分析

1. 员工培训需求调查分析概念

每一个员工在不同层次、不同时期的培训需求都是不一致的,并且是不断发展的,因此公司要制定科学的员工培训计划,为企业和员工提供"量身定做"的培训项目,首先需要对员工的培训需求"量体裁衣",即企业和员工对培训的需求进行详细的调查及科学分析。针对员工的培训需求的调查和分析是实施企业培训工作的基础,是确定培训目标、设计培训项目、开发培训课程的前提,是现代培训活动的重要环节,有助于保证培训的质量和效果。

"培训需求分析"(training needs analysis)这一概念最早是由麦格希和赛耶等人于1961年提出,他们从员工的角度出发,认为"培训需求分析"是一种通过系统分析进而确定企业员工培训目标、培训内容及其相互关系的方法。人力资源的培训理论和实践在20世纪70年代后逐步发展,并成为国外组织心理学的热门研究领域之一,在这样的背景下,培训需求分析的内涵进一步得到发展与完善,培训需求分析在企业员工培训活动中也越来越得到重视和应用。

在现代企业管理中,实施企业培训工作的第一环节就是对员工展开"培训需求调查分析",即在规划与设计每一项培训活动之前,由培训部门组织,部门主管人员和相关工作人员通力合作,采用各种方法与技术,对组织及其成员的目标、知识、技能等方面进行系统的调查和鉴别,了解员工是否需要培训,需要哪一方面的培训、培训地点和培训方式,从而有针对性地设计完整的培训方案的一种活动或过程。

2. 员工培训需求调查分析流程

培训需求调查分析的主要流程如下:第一,收集培训信息,确认从哪些层面展开需求调查和分析。第二,选择科学的调查方法,展开员工培训需求调查。第三,实施员工培训需求分析。第四,撰写员工培训需求调查报告,提出改进建议和方法。

四、员工培训需求调查分析的层次

1. "员工培训需求调查分析"相关理论模型

(1) 三层次培训需求分析模型(见图2-1)

首次将培训需求分析系统化的是20世纪80年代I. L. 戈德斯坦(I. L. Goldstein)与E. P. 布雷弗曼(E. P. Braverman)、H. 戈德斯坦(H. Goldstein)三人构建的Goldstein模型,称为OTP模式。该模型认为,培训需求应从组织、任务、人员三个角度进行分析。在该模型中,组织分析(organization analysis)是通过明确组织战略目标后,确定企业需要培训的部门和员工，使组织的培训目标符合组织战略目标的要求。任务分析（task analysis）是首先分析完成某项任务需要的知识、技能、态度，进而分析各项任务的重要性和难易程度，然后确定培训的内容。人员分析（person analysis）是通过分析员工的实际工作绩效和工作能力，找出员工现有的绩效和理想的绩效之间的差距在哪里，然后进一步确定培训的目标和内容。

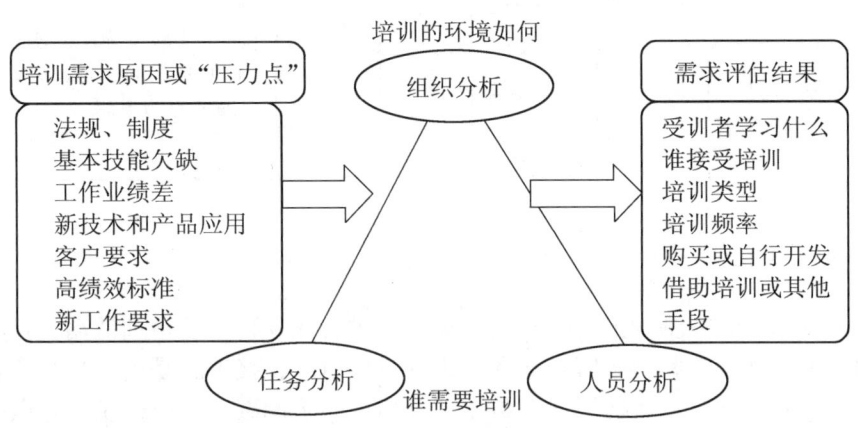

图 2-1　Goldstein 三层次培训需求分析模型

该模型是"培训需求分析"的首个系统模型，因此被称为"培训需求分析"的重要理论基础，能够使"培训需求分析"根据培训的目标大小进行层次化分析，从组织、任务、人员三者进行系统的整合分析，不再针对单个对象进行分析，使培训需求分析过程更加全面，结果更加客观。

当然，作为首个培训需求分析模型也存在一些不足：例如，该模型关注员工"必须学什么"以此来缩小"差距"，对于员工主观上"想学什么"没有重视；模型缺乏简单而有效的识别工具，因此可能在企业管理中难以普及等。

（2）培训需求差距模型（见图 2-2）

为了提高模型的实践操作性，美国汤姆·W. 戈特提出了"培训需求差距模型"，该模型将"理想技能水平"与"现有技能水平"之间的"差距"称之为"缺口"，该理论认为，培训的目的就是为了减小或消除理想与现实的差距，因此该模型包含两方面内容，第一，只要形成了"理想技能水平""现实技能水平"，就会与之存在差距；第二，培训需求＝理想技能水平－现实技能水平，即培训需求就是针对这两者之间的差距而产生。

培训需求差距分析模型的优点在于强调培训需求分析的重点就是寻找差距，弥补差距，因此该模型的可实践性大大提高。但该模型的缺点在于无法将培训需求和企业战略相联系；未考虑社会因素对员工培训需求的影响。

2. 员工培训需求分析的层次

我国对于"培训需求调查分析"方面的研究和实践相对较晚，相关的理论和实践

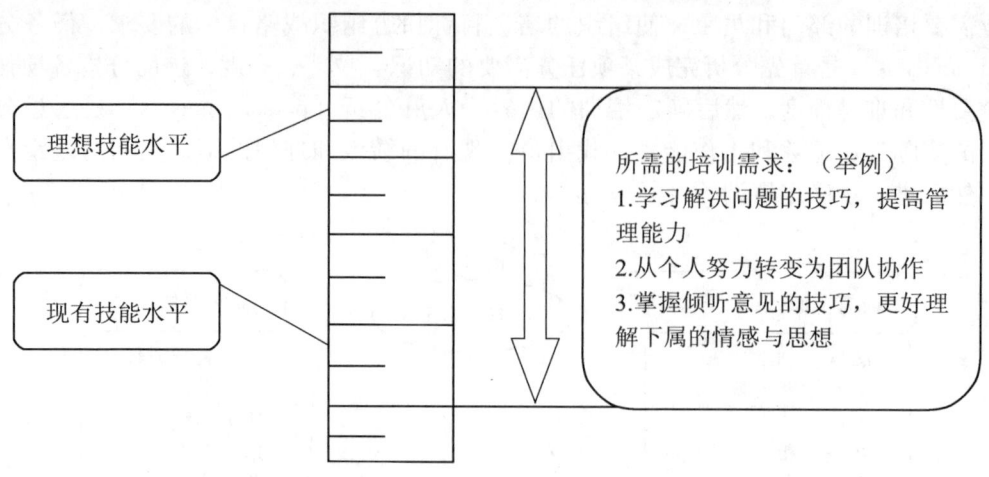

图2-2 培训需求差距模型

是建立在国外相关研究基础上。要对企业员工提供有效和科学的培训活动,首先必须收集企业和员工的基本资料,了解企业和员工的具体情况,接着就是进一步结合企业实际和员工实际需要确认要从哪些层面对员工展开培训需求调查。一般来说,要做好以下三个层面的培训需求分析:

(1) 从企业层面分析员工培训需求

企业针对员工的培训,首先是为企业的发展服务,培训最直接的作用就是缓解或解决企业存在的问题,促进企业经营发展,因此,从企业层面出发,企业为员工提供的培训应该立足于能够提升组织绩效,要做到对企业的发展有用、能用、实用,避免高、大、空。所以,立足于企业层面,员工培训的内容需结合组织战略目标、组织特点,充分发挥组织资源、企业内外部经营环境等因素,准确地找出组织在员工培训方面存在的问题和需要培训的内容。

(2) 从岗位层面分析员工培训需求

这个层面的分析主要是通过对工作岗位的分析,确定企业各个岗位的员工要达到理想的业绩需要掌握的技能、知识和素质,进而找出具体任职岗位人员的工作行为和表现与期望表现之间的差距,从而确定员工需要接受的培训。立足工作岗位进行的需求分析是编写和设计培训课程、培训内容的重要资料来源。

具体来说,先分析现有岗位要求、职务工作标准,担任职务所需要的能力标准和素质要求,进而与担任此岗位工作的员工的工作绩效、工作能力、工作态度以及其他方面表现进行比较,查找出企业组织成员在各自的岗位上,是否胜任所承担的工作,在岗位技能方面是否存在缺失以及发展的方向,进而确定该组织成员是否需要参加与岗位相关的知识与技能培训以及培训内容等。

示例：从岗位层面分析文员的培训需求

岗位	任务描述	须具备的岗位技能、素质	岗位培训需求、培训内容
文员	编辑文档 转接电话 保管办公文件 接待工作 收发传真 文件复印 会议记录 预订场地、订餐等工作	打字速度 基本中文编辑知识 商业信函写作 商务接待礼仪 电话接听礼仪 传真机使用 打印机使用	基本办公软件、设备操作技能 商务文书 商务礼仪课程 文员基本素质培养和职业技能训练

(3) 从个人层面分析员工培训需求

在个人层面分析阶段，已经完成了企业组织层面分析，了解了企业方面对员工培训的要求，了解要展开的员工培训系统应该如何适应组织发展；从岗位层面分析阶段，明确了立足岗位职责需完成的培训任务。在企业员工培训实践中，个人层面的需求分析常常容易被忽略，这么做很大程度上会削弱员工培训的主动性和创造性，使员工培训活动陷入被动状态，使培训不能达到预期效果。只有有效结合个人需求分析，才能实现企业战略发展与员工个人自我实现的双赢。

从个人层面如何确定员工培训内容？主要从两个层面确定，一是分析员工个人业绩、技能等现有工作状况，评价现有状况与应有状况之间的差距，二是分析员工个人职业生涯规划与组织的职业生涯发展之间的协调程度，确定员工是否需要或应该接受培训方向和培训的内容。这个层面的培训要取得实效，企业不能硬性强加培训任务给员工，企业和部门应通过各种途径和方式，了解员工想法，让员工知悉企业政策、战略和规划，培训课程和活动应该有助于员工达成个人职业生涯发展规划，有助于解决员工成长障碍，增强员工自身竞争能力，有助于员工实现自我充电，才能激发员工参加培训的积极性，使培训活动易于被员工接受。总之，个人层面分析的目的是为了确定员工个体为了顺利完成工作任务，或是为了发展员工自身职业生涯，进而确定员工是否需要培训、需要哪种类型的培训、所需要的培训方向、需要为员工量身定做的培训项目。

以上问题的分析结果，就是企业需要的员工培训需求的清单，并以此作为将来设置培训活动的基础。

相关链接

麦当劳如何确定员工培训需求

麦当劳非常重视员工的培训，每年针对新员工、老员工的培训非常频繁，因为麦当劳的创始人雷·克洛克一直秉持这样的核心价值观：训练是每个人的工作，每天都在进行。它会使我们"生命力永存，并且不断成长"。肩并肩地教练与指导，会使每个人表现得更好，可以使整个团队达到最佳的工作表现。麦当劳的培训工作包括四个流程：①分析麦当劳员工培训需求；②制定员工培训需求计划；③训练课程的实施；④培训效果的评估。

麦当劳把分析员工培训需求的工作作为培训工作的重中之重，麦当劳是如何确定不同类型的员工的培训需求呢？一般分为四个步骤：①确定问题；②确定可能的成因；③确定训练准则；④权衡各候选方案。

其中麦当劳着重分析员工的培训需求是怎样产生？麦当劳认为，主要源于三个方面，一是源于组织的发展与需求，培训部门应该弄清两个问题：①企业年度经营目标及经营策略是什么；②组织部门年度目标及行动计划。二是从职位工作分析：包括对职位说明书、工作规范、技能的层次的分析。其中关于技能层次的分析比较复杂，主要分析员工在技能项目方面的水平和掌握程度。根据员工掌握的知识信息，以及员工对知识的运用程度，属于基础运用、高级运用还是专家级运用阶段，从而确定员工需要哪个层次的技能项目培训。三是从企业生产力要求和需求角度分析，分别对企业现有人力的评估、未来人力供需的预测、人力水平差别进行分析。可见，麦当劳对员工培训需求分析也是从企业、岗位、个人三个层面进行的。

3. 员工培训需求调查分析的对象和调查内容

制定培训规划时，从企业、岗位、人员三个层面分析员工培训方面的需求，进而确定各个层面所需要调查和分析的内容，然后结合这些内容展开具体、详尽的深入调查。

企业需要培训的员工通常包括两类人：一是新员工，二是在职员工。因此展开员工培训需求调查要分析新员工培训需求和在职员工的培训需求。

新员工和在职员工的培训需求都需要从企业、岗位、人员三个层面进行调查。新员工在企业层面的培训需求主要源于对企业制度、政策、文化的不了解，因此需要通过培训迅速了解企业的相关情况，尽快融入企业新环境。新员工在岗位层面的需求主要源于迫切需要熟悉岗位相关工作，掌握能够胜任新工作的岗位技能和知识。对于新员工个人层面的需求，在这个阶段主要是与自身工作任务相关，一般新员工在此阶段希望接受一切可以提高其工作绩效，帮助其尽快胜任基础性工作的培训课程和培训活动。有些比较有规划、有想法的新员工可能还希望企业能够在其刚入职阶段，为其提供一些关于个人职业生涯发展规划的课程，尽快了解自己在该企业可以晋升和发展的职业路程。

要分析在职员工培训需求，首先要思考一个问题：在职员工在什么情况下产生培训需求。一般有以下情况，一是不满于现有的工作成绩，亟须改善工作业绩；二是希望通过培训新技能，有助于职位提升、晋级；三是需要通过培训了解最新市场资讯，进而有利于开拓新市场、引进新技术、解决新问题等等。不同层级的在职员工具体的培训需求不同。

以下是从员工培训需求的三个层面,具体分析新入职员工和在职员工培训需求调查的方向和内容,具体内容如图 2-3 所示。

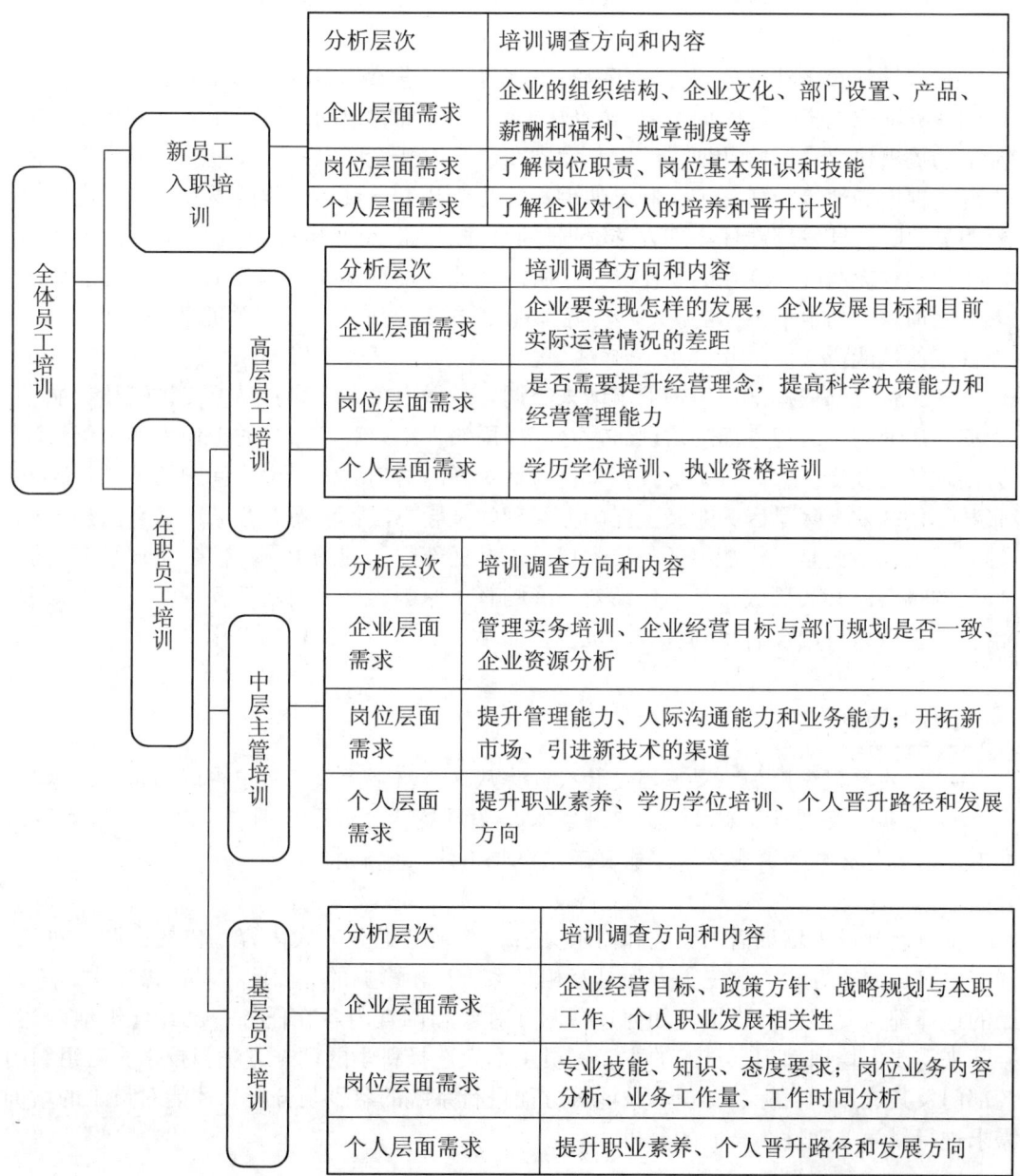

图 2-3 培训需求调查分析的层次、对象和调查内容

任务2 掌握培训需求调查方法

即时案例

张某是某知名软件公司开发部的高级工程师,进入公司以来表现十分出色,每次接到任务都能在规定时间内按要求完成,并时常受到客户的表扬。在项目进行时还常常主动提出建议,调整计划,缩短开发周期,节约开发成本。但最近的几个月里,他不再精神饱满地接受任务了,同时他负责的几个开发项目均未能按要求完成,工作绩效明显下降。开发部新任经理方某根据经验判断,张某业绩下降的原因应是知识结构老化,已经无法胜任现在的工作岗位。所以,他立即向人力资源部提交《关于部门人员培训需求的申请》,希望人力资源部能尽快安排张某参加相关的业务知识培训,提升工作技能。

人力资源部依据部门经理的申请未经调查就做出决定,当月马上安排张某参加了为期一周的关于编程方面的培训研讨会。一周培训结束后,张某的工作表现却仍然没有出现任何改变。人力资源部找张某进行面对面的沟通,终于发现问题的关键。原来张某工作绩效下降是因为对新上任的方经理的领导方法不满意,张某认为自己是公司的老员工,不论是工作能力还是技术都可以胜任部门经理的工作,但公司却没有给他晋升的机会。其实导致张某工作绩效下降的真正原因,一是与新任经理的关系不太融洽;二是因为自己没有得到晋升的机会,而不是因为知识结构的老化。

即时问题

1. 这次培训失败的主要原因是什么?你从这个培训无效案例中得到了什么启示?
2. 当我们要真正了解员工的培训需求,必须展开培训需求调查,针对不同类型的员工,采用什么样的调查方法才能真正了解员工的培训需求?

企业展开员工培训需求调查和需求分析,必须考虑到三大内容,包括:调查对象、调查内容、调查方法,这三大方面是互相联系、互相影响的。因此在具体操作中,三方面的选择都需要理性和谨慎。如何选择调查对象和调查内容在任务一已经详细地阐述,接下来需要由培训部门、员工的主管、员工本人选择科学的调查方法与技术,对组织内各部门及其成员的目标、知识、技能等方面进行系统的鉴别与分析,才能对员工的培训需求进行科学、理性、全面的分析。

一、员工培训需求调查的方法

"培训需求调查方法"这一概念在国外称为培训需求分析技术,早在 1948 年就有学者提出:"培训需求分析技术"是指在经济快速发展、技术发展日新月异的背景下,企业管理者在进行员工培训需求分析时,为了获取信息、分析信息、得出结论所采取的系统的科学方法。企业对员工培训需求进行分析研究的方法有多种,其中运用比较广泛的是:

1. 访谈法

访谈法也称面谈法,是通过面对面与被访谈人进行交谈,进而获取被访谈者关于员工培训需求方面的信息。

访谈法注意点:

(1)访谈前要确定访谈的目标,可以从哪些角度了解访谈对象的培训需求。明确"什么信息是最有价值的,是访谈过程中必须得到的"。

(2)准备全面的访谈提纲,可以使访谈者把握好访谈的方向,启发、引导被访谈人讨论关键的信息,防止转移访谈的中心。

(3)访谈的问题可以是结构式题目,也可以是非结构式题目。一般情况下,访谈的问题最好是两种方式互相结合,以结构式访谈为主,非结构式访谈为辅。访谈法需要专门的技巧,在进行访谈之前,一般要对访谈人员进行培训。

(4)访谈法的方式:可采取两种方式,个别访谈方式和集体访谈方式。通过个别访谈可以了解不同主体不同培训需求,通过集体访谈可以了解各部门或处于同一层次有相通点的员工群体的集体需求,提高调查的有效性。

2. 问卷调查法

问卷调查法是以标准化的问卷形式,设计若干的题目和表格,要求调查对象就问题进行填写和回答,然后集中整理统计得出相关的结论。这种方法适用于需要调查的人员较多,时间较为紧迫的情况,运用调查问卷的方法,是一种简单、快捷、经济的方式,在企业实际培训调查工作中经常使用。

设计调查问卷要注意的问题:

(1)问题设计要合理,要根据需要调查的三个层次由浅入深地设计问题,在设计问题时要注意既能体现出调查的意图,问题还不能太过深奥、太过专业,要使被调查者易于回答、乐于回答。

调查的问题可以涉及以下三方面的内容:第一,对企业、对岗位工作的了解程度和看法。例如,对企业的目标、企业定位是否了解,企业的发展和员工个人发展之间的关系。对本职工作的理解程度和胜任状况,工作中存在的问题及需要的知识、技术等。第二,企业、岗位和个人发展之间的相关性。例如,了解个人发展方向、价值观和人生

观；现有的企业和岗位是否与员工个人职业生涯规划发展方向一致，员工需要企业提供哪些方面的培训。第三，了解员工对培训的认识和对本企业提供的培训活动的看法，能用于参加培训的合适时间、能接受的培训方法等。

（2）调查问卷在设计问题时立场要保持中立，不能存在诱导性的词语，避免引导被调查者，使调查结果不客观，同时选项设置尽可能做到具体问题具体分析，结合所调查的项目进行回答，尽量少用一些概括性的词语。例如，在调查员工对企业提供的培训活动是否满意的项目时，题目设置最好从正面的角度设计，少用负面角度的提问，选项设置应尽量避免使用"优良""良好""一般""差"等概括性词语，而要选用一些描述性词句，具体提出问题所在。例如，选项设置可以为"能及时有效制定与岗位工作相关的培训活动"这样的描述性词句。

3. 观察法

观察法是通过到工作现场，观察员工的工作表现，然后发现问题，获取信息数据，在较短时间内，了解企业的状况、员工的实际需求，进而提炼出员工的培训需求。

观察法在实际操作中要注意：

（1）观察的对象应该包括企业各个部门各个层级、各个岗位的员工的工作状况。观察应该持续一段时间，通过一段时间对员工在工作或者会议等各个工作场合的表现进行不定时的观察，才能较客观、科学地根据观察到的行为（例如各个领导的风格、员工的纪律等）做出详细的分析，确定哪些人需要培训，需要哪些类型的培训，从而做到因岗而异和因人而异相结合来设计相应的培训项目。

（2）观察法对观察员的要求较高，一方面，观察员要事先了解被观察者所从事的工作的岗位职能、行为标准、绩效标准等；另一方面，进行现场观察时应注意隐蔽，不能干扰员工的正常工作，因此观察法对观察员的观察技巧要求比较高。如果被观察者意识到自己被观察，那么可能观察的结果就会产生较大的偏差。观察法的适用范围有限，一般适用于易被直接观察和了解工作，不适用于技术要求高的复杂性工作。

4. 绩效法

不管从企业还是员工个人角度出发，培训的主要目的是希冀通过培训进而能够提高工作绩效，因此培训是否取得较好的效果其中一个考量指标就是通过培训员工是否能够减少或消除实际绩效与期望绩效之间的差距。因此绩效法就是要分析员工的培训需求，可以直接对员工个人绩效进行考核，从考核指标中找出需要培训的方向和内容（图2-4）。

采用绩效法进行分析，需集中把握以下几个方面：

（1）培训员必须清楚了解员工绩效考核体系，并采用企业认可的考核标准作为考核的基准。

（2）寻找的绩效差距必须是确定可以通过培训能够提高的项目，并且确定通过培训能够达到理想的业绩水平。

（3）绩效法对培训员知识、技能等综合知识要求也较高，培训员必须能够根据绩效差距找出未达到理想业绩水平的原因,进而才能找到培训的方向和内容。

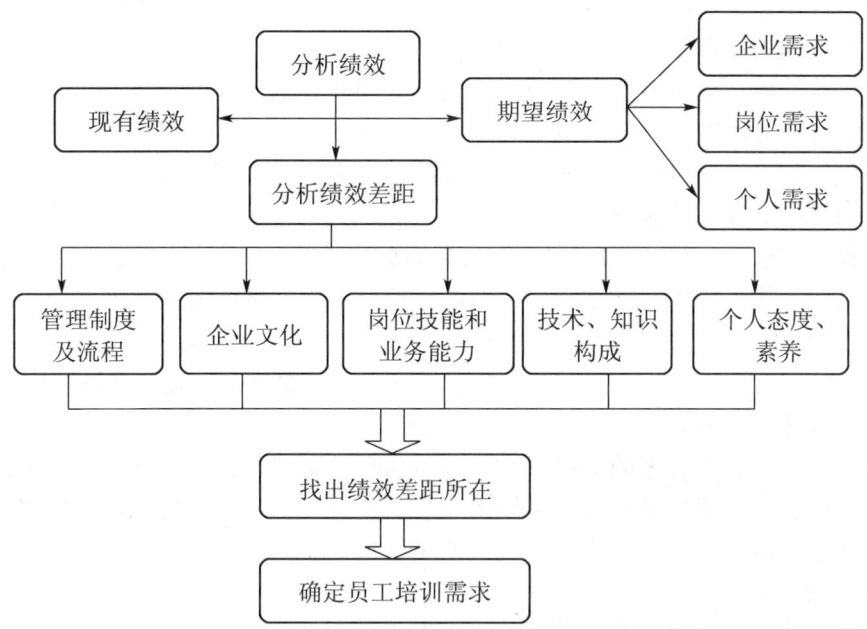

图 2-4 绩效法分析员工培训需求的一般流程

5. 经验预计法

经验预计法是指利用员工培训需求的通用性或规律性,凭借已有的丰富的管理经验对员工培训需求进行预计的方法,是一种培训需求产生之前采取的策略。

运用经验预计法预计员工培训需求一般可在以下情况运用:

(1) 在组织重组和变革过程中,管理机制和方法发生改变,这个时候正是各种思想发生变动和互相碰撞的过程,需要对员工进行必要的培训,使员工能够尽快适应新的环境。

(2) 根据同行企业或相似企业运营中出现的较大的经营问题、安全问题及其他问题,为防止同类问题的发生,可分析这些问题产生的原因,并以此作为企业员工培训需求分析的参考对象,据此确定本企业员工培训目标。每次招收新员工,都要进行上岗导向培训。因此,可安排一个常设的培训教程来为新员工提供上岗导向培训。

(3) 员工提升和晋级或调整岗位:当员工获得提升和晋级的机会或者调整岗位时,就被赋予了新的职责,新的岗位职责需要员工掌握新的岗位知识和技能、素质,这个时候员工就需要接受关于新岗位和新工作的相关技能、知识等各方面的培训活动。

经验预计法可在培训需求产生之前就先采取应对方法,这样既避免了当需求临时出现,需要马上给员工提供培训,给企业培训工作带来的措手不及的压力,又防止了工作中可能发生的某些突发情况,由于员工缺乏培训而无法应对因此给企业带来损失。

6. 关键事件分析法

关键事件是指企业内部或外部发生的对企业组织发展和实现企业目标、部门经营、员工个人发展起关键性积极或消极作用的事件。关键事件分析法：是指根据工作过程中发生的对企业绩效、员工绩效有重大影响的关键事件，分析员工需要掌握的应对技巧、技能、知识或应对风险、化解危机的能力，进而找到培训项目的方向和内容。通过分析关键事件可以为培训项目提供方便而有意义的消息来源。例如，大型购物中心可以通过分析平时购物中心发生的客户服务投诉事件，客户关于食品安全的投诉事件，供应商出现断货、提价要求的事件，新闻、网络等媒介关于企业产品的负面报道等关键事件，制定培训员工沟通技巧、人际交往、营销策略、应对突发性事件的应对能力等培训计划。

使用关键事件分析法时要注意的事项：

（1）建立保存重大事件记录的制度并安排好负责记录的人员，做好对关键事件的记录。

（2）关键事件分析法要求负责培训工作的人员要细心、敏锐，拥有较强的洞察力，并且要有一定企业经营管理的知识，才能分析出哪些事件是影响企业经营和个人发展的大事，并且能够及时地记录并做好定期的分析。通过关键事件分析法不仅可以了解企业员工的短期培训需求，还可以为企业长期的员工培训规划有所贡献。

7. 工作分析法

工作分析法是依据岗位描述和工作说明书，确定各个员工为了完成工作需要掌握的知识、技能和态度。这种分析方法主要是通过系统地搜集各种能够反映员工工作特性的数据和指标，将工作要求和员工现有的技能、知识、素质水平进行比较，进而确定企业员工培训应达到的培训方向和培训目标。

工作分析法在实际运用中要注意：

（1）作为参考依据的工作说明书必须是完善且详细、可操作的。一般工作说明书要明确规定：每个岗位的具体工作任务或岗位职责；上岗人员应具备的知识、技能要求或资格条件；工作职责完成情况的衡量标准。

（2）运用工作分析法分析员工培训需求，培训人员除了可以使用工作说明书和工作规范外，还可以使用工作任务分析记录表进行分析，除此之外如果实际工作允许，最好能够实地观察或通过查看资料分析员工工作的具体表现并将这两方面进行结合，可以更好地分析出员工在工作中的任务以及所需的技能、素质，进而确定培训目标。

二、员工培训需求分析方法的优缺点

员工培训需求分析方法除了上面提到的以外还有其他的方法，各种方法各有优劣之处，企业在实际培训工作中，可以根据企业内部与外部环境条件，以及员工个人的特点，在实际情况允许下选择一种或者多种方法进行分析，有时候单独采用一种分析方法具有局限性，采用多种方法从不同角度分析，可以提高需求分析的有效性。员工培训需

求分析方法的优缺点通过表 2-1 可见一斑。

表 2-1 各种员工培训需求分析方法优缺点比较表

方法	优点	缺点
访谈法	1. 直接彻底的了解信息。可以直接了解员工所期望的培训需求及培训方法 2. 收集到的信息全面、真实性高，容易得到访谈者的支持和配合。通过面对面的访谈，轻松的交谈环境容易使受访员工放下戒备心理，得到员工自发、真心的回答 3. 调查方式比较灵活，便于掌握访谈的进度、访谈的深入程度，获得较全面的员工培训需求信息	1. 对组织访谈者的访谈技巧要求较高，访谈者必须能够时刻把握访谈的方向，避免被被访谈员工影响，偏离访谈方向 2. 隐秘性较难控制。如果要增强访谈的效果，访谈的整个过程最好能够做到不被被访谈员工发现这是访谈，可以更真实的获得员工的真实需求，但现实中很难做到这一点 3. 成本较高、记录和整理的难度较高
问卷调查法	1. 调查的范围较广，不受人数限制 2. 问卷调查法使员工能够自主、自由地表达意见，有充分的思考空间 3. 调查问卷的问题可以具体、详细、全面，由浅入深，逻辑性较强，便于进行分析 4. 对于通过面谈不容易获得真实回答的问题，可在问卷上得到答案	1. 所选取的样本必须具有一定代表性，否则受用的范围和有效性比较低 2. 由于问卷法可以使被调查者有充分思考的时间，如果被调查者不合作则所得的结果可能是经过思考，言不由衷的结果，答案的可信度会大大降低 3. 问卷设计的水平和问题设置的科学性直接影响问卷调查的结果，从而无法了解员工的培训需求
观察法	1. 可以直接深入到员工的工作环境，了解员工在工作中具体的需求，能获取一手资料，资料真实，偏差小 2. 在自然状态下的实地观察，能够更加生动、及时地了解员工的培训需求。能够搜集到一些员工无法用言语表达的需求 3. 费用较低	1. 对观察者的要求较高，观察者需要长时间进行观察，工作量大，并且还要求观察者要有较强的概括能力、分析能力、提炼能力，才能依据工作表现提炼员工的需求 2. 观察法只能了解表象，很难了解本质要求 3. 观察法如果无法做到隐秘，可能会影响被观察者的行为，进而影响观察的真实性
绩效法	1. 依据科学的绩效考核结果，可以简单明了地分析培训方向和内容 2. 根据各个考核指标，可以制定出有针对性的措施，及时找到培训的缺口	1. 可能过分注重绩效成果，而忽略了员工个人发展的需求，无法真正满足员工真实的培训需求 2. 执行时间较长，可能影响分析的及时性，造成发展的偏差

续表

方法	优点	缺点
经验预计法	1. 培训需求分析整个过程所花费的费用较少 2. 不需员工参与，自由度较高 3. 运用熟悉企业管理战略、员工个人发展的分析员，可以直接分析员工的培训需求，针对性较强	1. 对分析人员要求高：负责培训需求分析工作的人除了专门负责培训的工作人员外，还需要企业高层、部门主管、有经验的员工参与，才能提高需求分析的及时性、可预见性 2. 经验不一定能符合企业发展趋势和外界环境变化发展、个人发展需要，降低有效性
关键事件分析法	分析的范围、内容具体，易于分析和总结员工的培训需求	关键事件的出现具有一定的偶然性，容易以偏概全，不能真实、全面反映员工的真实需求
工作分析法	1. 根据工作说明书和岗位资料和员工具体工作表现进行对比，能够真实地分析出员工在技术、知识、素质方面的差距，分析结果的可信度较高 2. 调查的结果直观、调查范围明确，降低分析的难度	1. 整个过程花费的时间和费用较多，需要多人长时间互相协助帮忙才能完成分析调查工作 2. 只从工作的角度分析员工需求，不一定能够结合企业战略发展、个人职业生涯发展为员工提供全面的培训需求

纵览表 2-1，可见员工培训需求分析的方法、技术多种多样，每种都有其优点与缺点。所以企业在分析员工培训需求时不必寻找"最佳"的方法，只要找最适合自己需求的方法就行。在实际运行中，企业可以同时使用几种合适的分析方法，提高分析的有效性、可行性。如要全面分析员工的培训需求，可以把员工当作企业顾客，运用一对一的访谈、问卷调查、现场观察等技术，了解员工的价值观、动机、情绪、信仰从而准确把握员工在工作上、个人发展方面的情感、需求和欲望。

任务3　实施培训需求调查

▶▶ 即时案例

全球最大的零售帝国——沃尔玛（Wal-Mart）之所以成为零售业"巨无霸"，原因有很多。而最关键的成功因素在于始终将员工视为最大财富，注重对员工的培训与提升，搭建有效的员工培训平台，以培训打造一流的服务团队。尤其是非常重视制定员工培训计划，在员工的培训需求分析工作上花了大量人力物力。在员工培训计划上，沃尔玛始终推行员工培训与企业发展和个人发展计划相结合的方式。在沃尔玛内部，各国际公司必须在每年 9 月份与沃尔玛国际部共同制定和审核年度员工培训计划。

项目二 分析员工培训需求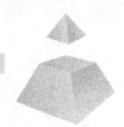

沃尔玛人力资源部会根据企业的年度目标,并且咨询员工的个人发展意愿,在此基础上将企业、岗位、个人三者的需求互相绑定,为每一位员工量身定做适合每一个员工的发展计划,同时依据员工各自的成长路线,立足岗位为其提供相应的培训。在制定培训计划之前人力资源部会与每个新员工沟通,调查不同岗位的员工的职业规划与培训需求,共同制订员工的职业生涯发展计划,并通过问卷、访谈等方式了解员工的培训需求。因为在沃尔玛,大多数员工的升迁速度很快,经常是半年、一年就会有一次提升。所以员工的职业生涯发展计划一般由一个个具体的目标组成,最基础的目标就是接任自己上司的职位,这个目标清晰且不难触及,使得员工能以很快的速度达到下一个目标。在清晰的目标指引下,员工的培训需求较为明确,因此,人力资源部在立足岗位和分析个人发展路径的基础上,展开系统、分层级的员工培训需求调查,清晰的了解每个不同层次员工的不同培训需求,因此在员工每个成长的关键环节都会组织员工进行与岗位或职位相对应的培训。例如,从刚刚加入公司新员工的入职培训,到普通员工的岗位技能培训和部门专业知识培训,到部门主管和经理的基础领导艺术培训,到卖场副总经理以上高管人员的高级管理艺术培训、沃尔顿学院系统培训等等。可以说,沃尔玛的员工在每次成长或晋升时都会有不同的培训实践和体验,沃尔玛的培训活动和员工的培训需求相对应。为了让员工更好地理解不同部门、不同层级岗位的工作职责,并鼓励他们勇于迎接工作中的挑战。沃尔玛还对合乎条件的员工进行横向培训计划和实习管理培训计划,这么做是更好地将岗位培训需求和个人发展培训需求相结合,不仅使员工更加清楚整个企业不同部门、岗位的相互联系性,加深对企业目标任务的了解,同时使员工感受到企业对其的信任和重用,增强了企业的凝聚力。横向培训是一个长期的计划,在工作态度及办事能力上有突出表现的员工,会被挑选去参加横向培训。例如,收银员会有机会参加收银主管的培训。为了让具有领导潜力的员工有机会加入公司管理层,公司还设立了为期8周的实习管理培训课程,符合条件的员工还会被派往其他部门接受业务及管理上的培训。这样的培训课程显然是建立在对员工培训需求进行充分调查的基础上才能完成。

即时问题

1. 沃尔玛的员工培训为什么会取得较大的成效?
2. 沃尔玛是否有展开员工培训需求调查和分析?它的员工培训需求调查和分析工作有什么特点?
3. 企业在实施培训需求调查分析时应该遵循怎样的程序才能提高培训的有效性?

一、企业在实施员工培训需求分析过程中容易存在的问题

在公司实际运营中,很多企业在分析员工培训需求分析过程中容易出现各种各样的问题,进而影响员工培训调查的效果,使企业无法准确有效找到员工真正的培训需求,从而影响员工培训的效果,甚至使组织浪费大量的人力、物力、财力,却实现不了员工培训的目标。具体来说,主要存在以下六个方面的问题。

1. 员工培训需求分析力度不够,缺乏深入的分析

有些企业员工培训流程流于程序,培训只是走程序,没有真正了解员工的真实培训需求。企业各个部门关于培训的观念不正确,认为培训是培训中心和人力资源部的事情,与别的部门无关。每一年年底,人力资源部门向各个部门发放培训需求调查表,要求各部门按时填写并提交表格。部门主管往往只是按照以往的做法,翻翻以前的表格,拍拍脑袋就将表格填写好,并没有针对员工进行实际性的培训需求分析,也没有进行培训需求调查。这样做直接造成以下问题,第一,以部门主管的经验和主观意愿为主,部门主管认为要培训的就制定计划或直接汇总呈报,这样造成培训的内容注重员工浮于表面的技能与知识的需求,缺乏分析员工深层动机、价值观、综合素质等深层次特质的培训需求。第二,部门主管往往没有围绕"缺什么培训什么、需要什么培训什么"的培训需求制定要求,没有进行科学的分析和制定科学的需求计划,导致次年的企业年度计划不准确,在实施的过程中,增删培训项目的现象严重,存在先培训后追加培训计划的情况。

2. 员工培训需求分析缺乏科学性、系统性、合理性分析

第一,员工培训需求分析是一个系统的分析过程,需完成信息的收集、选择科学的调查方法进行科学的调查、资料总结以及及时反馈和反复跟进等一系列流程才能得到完整的报告。由于需求分析整个过程比较复杂,耗时比较长,因此企业在具体实施过程中,往往会选择简单化流程,这样做会导致分析结果失真而失去系统性,降低有效性。例如,有些企业在进行培训需求分析时,缺乏做好准备工作,省略前期工作准备这一环节,没有让各层的人员参与,设计问卷调查、收集资料前没有与不同层面的人员进行沟通,而是由领导层直接分配指示,导致进行分析的数据缺乏真实性,分析出来的培训需求不是员工真正需要的。

第二,培训需求分析缺乏合理性分析。培训需求分析不能只侧重于收集信息,缺乏合理性分析。人事处将各部门上报的培训需求汇总,必须对最终的员工培训需求计划做有效的数据统计以及可行性、有效性分析。在分析过程中,无法结合企业目标、业务重点、各部门需求计划中重复率高的培训项目进行重点分析,造成培训与管理、生产脱节,缺乏企业、部门、个人共同探讨和交流的过程。另外有些企业没有结合绩效考核结果去分析员工在知识、业务、能力等各方面存在哪些不足,因而对员工需要改善的方向

不明确。

3. 培训需求分析针对性不强

培训需求分析只停留在企业层面，没有针对到岗位或者员工个人，没有做到企业、岗位、个人三个层面相结合。企业仅仅强调公司在某种领域上的需求，忽视了员工自身的发展，主要专注于为了完成企业任务和要求的相关专业技能培训，因此，不一定能够满足所有员工的需求，往往造成同一培训课程有人喜欢、有人埋怨。例如，企业关注市场领域就会加强员工在销售方面与沟通方面的培训，因此开展企业组长培训班，培训的内容除了班组管理、沟通与交流外，还有专业技术培训，特别加强培训组长的销售和沟通技巧，而且三天的培训其中有两天时间在讲专业技术，组长里面有负责销售、技术、后勤保障等各个部门的人员，鉴于不同的岗位专业知识不一样，并不是所有的人都对销售有所了解，可能后勤组长听课时根本听不懂，感觉培训枯燥无聊、听天书一样，对培训活动不感兴趣。又例如，公司对企业安全非常重视，因此偏重于培训员工安全规范、安全操作方面的内容，这些培训虽然表面上对员工的成长有一定促进作用，但是却忽视了培养员工提高自身综合素养与能力。因此，企业的培训需求是针对企业、岗位、个人三方面的需求的有机结合，长期的培训需求应致力于公司员工综合素养与能力的提高，而非单单强调满足企业的需求。

4. 员工培训需求分析方法不科学

实际工作中，在采集员工培训需求数据时，很多企业没有采用科学的分析方法及工具。往往将这道必不可少的工序给"精简"了，导致企业采集员工需求信息时数据来源不足，分析片面。因此在分析需求的时候不能做出科学、全面的判断和总结。例如，很多企业通常于每年年底，人事处会安排两个月的时间进行员工培训需求征集，但是培训部门没有设计培训调查问卷发放给培训对象，也没有对员工进行面谈，各部门在平时日常工作中，也没有通过小组讨论、档案资料、自我分析等环节了解员工的思想动态、工作上的困难，导致没有足够的员工培训需求信息和数据来源，不能对员工能力、素质做出正确判断和总结，因此无法做出科学的分析报告。

5. 员工培训需求分析缺乏评估

很多企业在员工培训需求分析环节中都缺乏对员工培训需求分析的评估。有的公司培训需求分析过程中没有评估环节，强调收集需求，忽视评估需求，认为培训需求方案制定好就完成了需求分析的工作，没有检查培训需求调查的实施情况，分析报告的科学性、完整性，直接影响培训的后续工作，影响培训需求分析的效果。例如，公司在员工培训方面花费了大量的人力、物力、财力，公司制定个人培训需求征集表，注重员工培训需求的征集，但缺少后期的培训需求评估，没有科学的评估方法评估员工的需要。因此选择有效的培训需求就需要公司不仅要重视收集员工各方面的需求，更重要的是将收集到的需求分析进行评估筛选。

6. 缺乏培训需求分析的专业能力的人才

分析员工的培训需求关键在于能分辨出各个员工在绩效、能力、知识等各方面的理想状况与现有状况之间的差距，因此需要进行分析的人员不仅需要清晰企业目标定位和能够深入了解企业文化、熟悉各个岗位员工的业务、善于观察员工绩效表现、擅长沟通的技巧，同时还要具备收集与分类信息的能力、电子计算机的应用能力、写作能力、调查的手段和知识能力等综合性人才，而在企业中这样的人是比较稀有的，大多企业直接是采用人力资源部门的人员进行培训分析工作，没有专门的培训工作人员，更别谈有专业的分析人员，因此在一定程度上影响了培训需求分析结果的专业性。

二、员工培训需求调查实施程序

20世纪90年代，关于培训需求的研究又得到了进一步的提升，肯耐斯·M.诺维柯（Kenneth M. Nowack）提出培训需求分析可以分为九个步骤：第一步，进行工作描述；第二步，开发问卷；第三步，实施问卷；第四步，分析问卷；第五步，解释结果；第六步，小型焦点组调查研究结果；第七步，反馈；第八步，开发培训目标；第九步，评估培训有效性。这九个步骤已通过许多企业的实践证明，这一研究成果可以说具有较强的实践性，因此企业在具体运用中，可以以此理论为基础，结合企业规模和实际情况，采用适合企业实际的调查程序展开员工培训需求调查和分析。

一般来说，公司在具体操作中，可按照以下五个程序进行，如图2-5所示。

图2-5 员工培训需求调查实施程序

1. 做好准备工作

这一步主要是通过收集资料、分析资料了解企业的现状和明确企业战略定位；收集员工基本情况，建立资料库；确保企业上下层级之间信息沟通和交流顺畅。

（1）收集企业的信息，主要是两方面工作，一是了解现状，找出问题；二是展望未来，明确定位。首先，要清楚地了解员工的培训需求，必须先了解员工所在的企业。了解企业目前处于发展的哪一时期，企业目前的经营状况如何，在人员方面主要是需要什么类型的人才，也可以了解企业是否出现人员流失、工作事故等情况，员工的绩效表现如何，是否出现绩效下降等状况。通过分析企业的现状，找出企业发展存在哪些问题，这些问题发生的根源在哪。通过了解问题所在，才能对症下药。第二，明确企业的战略目标、未来的定位和企业发展方向，从而分析企业发展对员工的要求，从企业的发

项目二
分析员工培训需求

展推出企业对员工培训工作的需求。例如，企业处于市场拓展期，拓展经营范围，开拓新的市场领域，产品种类增多，那么员工的知识、技能、素质是否能跟上企业的发展需求，此阶段不管是企业还是员工自身是否都有进行培训的需求？答案是毫无疑问的。所以，企业的经营情况和发展方向都直接与员工的培训需求相联系，要科学分析员工的培训需求首先就要清楚员工所在的企业有哪些问题，这些问题是否可以通过培训环节解决，其次，要明确企业现阶段的战略目标和定位，是否需要员工通过培训来掌握新的知识和技能，或者员工本身有无新的职业规划，等等，这些都是员工培训需求的产生来源。

（2）收集员工基本情况，建立资料库。培训部门要分部门分岗位收集每一位员工的基本情况，为每一位员工建立个人培训档案。培训档案应该包括员工的岗位技能掌握情况、学历情况和进修情况、员工的素质、员工从入职以来接受的培训情况、员工岗位变动情况。另外，培训部门还可以通过访谈等方式了解员工的职业规划、职业定位等，从各方面充分了解员工的基本情况，进而为员工建立培训档案，为培训需求分析做好充分准备。

（3）畅通信息渠道确保企业上下层级之间信息沟通和交流顺畅。培训工作的展开是需要企业各个部门之间互相合作才能完成，因此培训部门要想真切地了解员工的培训需求，就需要保持和企业各个部门之间的密切联系，因此，一方面，企业必须从机制上保证培训部门和各个部门之间的往来畅通无阻，包括信息的交流、培训部门展开调查时各部门之间的配合和协作。另一方面，培训部门必须主动与各部门主管保持良好的合作关系，才能够了解企业生产经营活动、部门人员配置，使培训活动更能满足部门、员工的发展需要。

2. 制定员工的培训需求分析计划

具体步骤如下：

（1）锁定培训的目标对象，确定培训调查的目标。锁定哪些员工需要培训，包括哪些部门，哪些层次，根据不同的对象进一步确定要调查各类员工哪些方面的培训需求，培训需求调查工作要达到的目标是什么。

（2）制定员工培训调查工作的具体行动计划。行动计划要明确调查工作需要哪些部门配合、哪些人员配合，调查工作的时间进度，调查过程中需要注意的问题。

（3）选择合适的员工培训需求调查方法

员工培训需求调查方法的选择必须根据不同的调查对象、调查内容而选择。同时还要结合企业实际情况，以及可利用的各种资源而选择。例如，专业技术较强的员工最好采用访谈的方式，因为通过现场观察并不能清楚地了解其培训的需求。需要跟客户打交道的员工，最好采用现场观察的方法进行调查，才能看出员工在具体工作中有哪些不足和哪些培训的需求。工作任务繁重的员工就不适合采用面对面的访谈方式，这样会影响他的工作，可通过发放问卷的方式或是绩效分析的方法展开调查。有的时候还可以同时采用多种方法调查员工的培训需求,例如需要大规模地展开公司员工培训需求调查,那么就可以问卷法和访谈法的方式相结合。

3. 展开员工培训需求调查,进行员工培训需求分析

根据员工培训需求调查计划,开展调查,并根据调查结果进行需求分析。

(1) 征求企业、部门、个人培训需求动意和愿望。培训部门向企业领导层征求培训意见,然后向各个部门发出培训部门初拟的行动计划,并请各部门结合岗位提出意见,和表达各个岗位培训的需求。

(2) 采用科学的培训调查方法,从组织、岗位、个人三个层次的需求出发,调查员工的培训需求。培训人员根据问卷调查、访谈、工作分析等各种方法,找出企业、部门、个人的理想需求和现实需求之间的差距,收集各个部门、各个岗位、员工的各个方面的需求信息。具体调查流程如图2-6所示,首先分析组织需求,可以从组织目标角度分析目前员工的知识和能力能否满足需求,从组织资源、人员变动情况、组织结构分析组织内部环境,同时分析组织外部环境的变迁,结合组织内外部环境变化发展需要,分析员工需要掌握哪些新的技能、知识、素质。其次从岗位的角度分析,主要通过分析

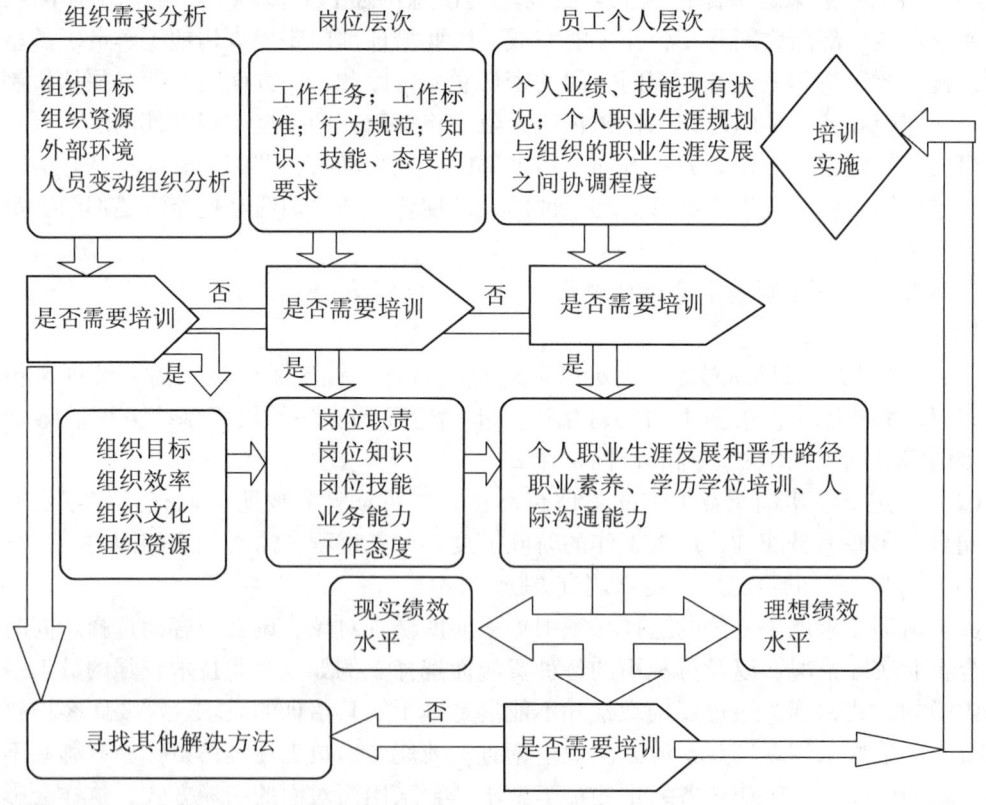

图2-6 提取员工培训需求信息的流程

岗位需完成的任务和需达到的标准，从任务导向出发，分析员工现有行为、知识、技能、态度是否达标，是否需要进一步改善。最后从员工个人发展分析，分析员工现在所取得业绩是否已经达到员工个人的最大效用，现有的岗位是否与员工个人的职业生涯发展规划相符合，个人的职业道路发展方向与企业的组织战略发展方向是否契合，如果需要调整就需要接受培训。根据企业、岗位、个人三个层次的分析，确定员工的培训需求意愿，实现信息提取并将收集的信息汇报给企业相关的培训组织管理部门或负责人。

（3）培训部门根据调查结果审核、汇总各个岗位员工的培训需求意愿。培训人员申报的各个员工的培训需求意愿并不能直接作为企业培训员工的内容，培训部门要将汇总的信息传达给各个部门主管，部门主管可以结合部门的年度发展计划，从部门整体发展出发，对培训部门申报的员工培训需求意愿提出修改的意见，并报告给培训部门。

4. 归类与整理员工培训需求结果

（1）将收集来的信息和数据在最短的时间内进行初步归类、整理员工培训需求。采用不同的调查方法，不同的信息渠道，调查得到的员工培训需求结果不尽相同。培训部门的人员必须对所有收集的员工培训信息进行分类、整理、归档。主要的信息收集渠道有以下几种，一是培训部门采用各种调查方法收集到的从企业、岗位、员工本人三个角度分析而得到的一手员工培训需求调查结果，二是各个部门根据员工的调查结果提出的修改意见，即二手员工培训需求结果。培训部门根据收集到的一手调查结果，结合部门提出的意见，进一步把握企业的整体发展方向，结合企业发展、岗位需求、个人发展的重要程度和迫切程度重新排列员工的培训需求，整理出各个等级、各个岗位的员工培训需求清单。在分析数据的过程中可以采用表格、直方图、分布曲线图等分析统计工具将各种调查数据表现的分布状况、趋势变化形象地表现出来。

（2）对员工培训需求信息进一步分析，并统计和小结。结合收集的员工培训需求信息和各种调查数据，按照某种归类方式将不同的员工的培训需求分门别类进行归类，归类的方式可以根据员工所在的部门、员工的岗位类别、员工的岗位序列或薪酬等级、职称等级等任何一种分类方法进行。通过分类后，整理出需要接受培训的员工的名单，以及需要哪些方面的培训。

5. 撰写员工培训需求调查报告

对所有收集到的信息进行系统的归类、分析、整理和小结后，就要根据分析的结果撰写员工培训需求调查报告。撰写培训需求调查报告不仅仅是根据调查和收集的信息进行现状的描述，最关键的部分是要基于调查的数据和信息，找到员工需要接受培训的原因、分析员工接受培训要达到的目标、员工需要接受的培训方向、需要什么程度的培训、现有的培训系统是否能满足员工的培训需求，是否需要组织、部门、个人提供哪些方面的资源或其他支持，在此基础上，根据不同性质和层次的员工和管理者制定出科学、有针对性的培训对策，培训需求调查报告经过管理层和培训对象的反复确认后将成为员工培训计划项目。

任务 4　撰写员工培训需求调查报告

即时案例

惠普培训一个员工的历程

周勤现在是中国惠普培训服务部总经理，负责打理惠普公司客户培训方面的事项。周勤以自己在惠普 8 年亲身经历过的培训过程，讲述了惠普如何培训员工。初到惠普，首先是新员工培训，这将帮助一个人很快熟悉并适应新环境。周勤说："通过这个培训，我有三个收获：第一，了解公司的文化；第二，确立自己的目标；第三，清楚业绩考核办法。明白了这三点，也就明白了该如何规划自己的职业生涯。"

很快地周勤进入第二次培训规划。他和自己的上司一起确定了自己第二阶段的培训目标，他拿到一张单子，清楚地写着什么时间参加什么培训，周勤也提出了一些自己的培训需求，于是，那张单子相应地做了些调整。后来，人事部门就依据调整后的单子不断地安排课程。在这一阶段，课程主要是与工作紧密相关的技术类培训，比如编程、系统管理等。

5 年之后，周勤通过内部招聘成为一线的经理，加入到公司内部管理工作中来。新工作有了新目标，当然他自己对培训课程也有了新需求，人事部门通过调查了解了他新的需求，结合公司战略目标、部门需求和他个人的需求重新给他做了一份培训计划，确立了每门课的内容和进度，这份计划开始实施。这个阶段的课程主要包括沟通、谈判以及基本的管理培训。

两年前，周勤得到升迁，出任培训服务部的总经理。这时候，需要参加什么培训就主要由他本人决定了。工作一段时间之后，周勤觉得，如果不参加培训，工作的效率就始终难以提高。于是，他又参照人事部门的培训计划，结合在线培训课程等方面的安排，为自己制定了新的培训方案。周勤的第三阶段培训，主要参加一些管理类的课程。比如 3 月份，惠普从北美、欧洲及亚洲等不同地方请来 20 多位心理学家，为十几位经理人进行了为期一周的领导特质 360 度全方位考察。周勤没有料到，前些天他又收到两份图表，上面有客户如何看待他、同事如何看待他、上司如何看待他等很多方面的信息。"这些图表体现了我与别人打交道方面的行为一致性，也清楚地展现了我的弱点。这样的培训计划的制定显然是经过了系统的培训需求调查后才能提供的，因为这样的课程正是我这个阶段非常需要的。"

周勤在惠普公司 8 年多的培训经历和成长过程，全面地反映了惠普对员工培训所付出的努力。这个培训过程是由"硬"到"软"的，提供的课程从技术业务知识到沟通技巧再到文化、思维，是一个不断深化的过程，体现了惠普在培养人方面的一种哲理——"在员工需要的时候提供必要的培训"。

🔍 即时问题

1. 惠普公司如何能够了解员工在不同时期的不同培训需求？
2. 公司要为员工量身定做符合员工不同时期不同需求的培训计划，必须依靠什么？

随着员工的不断成长，每位员工的培训需求不断变化，因此要准确地为不同的员工定制不同的培训计划，就需要及时了解员工的培训需求，所以定期撰写公司不同类型的员工的培训需求调查报告，才能为公司的培训工作提供依据。

要制定有效的员工培训需求分析计划进而实施有效的员工培训方案，必须建立在科学研究员工培训需求的基础上，而要正确、全面、及时了解员工的培训需求，必须对员工进行培训需求调查分析，在进行员工培训需求的调查分析的各个流程中，重中之重的一个环节就是在经过调查和分析后要将结果撰写为正式的书面报告，即形成《员工培训需求调查报告》，员工培训需求报告的编制主要由以下几个部分组成，如图2-7所示。

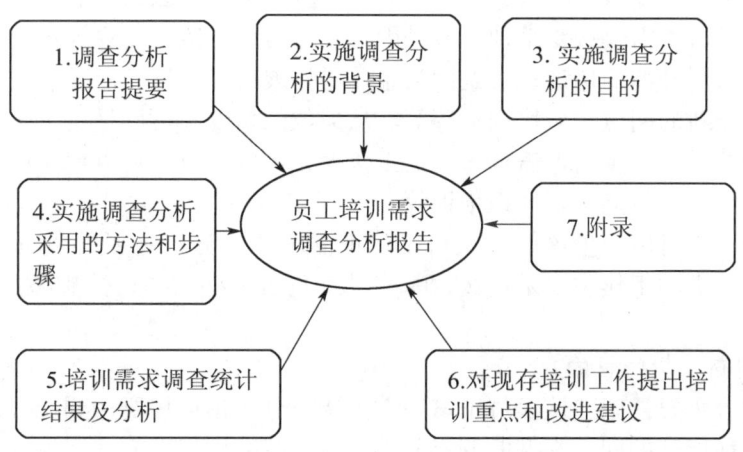

图2-7 员工培训需求调查分析报告的组成部分

1. 调查分析报告提要

撰写员工培训需求调查报告的第一部分就是要简单介绍调查报告的基本情况，帮助调查报告的使用者、审阅者迅速了解报告的要点，所以，员工调查分析报告的提要就是对员工培训需求调查分析报告的要点概括。一般来说，员工培训需求调查分析报告的提要包括以下几方面：第一，员工培训需求调查分析报告的名称，负责配需调查分析的责任部门，撰写报告的负责人，调查分析报告撰写的起止时间。第二，员工培训调查报告的正文的提纲。其中，需要着重说明的是员工培训调查分析报告的正文提纲应该具备哪些方面的内容。根据正文提纲，审阅者和阅读者可以轻松地找到需要了解的培训需求内容。正文提纲一般来说可以包括以下内容，如图2-8所示。

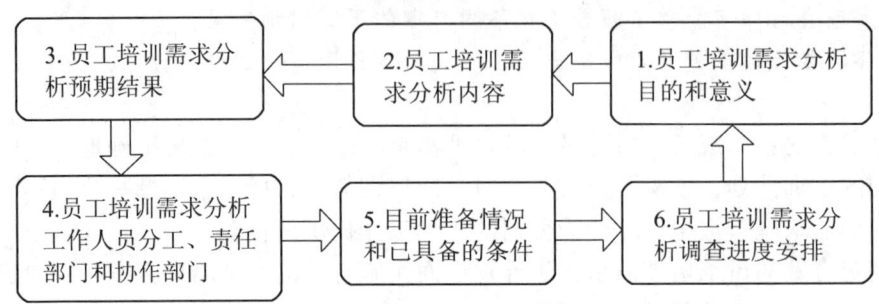

图2-8 员工培训需求分析报告正文提纲的内容

2. 实施调查分析的背景

撰写员工培训需求调查分析的背景可以从以下方面展开：一方面可以说明该次员工培训需求调查分析是在什么情况下进行，为什么需要开展员工培训需求调查分析。原因的分析可以从多个角度展开，例如，从企业的角度，可以是因为企业本身扩招，引进新的人才，因此新员工需要接受培训；或是因为企业转型升级，需要提拔员工，担任新的职务，需要进行晋升前的培训；或是因为企业要拓展市场领域，需要选拔员工从事新的岗位，需要进行新的岗位领域培训；等等。从岗位的角度，可以是员工轮岗或调岗需要掌握新的岗位技能而产生培训需求。从员工角度，可以是员工自身想要得到晋升或是想要换岗而想要接受新技能、新知识培训等。

另一方面，还可以简单说明该次员工培训需求调查分析主要的负责部门、协作部门，各个部门负责的工作主要是什么，哪些员工负责哪些工作，分别做出了什么成绩，等等。

3. 实施调查分析的目的

本部分内容主要是阐述该次员工培训需求调查分析预期想要达到什么结果，该次调查分析比较之前展开的同一类型的调查分析，有哪些特别的地方。实施调查分析的目的也可以分别从企业发展、战略目标、部门目标、岗位标准和要求、是否满足个人发展需求等各个方面进行阐述。

4. 实施调查分析采用的方法和步骤

报告要说明该次调查分析主要采用哪一些或哪一种调查的方法，如果该调查分析涉及不同类型的调查对象，还要分别阐明不同类型调查对象是否采用同一种调查方法，如果不是分别采用哪些方法。同时，还要阐述公司在调查分析中采用了哪些程序展开调查和分析，使审阅者能够了解整个培训调查的过程，有利于审阅者判断该次调查分析是否科学，是否存在需要改进的地方，可以使审阅者在分析调查结果时找到依据。

5. 培训需求调查统计结果及分析

这是培训需求调查分析的主要部分，要详细地叙述调查分析的结果，这部分内容也可以根据需要以及具体调查分析的深度而自主地发挥，一般应该包含两个方面：一是从需求调查的各种方法中可以获得哪些数据和结果。二是从调查的结果中进行分类，分析出企业的员工培训方面存在哪些需求。三是员工在培训方面有这些需求的原因。具体可以分析目前存在的企业、岗位、个人方面的能力、知识、素质方面的差距是否能够通过培训来改进或者弥补等各方面来分析产生培训需求的原因。四是企业领导、部门领导、员工对培训的态度如何，现有的培训资源以及能够利用的外部、内部的资源是否能够满足新的员工培训需求。

值得注意的是，在进行分析的过程中要从哪些角度来分析调查分析的结果。在具体实践中，可以从多种角度进行分析。例如，从企业发展、岗位需求、个人需要的角度分析需要哪些培训。从高层管理者、中层管理者、基层员工的角度进行分析需要开展什么方面的培训。甚至可以更加细化，从岗位的角度进行分析，例如基层员工，可以根据岗位，分别从基层行政人员、一线生产员工、销售人员、技术人员等各个岗位分析不同岗位类型的员工的培训需求具体有什么。

在进行分析的过程中，不仅仅可以采用文字叙述的方式，为了使分析的结果更直观和形象，还可以同时采用表格、图形等各种方式来说明、对比数据，可以更加清晰地看出哪些需求内容是调查对象更加需要的，哪些内容是需求较少的，哪些是员工近期内迫切需要接受培训的，哪些是长远的需求等。

6. 对现存培训工作提出培训重点和改进建议

根据培训调查分析结果对培训工作提出培训的重点和方向，以及今后的培训工作应该在哪些方面进行改进。

培训的重点一般可以从几个方面进行分析，第一，培训的对象；第二，需要培训的内容；第三，培训的深度和广度如何。

对现存培训工作的改进建议，是指从员工培训需求调查分析的结果，可以得到的关于接下来培训工作可以改进的方向，例如从员工培训需求调查的结果可以得出调查对象对原来的培训活动的看法，以及希望以后培训工作从哪些方面发展。这就可以为要进行的培训活动提供培训方向。例如，从员工培训需求调查的数据可以得出员工对培训工作的渴望程度，如果从调查数据看出员工缺乏培训兴趣，缺乏接受培训的动机等，那么就可以从改进培训的方式、内容等角度进行调整。从以上可以看出，培训工作的改进建议是紧靠该次培训活动的调查结果而提出的，可以根据具体的调查报告来选择工作改进的建议。一般可以从两个方面对培训活动提出建议：第一，从员工培训工作的构成要素角度思考，可以从培训的内容、培训的课程设计、培训讲师的选择等各方面提出改进的对策；第二，从员工培训要素的配置内容着手思考，可以改进培训的方式、调整培训的时间安排，如何配置或是改变培训的环境，选择恰当的培训频率，选择哪些培训的范围等方面。如图2-9所示。

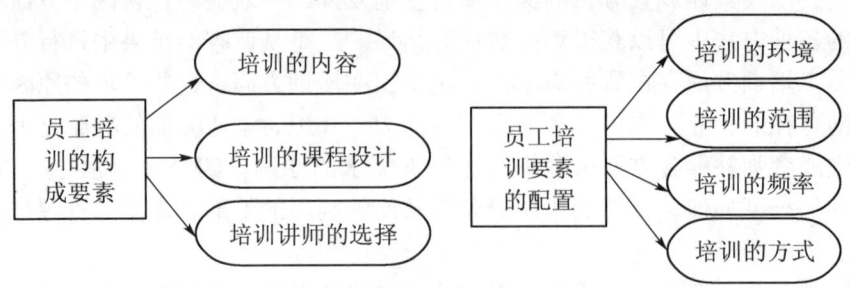

图 2-9 提出改进意见的角度

7. 附录

附录主要是增加调研报告的科学性、可信度，使调研报告的使用者和审阅者更加清楚报告数据、结论的来源。附录一般可以包括调查分析过程中的原始资料，包括问卷和图表以及现场的访谈记录；在员工需求调查报告撰写中需要查阅参考、引用的企业、部门、个人比较重要的资料等等。

相关链接

员工培训需求分析调查报告

一、培训需求分析实施的背景

对培训需求形成的原因进行客观的分析直接关系到培训需求分析的针对性和实效性。培训需求产生的原因大致可以分为以下三类：

（1）由于岗位变化而产生的培训需求；

（2）由于人员变化而产生的培训需求；

（3）由于绩效变化而产生的培训需求。

二、培训需求分析的目的和性质

为了了解员工目前最需要培训的内容必须进行目前阶段培训需求分析，解决员工目前的实际问题。为了了解员工未来一段时期所需的知识和技能必须进行未来阶段培训需求分析，才能有计划、有针对性地对其进行培训。

三、需求分析实施的方法和过程

本次在实施与员工培训需求分析过程中，主要采取问卷调查法。

1. 培训需求分析对象及内容

（1）中层管理人员培训需求调查：了解中层管理人员对培训的内容、培训的方式等的培训需求情况。

（2）高层管理人员培训需求调查：了解高层管理人员根据公司总体发展规划对培训总体设计的建议与意见，以及其对自身培训（内容、方式）的需求情况。

（3）员工培训需求调查：员工可以谈一谈自己根据所在岗位对知识、工作技能以及素质的要求、员工自我发展计划等。

2. 调查问卷结构及内容

调查问卷结构分为两个部分，第一部分调查员工的培训意愿和需求，第二部分为对今后培训工作的意见和建议。

四、员工培训需求调查统计结果及分析

员工培训需求及现状调查统计分析

问卷调查中关于员工培训意愿、培训工作现状调查共设置了9个调查项，具体调查结果分析如下：

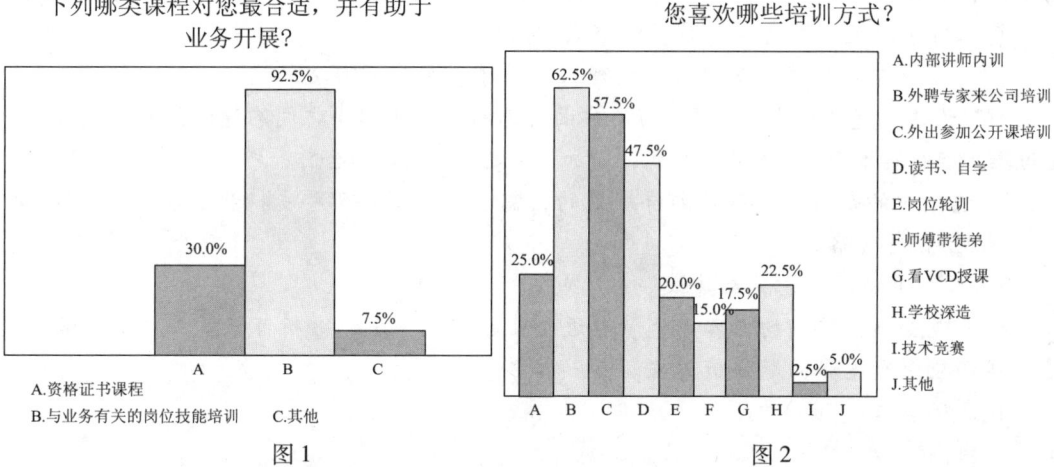

图1　　　　　　　　　　　　图2

（1）由图1可知：92.5%的受调查者选择"与业务有关的岗位技能培训"，说明绝大多数员工认为岗位技能培训对于提升个人业务能力是非常必要的，这与公司领导所强调的培训工作的重点相吻合；30.0%的人选择资格证书课程，说明目前公司部分岗位员工缺乏岗位说明书中所要求的上岗证或资格证书，因此开设这一类课程将有助于员工增加专业技能，能够更专业地胜任本岗位工作，在培训计划中建议要加大岗位技能培训这一项目的费用支持。

（2）由图2可知：62.5%的受调查员工选择"外聘专家来公司培训"、57.5%选择"外出参加公开课培训"、47.5%选择"读书、自学"，反映了大多数员工对培训形式的意愿，同时反映出大部分员工比较关注学习与工作相关的理论知识，希望加深对本职工作的认识与理解。因此，建议培训工作主要采用这三种方式。对于大多数员工迫切要求的技术问题建议采用"外聘专家来公司培训"，但这种培训方式成本较高，因此不用所

有课程都采用，建议对于核心课程采用；对于个别员工需要与同行进行交流和沟通的培训需求，建议采用"外出参加公开课培训"的方式；对于一些可通过读书或自学形式获取知识或提升技能的项目，可列一些书目供员工参考，鼓励员工自学，提升员工学习氛围。

（限于篇幅，仅举二题为例说明这部分内容如何撰写）

五、员工对培训工作的意见及建议

只有了解参加培训对象的真实意见和评价，才有助于我们更好地规划和改进培训工作，以下汇总具有代表性的意见和建议：

1. 您在工作中遇到了哪些困惑希望通过培训解决

（1）困惑一：继续深入与扩充专业知识

解决设想：对于各岗位的专业知识学习将是下一年培训计划中重点规划，因为这一需求与公司员工的知识结构、年龄结构紧紧相关，可以通过聘请专家培训、员工参观培训、员工自学以及向同行请教等多种形式解决。

（2）困惑二：加强团队建设、处理人际关系、加强同事之间沟通

解决设想：建议开设"沟通技巧"方面的课程，解决同事之间沟通的问题。建议公司通过增加组织集体活动、游戏等方式，增加员工之间的沟通与合作，增进人与人的了解。

2. 您个人的定位与发展是怎样规划的，需要公司提供哪些支持和配合

代表观点：（略）

3. 您的（培训）意见及建议

代表观点一：培训的内容应尽量贴近企业的实际，案例分析可让员工更易理解和接受，现场应以交流和问题分析为主。

代表观点二：（略）

六、附录

员工培训需求调查表（略）

七、培训需求分析调查总结

要切实增强培训效果，今后必须重视以下问题：

（1）培训时间的安排应尽量安排在一天以内，尽量少占用周末休息时间。

（2）明确培训对象，缩小培训范围有利于培训效果的增强。

（3）深入开展培训效果的评估。

（4）减少枯燥的课堂教授，增加案例分析、研讨会等培训形式，提高培训人员积极性。

（5）职业化、专业化应该成为培训的主题，因为普通员工、中层管理人员和高层管理人员，都需要进行自我减压、时间管理、沟通技巧等职业素养的培训，并且要从企业实际工作中引入专业技术方面的培训内容。

本章小结

（1）员工产生培训需求是因为在工作中的实际需求或员工自身发展的期冀和员工自身现有知识、技术、能力等各方面之间有差距，员工希望通过培训弥补差距，满足自身发展的需要和追求，因此，可以把员工的培训需求理解为以下公式：

员工培训需求＝企业或员工期望状态－员工现实状态

（2）在企业管理中，实施企业培训工作的第一环节就是对员工展开"培训需求调查分析"，即在规划与设计每一项培训活动之前，由培训部门组织，部门主管人员和相关工作人员通力合作，采用各种方法与技术，对组织及其成员的目标、知识、技能等方面进行系统的调查和鉴别，了解员工是否需要培训，需要哪一方面培训、培训地点和培训方式，进而有针对性地设计完整的培训方案的一种活动或过程。

（3）三层次培训需求分析模型（OTP模式）认为，培训需求分析应从组织、任务、人员三个角度分析培训需求。组织分析是通过明确组织战略目标后，确定企业需要培训的部门和员工，使组织的培训目标符合组织战略目标的要求。任务分析是为了完成某项任务，分析员工需要掌握的知识、技能、态度，然后根据任务的重要性确定培训的内容。人员分析是先观察和分析员工的实际工作绩效和工作能力，然后找出员工现有的绩效和理想的绩效之间的差距在哪里，从差距入手进一步确定培训的目标和培训内容。

（4）员工培训需求分析的层次。

企业员工培训需求调查分析一般从三个层面实施：第一，从企业层面分析员工培训需求，员工培训的内容需结合组织战略目标、组织特点、充分发挥组织资源、企业内外部经营环境等因素，准确地找出组织在员工培训方面存在的问题和需要培训的内容。第二，从岗位层面分析员工培训，确定企业各个岗位的员工要达到理想的业绩需要掌握的技能和知识、素质，进而找出具体任职岗位人员的工作行为和表现与期望表现之间的差距，从而确定员工需要接受的培训。第三，从个人层面分析员工培训需求，从两个角度进行分析，一是分析员工个人业绩、技能等现有工作状况，评价现有状况与应有状况之间的差距，二是分析员工个人职业生涯规划与组织的职业生涯发展之间的协调程度，确定员工是否需要或应该接受培训方向和培训的内容。以上的问题的分析结果，就是企业需要的培训需求的清单，并以此作为将来设置培训活动的基础。

（5）企业对员工培训需求进行分析研究的方法有多种，其中运用比较广泛的方法是：访谈法、问卷调查法、绩效法、观察法、经验预计法、关键事件分析法、工作分析法。

（6）公司在实施员工培训需求调查时可按照以下五个程序进行：前期准备工作、制定员工培训需求分析计划、实施员工培训需求调查、分析调查数据、撰写调查分析报告。

（7）员工培训需求调查分析报告的内容包括以下几个部分：一是调查分析报告提要，二是实施调查分析的背景，三是实施调查分析的目的，四是实施调查分析采用的方法和步骤，五是分析培训需求调查统计结果及分析，六是对现存培训工作提出培训重点和改进建议，七是附录。

关键术语

员工培训需求　员工培训需求分析的层次　员工培训需求分析方法　员工培训需求调查实施程序　撰写员工培训需求调查报告

复习与讨论

1. 什么是员工培训需求？员工培训需求是如何产生的？
2. 从哪些层面分析员工的培训需求？
3. 开展员工培训需求调查有哪些方法，这些方法的优缺点是什么？具体实践中企业应该如何选择合适的调查方法，才能提高调查的效果？
4. 企业在实际操作中应该如何实施员工培训需求调查，每个步骤要注意把握哪些方面？
5. 撰写员工培训需求调查报告一般需要包含哪几个方面的内容？

案例分析

微软公司的员工培训和可口可乐公司的员工培训

微软拥有独特的员工培训体系，我们通过"职业模式 + 能力/技能差距 + 业务需要"的模式来决定培训的内容、时间、对象。70%的员工的发展通过直接工作经验和在职培训获得，20%通过导师的辅导完成，10%通过其他培训形式获得。微软提倡随时随地学习。遵从"明确需要学习的知识技能，到执行学习计划，再到构想达到下一个目标需要的新的知识技能"模式，如此循环，以逐步实现学习的目标。微软的职业模式由三部分组成，分别是职业阶梯、职业能力与职业经验。我们会对企业的员工进行持续的调查，了解他们对职业发展的需求和职业生涯规划。通过调查，我们为不同岗位、不同层级的员工搭建属于员工自己的职业阶梯，处于每一个阶梯的员工应该具备怎样的职业能力和职业经验，我们通过培训为其提供方向和导航。

风行全球110多年的可口可乐公司是全世界最大的饮料公司，也是软饮料销售市场的领袖和先锋。重视员工培训，正是这家传统饮料公司之所以能够长盛不衰的一个重要原因。可口可乐人事部 Claudia 说："可口可乐是一家培养人才的公司，生产碳酸饮料不过是我们的副业。"可口可乐的培训哲学非常有韵味，"市场上需要培训什么就培训什么。"一般而言，企业产品生产时更强调以顾客需求为导向，有需求才有市场，才会有利润。但企业在做员工培训的时候，也需要以需求为导向，一方面是企业的需求，企业需要员工知道什么、提高哪些技能；另一方面是员工的需要，工作需要或者精神需要等；另外，可口可乐提出了市场需要，社会不断进步的过程中，对企业也会不断提出新的要求和挑战，因此，根据市场需要对员工进行培训，不仅利于产品的开发，更是企业与时俱进的必要条件。可口可乐建立分层分类培训体系，即针对不同层级不同级别的岗位特点设计有针对性的培训课程及培训方式，以增强培训效果。其核心思想是结合企业的核心竞争优势、基于企业的发展战略，明晰核心人才并针对不同核心人才采取不同的培训策略。

思考题：
1. 以上两个企业在员工培训工作中共同的特点是什么？
2. 微软公司通过"职业模式 + 能力/技能差距 + 业务需要"的模式来决定培训的内容、时间、对象，如果你是微软的培训部员工，请用本章学习的员工培训需求调查分析的知识，试着描述微软公司在实施员工培训需求分析工作时是如何开展的？
3. 对比微软公司和可口可乐公司在培训需求调查工作中的相同做法和不同做法？两者各有什么特色？

实训训练

实训任务一：设计一份员工培训需求调查问卷
实训任务二：撰写一份员工培训需求调查分析报告
1. 实训内容与要求

调查当地的一家企业的员工培训需求并进行分析。分别对高层员工、中层员工、基层员工进行调查，可以根据企业的实际情况选择访谈法、问卷调查法、绩效法、观察法、经验预计法、关键事件分析法、工作分析法中的一种以上调查方法进行调查，其中的一种方法必须是问卷调查法。每一个小组在了解了企业、部门、员工个人的信息后，根据企业实际，每个小组设计一份员工培训需求调查问卷。在采集了足够的调查数据后，要运用所学的理论从组织、岗位、个人三个层次出发，分析员工的培训需求。

根据实地调查收集到的数据和信息，每一个小组撰写一份员工培训需求调查分析报告，这份报告的内容须包括以下几个部分：一是调查分析报告提要，二是实施调查分析的背景，三是实施调查分析的目的，四是实施调查分析采用的方法和步骤，五是分析培训需求调查统计结果及分析，六是对现存培训工作提出培训重点和改进建议，七是

附录。

2. 实训组织方法及步骤

（1）全班制定一份企业的员工培训需求分析的行动计划。

（2）将学生分成若干小组，以四到六个人为一组，每个小组做好准备工作。搜集要调研的企业的相关资料、了解分配到的需要调查的员工基本情况。

（3）小组根据实际情况，选择合适的调查方法，并设计一份员工培训需求调查问卷。

（4）实施调查，搜集数据。

（5）各个小组对员工的培训需求信息进行统计，然后全班将各个小组的调查结果汇总，分析各个岗位员工的培训需求意愿。

（6）各个小组根据搜集到的数据和了解到的企业和员工的信息，每个小组撰写一份企业员工培训需求调查报告。

（7）各个小组展示自己设计的员工培训需求调查问卷，并讲解问卷的结构和问题设计的理念。各个小组互相比较，各个小组设计的问题是否能够真实地调查到员工的培训需求，比比哪个组的问卷设计更加合理、科学，存在哪些不足之处。

（8）各个小组汇报所写的调查报告，老师和其他小组的学生一起对调查报告进行分析、比较、点评，并选出优秀的调查报告。

3. 实训时间

本实训资料查阅与企业调查实施可于周末的时间进行，课堂展示问卷和调查报告、讲解与评析占 2~4 个课时。

4. 实训报告：

一是设计一份员工培训需求调查问卷，二是撰写一份员工培训需求调查报告。在设计调查问卷时，要注意紧密结合企业的实际进行设计，可以从企业发展、岗位需求、个人发展需求三个层面进行设计。设计问卷的时候要注意问题设置要简洁易懂、角度全面。

撰写员工培训需求调查报告要严格按照报告格式，必须包括提要、背景、目的、方法和步骤，调查对象、调查时间、调查统计结果及分析，调查体会和附录。

5. 实训成绩评定

（1）实训成绩按优秀、良好、中等、及格、不及格 5 个等级评定。

（2）成绩评定参考准则

①是否熟悉员工培训需求调查的程序，并且能够运用所学的员工培训需求理论实施培训需求调查。

②是否掌握员工培训需求调查的方法，并能够设计一份有效、科学的调查问卷。

③是否能够科学、全面地调查员工培训需求情况，并撰写调查报告，真实度、有效性如何。

④调查报告是否记录了完整的实训过程，结构是否科学合理，分析是否全面，结论是否可靠、合理，体会是否深刻，等等。

⑤学生是否积极参与实训，实训准备是否充分、实训态度如何、小组内部成员分工是否合理、团队合作是否协调。

⑥现场调查表现占总成绩的 20%，课堂讲解、讨论、分析等环节占总成绩的 30%，调查问卷占总成绩的 20%，员工培训需求调查报告占总成绩的 30%。

项目测验

一、单选题

1. （　　）不是培训需求产生的原因。
   A．工作变换　　　B．人员变化　　　C．部门变动　　　D．提高绩效
2. 下面不属于培训需求分析内容的是（　　）。
   A．培训需求的层次分析　　　　　　B．培训需求的资源分析
   C．培训需求的对象分析　　　　　　D．培训需求的阶段分析
3. 培训需求分析是企业制定员工培训规划的（　　）。
   A．核心要素　　　B．基本前提　　　C．关键步骤　　　D．重要内容
4. （　　）不是培训需求的来源。
   A．绩效评估结果　　　　　　　　　B．新的业务需求
   C．内部薪酬调整　　　　　　　　　D．新技术的产生
5. 在培训需求信息的调查中，（　　）一方面让他们积极参与培训工作；另一方面也可以与他们建立良好的关系，对往后的执行有所帮助。
   A．邮寄调查　　　B．面谈法　　　C．调查问卷　　　D．电话调查
6. 面谈法作为培训需求调查的主要方法之一，有两种操作办法，即（　　）。
   A．正式面谈法和非正式面谈法　　　B．个别面谈法和隐私面谈法
   C．室外面谈法和室内面谈法　　　　D．个人面谈法和集体会谈法
7. （　　）是培训需求信息收集的最原始、最基本的工具之一。
   A．问卷法　　　　　　　　　　　　B．观察法
   C．趋势研究法　　　　　　　　　　D．顾问委员会研讨法
8. 员工个人绩效方面的差距是完全可以通过培训来弥补的，这也是我们培训需求分析中要进行员工（　　）分析的原因。
   A．知识差距　　　B．技能差距　　　C．个人绩效差距　　　D．能力差距
9. 在根据组织需要确定培训需求和培训对象时，（　　）不是必须要考虑的。
   A．反映组织未来要求的人事计划
   B．营造有利于培训成果转换的组织培训气候

C. 部门现在有效运作所需要的知识、技能和能力
D. 改善组织气氛与个体满意度

10. 实施培训需求调查工作时,要对各部门申报的培训需求进行分析,目的是（　　）。
    A. 节约培训成本　　　　　　　　B. 确认培训目的
    C. 消除片面需求　　　　　　　　D. 争取员工支持

11. 对培训对象的培训需求进行分类,要求各类培训对象的培训需求有（　　）。
    A. 类似性　　B. 差异性　　C. 多样性　　D. 特殊性

12. 将员工的实际工作绩效与该工作所必需的可接受的（　　）水平绩效相比较,可以得出绩效的差距,可用其确定当前的工作对培训的需求。
    A. 最低　　B. 最高　　C. 平均　　D. 领导要求

13. 在分析培训需求、选择培训对象时,要注重（　　）。
    A. 员工的个人需要　　　　　　　B. 组织需要
    C. 员工的个人需要与组织需要的有机结合　　D. 企业发展需要

14. 培训需求分析的基本目标就是（　　）。
    A. 确认培训对象　　　　　　　　B. 确认培训内容
    C. 确认培训方式　　　　　　　　D. 确认应有状况同现实状况之间的差距

15. 对于新员工的培训需求分析,通常使用（　　）来确定其在工作中需要的各种技能。
    A. 行为分析法　　B. 层次分析法　　C. 任务分析法　　D. 绩效分析法

16. 以下关于绩效差距分析模型的说法不正确的是（　　）。
    A. 绩效差距分析是一种全面分析方法
    B. 需求分析阶段的任务是寻找绩效差距
    C. 包括发现问题阶段、预先分析阶段以及需求分析阶段
    D. 发现问题阶段是找出理想和现实绩效存在差距的地方

17. 以下关于培训需求的说法错误的是（　　）。
    A. 培训需求反映的是企业要求具备的理想状态和现实状态之间的差距
    B. 培训需求就是判断是否需要培训以及培训内容的一种活动或过程
    C. 培训需求分析的基本目标就是确认差距
    D. 培训需求分析主要从组织的角度出发

18. 通过（　　）收集培训需求信息可以获知较为广泛的信息内容,这是影响培训需求信息是否全面的主要因素。
    A. 档案资料　　B. 访谈资料　　C. 调查资料　　D. 备存资料

19. 分析企业培训需求除了（　　）以外,都要进行分析。
    A. 组织层次　　　　　　　　　　B. 工作岗位

C. 组织个人层次 D. 管理与领导层次

20. 如果人员的（ ）不能达到组织提出的效益标准，就说明存在着某种培训需求。

A. 工作态度　　B. 工作绩效　　C. 工作内容　　D. 工作状态

二、多选题

1. 分析企业培训需求要从不同（ ）进行分析。

A. 组织层次　　B. 工作岗位　　C. 组织个人层次
D. 管理与领导层次　　　　　　E. 外部环境层次

2. 运用任务分析法来分析培训需求，可以把培训需求分为（ ）。

A. 重复性需求　B. 短期性需求　C. 长期性需求　D. 技能需求
E. 岗位需求

3. 培训需求分析的特点有（ ）。

A. 主体多样性　B. 客体多层次性　C. 内容核心性　D. 形式多样性
E. 结果基础性

4. 关于制定培训需求调查计划，表述正确的是（ ）。

A. 行动计划要安排好时间进度以及各项工作中应注意的一些问题
B. 要提高培训需求调查结果的可信度
C. 选择合适的培训需求调查方法
D. 内容不要过于宽泛
E. 对于某一项内容可以从多角度调查

5. 根据组织需要确定培训需求和培训对象的考虑因素为（ ）。

A. 反映组织未来要求的人事计划
B. 改善组织气氛与个体满意度
C. 培训的资源
D. 营造有利于培训成果转换的组织培训气候
E. 培训的标准

参考答案

补充材料

项目三　设计和策划培训项目

知识目标

1. 培训目标的确定
2. 培训目标实现的评估方案及其制定
3. 培训方法和形式的选择
4. 培训课程的设计
5. 培训经费预算的编制
6. 培训方案的编写

能力目标

能够设计完整的培训方案，策划组织培训项目

情境任务设计

广州市 X 公司董事长魏华和他的太太——公司的财务总监李洋，在讨论几个问题：为什么他自己没怎么读过书同样能赚很多钱？甚至在他当了多年老板之后也没有系统地接受过院校教育，不是同样发展得很好吗？究竟企业为什么要请人培训员工呢？

虽然 X 公司的人才资源总量增加了，但是魏华的烦恼也多起来了。他经常感到，企业在发展之初可以不考虑员工培训，因为员工数量不多，在管理方面出现的问题也不会很多，即使出现问题了也很容易处理。但是商场如战场，不进则退，企业进入壮大阶段后，必须吸引更多人才加盟、加大工作合力，才能扩大企业规模，壮大企业实力，形成品牌效应，进而走向国际市场。但是，魏华发现，不仅自己有这种感觉，而且他身边的商业伙伴，特别是同样在转型发展的企业老板，都深深地对这种现象感到困惑：企业许多设想一开始是非常合适的，但是要贯彻落实起来很难，并且还会发现很多原来没有出现的问题，不仅原来计划的指标任务完成不了，而且出现了更多的人员去留问题，现场管理的混乱迹象越来越明显。更严重的是，以前这些老板还有时间去思考企业应该往什么方向发展，但是现在看起来天天很忙，反而不知道在忙什么，企业内部事务管理不好，也一直抽不开身去思考企业发展战略的问题。

魏华们遇到的问题，恰好反映出南方许多省份早期因改革开放优惠政策先富起来的

民营企业家,在走向转型升级和创新驱动、转变经济发展方式的过程中所遇到的共同挑战。对此,魏华是如何解决的呢?他开始意识到培训对企业的重要性了,认为培训不仅可以帮助提高员工的业务能力和其他素质,而且可以减少自己的工作压力,促进企业员工有效、准确地贯彻执行企业的发展意图和工作计划。X公司于是分批聘请培训老师,尤其倾向于请有名气的教授给员工讲课,还大量购买在培训市场上有较大影响力的课程及光盘。但是,不久之后魏华和他的员工们就发现,每一次讲课的时候都觉得老师讲的是对的,心里波澜起伏、澎湃不已,对未来的工作充满了憧憬和希望。可是一旦回到公司和实际工作中,就觉得按照老师的说法来做,怎么做都是错的,然后不知所措的,坐在办公室无所适从了。

后来,魏华和公司其他高管聚在一起讨论,得出了这样的结论:企业肯定需要培训,但不是什么样的培训都适合企业。必须在专业知识和业务领域上把好关,选择合适的培训课程和授课教师,这样才能学以致用。另外,培训不等于一劳永逸,学是一回事,怎么用还需要不断摸索和结合,才能落实到企业自身实践中去,但是不能全盘照用。

现在,全公司已经形成了这样的共识:当企业从初期的创业阶段进入中期的发展阶段,企业必须做出管理模式和运行方式上的重大改变,这样才能确保企业更好发展和扩大再生产,最终才能在市场激烈竞争和挑战中存活并壮大起来。在拓展海外业务的时候,更多员工更真切地感受到企业培训的重要性。国外企业特别是欧美发达国家和国内品牌企业会将潜在供应商的管理水平和员工素质作为衡量是否签约的重要考虑因素,以评估潜在供应商在洽谈时所提供的产品和服务是否具有可持续性、后续质量能否保障。而这些,就需要企业员工持续的接受培训。

训练任务

1. X公司开展培训过程中出现的问题及其原因是什么?应为其设计一个什么样的培训方案?

2. 搜集并分析两个企业培训的案例,整理说明其培训目标、方法、形式及其课程设计。

训练目标

理解设计和策划培训项目的基本概念与完整流程,运用相关知识为企业制定培训方案。

训练要求

小组讨论后指派代表汇报发言，完成第一个训练任务；全班学生分成小组后做好组内分工和讨论交流，将企业培训案例制作成 PPT 并上台演示。

训练考核

每个小组指派两名代表与授课教师组成联合评审组，按照每名学生代表的评分权重相等、所有学生代表的评分总和与教师评分权重之比为 6∶4 的规则，计算得出每个小组完成训练任务的最终得分。

本项目学习任务

1. 结合相关知识，分析企业实践中培训项目设计和策划的有关理论和规律的反映和体现。
2. 用自己的话复述并概括培训项目设计和策划的整套流程和基本要求。
3. 强化团队协作，科学进行分工，以小组为单位共同加深对培训项目设计和策划的理解认识。

任务 1　确定培训目标及制订目标实现评估方案

即时案例

　　所有宝洁公司的员工，在他们进入公司的第一天起就要接受集中培训，培训期间不必参与实际工作。宝洁公司上岗培训的目标非常明确，就是要把每一名新人训练为宝洁公司的职业员工，即具有该公司独特文化特色的职业人。在入职培训中，培训课程主要是组织员工了解企业的宗旨愿景、工作文化、管理制度和各部门的职能定位和协作方式。新员工一般在公司之外的酒店或其他比较高档的地方接受集中培训。令人印象深刻的是，在 20 世纪 90 年代，宝洁公司对新员工的培训主要是英语训练和灌输企业理念，员工在每一年的 7 月进入公司，会一直带薪参与培训到次年的 2 月，并且必须通过公司组织的相应考试才能正式工作。现在，宝洁公司已经改变了这种庞大、"不计成本"的培训计划，在入职培训时间上也做了调整。在对新员工的技能培训中，公司往往会聘请公司高级经理作为授课教师，通过传授其富有丰富实践经验的技能方法，让新员工心悦诚服地学到真正有效的知识。特别在对新入职销售员的培训中，公司会设计专门的培训课程，涵盖了如何拜访客户、寻觅商机、表达商业背景、阐述产品和服务的特点和优势、发起有效促销、说服客户、处理客户反馈意见、与其他利益相关者做好沟通等。在进入公司多年以后，大部分销售代表都认为新入职时的这些培训课程和内容让他们受益匪浅。

在入职培训课程结束之后，公司会通过测试来评估对新员工的培训目标是否实现，而测试所用的题目一方面来自公司内部积累和编制，另一方面来自购买的外部试题库。公司的测试分为三部分。第一部分是关于员工如何认识和理解企业文化，第二部分考查的是员工树立了怎样的价值观念和品牌理念，第三部分对应的是员工对企业发展愿景和规划定位的认识。其中，第一部分内容的考查方式是笔试，笔试题目涉及宝洁公司的企业环境、历史背景、国际地位、人员关系、管理体制、社会贡献等领域；第二部分内容的考查方式是实战模拟演练，针对员工到各地工厂参观和销售岗位的实践情况进行打分和测验；第三部分内容的考查方式是要求员工分组讨论并提交书面规划，讨论和规划对象是宝洁公司以往晋升员工的案例和企业战略规划，最后进行打分的评委都是公司邀请的高级培训师。

即时任务

应如何确定培训目标？如何评估既定的培训目标是否实现？

一、培训目标及其确定

（一）培训目标的含义

培训目标就是开展培训活动所期望取得的结果和实现的目的。培训目标可以在每一个培训阶段进行设置，也可以在制定整个培训计划时予以确定。确定培训目标不是漫无目的的，也不是空穴来风。制订培训目标，必须针对培训需求分析结果，在充分考虑企业员工需要提升的能力素质的基础上，通过建立具体可测、量化程度高的培训目标，得出有说服力的评估结果。

（二）培训目标的作用

培训目标对于顺利开展培训活动，帮助企业及其员工持续进步具有重要作用，主要表现在：

一是明确培训任务，使培训要求与企业目标保持一致。

二是统一培训结果的评价标准，保证评价结果的权威性。

三是有助于指导具体培训过程，确保培训过程不出现偏差。

四是帮助接受培训的人员理解培训目的，促进培训顺利实施。

（三）培训目标的层次

培训目标是多重的。同一个培训计划或培训计划的每一个阶段都可以有多个目标，这些目标可能不是并列的。从本质上讲，培训的作用在于提升企业经营效益，因此培训目标必须与企业经营效益紧密挂钩，特别要体现培训成本及其收益的关系。为推动培训更有效地促进企业经营效益，还必须关注培训对业务的影响、培训对行为方式的改善、学员从培训中学到的知识和技能、学员对培训的反映和满意度。如果依次制定这些培训目标，那么就可以有步骤、有条理地规划培训计划和控制培训过程。这些培训目标从大到小依次是：

一是投资回报率，即培训所耗费成本与培训所得收益的比值，指的是培训计划的实施对企业经营效益变化的影响和作用。

二是培训对业务指标的影响，即完成培训计划的各项要求后，企业和部门业务的各项指标所发生的变化。

三是培训对工作方式的影响，即培训计划全部结束后，学员学到的知识和技能经过实际应用后，对其工作方式的改善情况。

四是学习结果，即学员通过培训后所学到的知识和技能。

五是对培训的反映和满意度，即学员对培训计划和过程的总体反映和满意程度。

（四）培训目标的构成要素

无论是哪一个层次的培训目标，都应当包括三个要素，即内容要素、标准要素和条件要素。其中，内容要素指企业对员工参加培训后表现和结果的期望，包括企业要求员工通过培训学到哪些知识、得到哪些技能、改善哪些工作方式、取得什么工作绩效，等等。标准要素指内容要素要达到怎么样的水准，例如对知识的掌握达到什么程度，技能的运用符合什么标准，培训后绩效增长多少个百分比，等等。条件要素指企业要求员工在什么条件下达到上述标准。

例如，某连锁超市对其销售人员的培训中，其中一条培训目标就这样写着："培训结束之后，销售人员应能在独立地即不咨询同事和翻阅销售指南（条件要素）前提下，利用不超过一分钟的时间（标准要素），向任何顾客解释清楚任何一件产品的主要性能和特点（内容要素）。"

（五）确定培训目标的基本原则

一是培训目标要与组织长远目标和企业发展愿景相一致。既不能过多关注和强调组织次要目标，更不能与组织主要目标发生冲突。

二是培训目标不宜一次性定得太多。培训要分清轻重缓急，不是撒胡椒面，要避免胡子眉毛一把抓。

三是培训目标要尽量可量化。不能具体测量的培训目标不利于准确评估培训工作的效果，难以反馈和控制培训效果。

二、培训目标实现情况的评估方法

培训目标确定之后,如何评估培训目标是否实现、实现程度大小,就是培训过程正式开始之前最重要的一个环节。只有培训目标和培训目标评估方法都确定下来,培训过程才能有的放矢,保证培训工作的开展方向不偏不倚,也更能抓住培训过程的重点内容。常见的培训目标评估方法有:

一是目标评价法。目标评价法是对受训员工通过培训获得知识、技能以及培训后改善工作行为、方式的情况进行评价和考核的方法。在培训课程结束之后,企业将对受训员工的知识技能和工作行为方式的测试成绩与既定的培训目标进行对比,得出最终评价结果。

二是绩效评价法。绩效评价法是对受训员工接受培训后的工作绩效情况进行评价和考核,得出受训员工是否达到企业绩效考核要求的结论的方法。在培训课程结束之后,企业将受训员工的工作绩效与既定的企业绩效考核要求进行比较,评估培训目标的实现情况。

三是360度评价法。目标评价方法和绩效评估法都力求客观公正,但是往往有一刀切、对具体情况考虑不足的缺点。360度评价法是根据关键人物即与受训员工工作联系较频繁密切的领导、同事、下属、客户等人对受训员工工作行为、方式和习得知识、技能的观察评估结果,综合评价受训员工参加培训课程的实际效果。必须承认,在同事之间会因为互相竞争导致主观评价结果失真、不符合实际情况,但是如果把各方评价都综合起来,那么这样的主观评价还是比较全面、公允的。

四是对比评价法。对比评价法是分别测试受训员工接受培训前后的相关情况并对它们进行比较。运用对比评价法时,要注意测试内容前后要保持一致或相近,并且受测的相关情况可以包括受训员工的知识技能习得和运用,工作态度、行为方式及绩效表现等情况。

五是收益评价法。收益评价法是从企业经济角度对培训项目进行评价,计算培训项目所耗费的经济成本和带来的经济收益。开展培训项目的最终目的是为企业带来事半功倍的成效。从这个意义上讲,培训项目本身也要符合收益高于成本的要求,达到一定的收益率目标。

上述五种方法一般并不单独使用,往往同时运用两种甚至更多方法,以求更准确、更客观地确定培训目标实现情况。在取得同样的第一手数据后,也可以运用不同的方法对同样的数据进行分析比较,还可以对两组或多组数据进行对比。

三、制定培训目标实现情况的评估方案

基于上述认识,一个完整的培训目标实现的评估方案至少应包括以下五个部分:

一是确定评估标准。评估标准必须以培训目标为基础,但是要比培训目标更具体、更具有可操作性;与培训计划相协调一致,但是不必拘泥于培训计划的阶段性和分期安

排内容，而是要着眼整个培训过程来设定标准。

二是组织培训前测试。开展培训前测试的目的非常明确，就是要全面、准确地了解受训员工原来的情况和水平，包括受训员工的知识技能储备情况、工作态度和行为方式、实现绩效基本水准，等等。无论是为了将受训员工培训后情况与培训前情况进行对比而得出评估结果，还是为了在了解受训员工培训前情况的基础上更有效地把握和控制培训工作方向、力度和节奏，培训前测试都是必不可少的重要环节。

三是培训过程控制。虽然培训目标及其实现的评估方案已经制定完毕，但是如果对培训过程缺乏控制，那么培训目标的要求将很可能难以达到。培训过程控制的要点包括：始终保持对每一位受训员工的观察和跟踪，善于发现受训员工的情绪变化及其反映的差别；组织者要经常与培训讲师进行沟通交流，对培训情况有更多了解和掌握，也让培训讲师不断获知组织者的最新要求和培训调整方向；确保培训过程不偏离培训目标的基本方向，一旦发现培训过程出现错误理解和贯彻实施培训目标要求的情况，必须立即予以制止和纠正；建立健全组织者、培训讲师和受训员工三方互动的常态机制，互相听取意见建议，特别是听到受训员工的真实反映和问题反馈，及时对培训作出调整和改进；注意运用合理、审慎的态度和方式，防止产生矛盾对立和情感冲突，避免人际纠纷影响培训工作的顺利实施。

四是开展培训后评价。针对培训目标的不同层次，需要运用不同方式进行评价，可以交叉使用目标评价法、绩效评价法、360度评价法、对比评价法和收益评价法等方法，多层次、多角度、综合地对培训目标的实现情况进行总结和评估，全面了解培训项目的实施效果。

五是转化应用评价结果。经常有一种错误的观念，那就是认为一旦对培训目标的实现情况作出了评价，那么培训工作就结束了。这种观点实际上割裂了培训与提升企业经营效益的有机联系，没有看到培训服务于企业发展战略的本质要求，把培训看成是一个单独的、与企业管理其他部分没有必然关联的管理步骤。因此，在培训目标实现的评估结束之后，还要对评价结果进行分析，提炼出对企业管理具有启发性和指导性的分析结果，并将它们融合运用到企业战略管理和日常管理之中。

知识链接

在2008年国际金融危机之后，许多传统企业已经悄然消失，同时一些新行业新企业迅速发展起来，市场细分程度加深，行业企业的竞争领域更加集中，市场竞争和企业实践对员工能力和素质的要求更高、更严格、更多样化，许多员工的知识和技能未能与企业发展步伐实现同步。一些企业更加重视员工培训问题，但是又出现了新的问题：培训目标不明确，培训效果无法量化考核，员工参与培训积极性不高，企业培训流于形式。

相比于国外员工培训理论已经发展到比较成熟的程度，在企业培训实践中也得到广泛应用，并且在企业经营效益提升中发挥了巨大作用，我国企业对员工开展培训的理论和实践都还有很长的路要走。除了少数大型企业开展了比较系统有效的员工培训，大多数企业更关心眼前的经济利益，严重忽视组织必要的培训。

加强员工培训，首先可以增强企业竞争力、实现企业发展战略愿景。员工培训效果如何，直接影响到企业生产效率、企业核心竞争力、企业客户满意率、企业产品或服务的市场占有率、企业利润目标、企业品牌影响力。研究表明，员工培训与企业经营效益存在相关性，员工培训对企业发展有着积极的影响。

加强员工培训，其次可以调动员工工作积极性和职业热情。建立起有效培训体系的企业，必然增加对员工职业生涯发展的投资，在提升员工素质上花费更多功夫，持续推动员工培训增值，满足企业员工对自我发展的需要，通过将员工个人发展要求与企业的战略愿景捆绑在一起，自然增强了企业的凝聚力。

加强员工培训，还有助于细化企业发展战略，增强企业决策执行力。美国著名管理学家哈罗德·孔茨认为："员工培训是设计和保持一种良好环境，使人在群体里高效率地完成既定目标。"企业作出正确的战略选择固然重要，但是否正确地实现战略选择更为重要。制定并实施每一位员工的培训计划，能够促使企业发展战略、员工工作和岗位职责融为一体。

任务2　选择培训方法和形式

▶▶ 即时案例

肖经理是某公司的人力资源部经理。一天，他去参加公司所在地区的人力资源行业协会年会的时候，与同行在早餐时间交流起彼此公司开展培训的一些心得体会。肖经理在自己的公司里经常为了培训项目如何开展，费尽心思、千方百计地说服公司高层，结果还是有很多计划安排与自己的初衷不尽一致。但是，肖经理在这里发现，能与他在人力资源培训领域产生思想共鸣的同行还是比较多的，并且从他们的口中得知，其他公司不少高层对人力资源部的工作的支持力度很大，特别是在员工培训的计划方案上。这使肖经理萌生了跳槽到其他公司另谋高就的想法。

肖经理与公司高层在员工培训上的分歧比较多。例如，他一直认为，培训形式的采用应当"仁者见仁、智者见智"，虽然有一般规律可循，但还是要根据经验来判断。到底哪种方式更适合企业培训项目，需要综合考虑受训员工接受程度、培训讲师授课能力、培训设施条件。对于普通员工，由于他们从事的是比较单纯、简单、重复

> 性强的工作，主要通过动手而非动口、动脑的方式进行操作，因此他们更容易接受现场演练式的培训方法，即先示范操作，然后受训员工跟着做，直至受训员工能够独立操作为止。对于具备一定管理经验的员工，他们既从事具体事务，又时不时需要跳出来进行抽象思考，因此对他们进行培训，用纯讲解式肯定不行，一定要多结合实际案例进行分析，最好是身边发生的鲜活事例。对于中层员工和高层员工，他们见惯大场面，不轻易对事物发生强烈的兴趣，因此对他们进行培训，最好是通过沙盘模拟和实战演练的方式，给他们惊喜和触动。至于技术人员和业务代表，由于他们的工作以实效为导向，排斥空谈和无病呻吟，因此接近实战的培训能吸引他们的注意力，提高他们的参与积极性。
>
> 肖经理准备在这次年会期间与其他公司的高层进行接触，确定若干个意向企业，待这次年会结束后，就回去公司向总经理和分管副总经理递交辞呈，充分说明缘由，尽量和平地解除合同。

即时任务

如何为不同的培训项目和企业员工选择合适的培训方法和培训形式？

一、培训的分类

选择培训方法和形式的前提是对培训进行分类并确定本企业所要开展的培训属于哪一类别，根据培训的实际需要选择合适的培训方法和形式。按照不同的标准，培训可以分成以下几类：

一是以培训要求的强制程度为标准，可以将培训分为强制性培训和选择性培训。前者指企业强制要求、员工必须参加并通过的培训，例如上岗培训、入职培训；后者指企业建议员工参加、员工可以选择参加的培训，例如文体兴趣培训、心理调适培训。

二是以培训内容的适用范围为标准，可以将培训分为普适性培训和专门性培训。前者指面向全体企业员工、所有员工均可以参加的培训，例如企业文化培训、交往技能培训；后者指只面向部分特定员工、其他员工不能参加的培训，例如销售培训、公关培训。

三是以培训工作的承担主体为标准，可以将培训分为内部培训和外部培训。前者是企业组织并交由某个内设机构（如人力资源部门）负责承担具体工作的培训，后者是企业组织并委托某个外部机构（如人力资源服务企业）负责承担具体工作的培训。

四是以培训的对象为标准，可以将培训分为高层员工培训、中层员工培训和基层员工培训。高层员工培训多以外部培训为主，中层员工培训则以外部培训和内部培训相结合，基层员工培训以内部培训为主。

二、培训方法的分类

对培训方法进行分类,目的是为了选取最适合受训员工需要和特点的培训方法,取得最佳的培训效果。常见的培训方法包括:案例研究、研讨会、授课、游戏、电影、计划性指导、角色扮演、T小组等。究竟选择上述方法中的哪一种,除了要考虑到成年人参加学习培训的特点,还要充分比较上述方法的优势和劣势。

(一)成年人参加学习培训的特点

成年人在认知、情感和意志上都具有与未成年人截然不同的特点,无论是生理还是心理都与未成年人呈现出不一样的状态。这决定了企业员工参加学习培训时,企业要充分照顾到他们的学习特点:

一是机械记忆能力弱,但是逻辑记忆能力较强;

二是学习效果的好坏与学习愿望的强弱呈现正相关联系;

三是善于联系以往经验进行学习和巩固;

四是倾向于将理论学习与实际操作结合起来;

五是容易对能够指导自己未来工作的培训内容感兴趣;

六是不喜欢过于正式和拘谨的学习环境。

(二)各种培训方法的效果比较

从技术角度看,培训的效果至少涉及学习反馈、知识强化、技能实践、行为激励、转化应用、个体适应度、耗费成本等维度。通过在这些维度上进行比较,可以得出各种培训方法的长短处,见表3-1。

表3-1 各种培训方法的效果比较(效果分别用很好、较好、一般、较差、很差表示)

培训方法	学习反馈	知识强化	技能实践	行为激励	转化应用	个体适应度	耗费成本
案例研究	一般	一般	较好	一般	一般	很差	很差
研讨会	很好	较好	较好	很好	较好	一般	较差
授课	很差	很差	很差	很差	很差	很差	很差
游戏	很好	一般	很差	较好	一般	很差	较好
电影	很差	很差	很差	很差	很差	很差	一般
角色扮演	较好	较好	较好	一般	较好	很差	较差
T小组	一般	一般	较好	一般	一般	一般	较好

从这个表格可以看出,不存在包打天下、任何方面都最优的培训方法。可见,选择

哪一种培训方法,一定要先考虑到企业希望这项培训达到什么目标、更侧重哪些方面的效果指标,不应该面面俱到地追求所有方面的培训效果,在此基础上选择合适的培训方法。其中,T小组培训法是为让受训者学会技能,通常把若干名受训者集中到远离工作单位的地方,组织开展提高细心倾听和有效交流能力的相关训练,时间可能持续一周到一个月。

值得注意的是,有的传统培训方法在整体效果上比较差,如授课,在每一方面的效果上都很差。但是,有的形式比较新颖的培训方法,其整体效果也不见得非常好,比如电影,整体效果比授课好不了多少。无论如何,一定要整体性地看待每一种培训方法的优劣得失,尽可能选择几种长处与短处互补的培训方法,这样可以组成具有整体优势的培训方法体系,在最大程度上增强培训效果。

(三) 各种培训方法的适用性比较

正是因为不同的培训方法在效果上有得有失,所以要实现不同的培训目的就必须考虑选择合适的培训方法,即随着培训目的的侧重点不同,培训方法的适用性也会发生很大的改变。下表3-2用1至10分别表示培训方法对培训目的的适用程度,即10表示培训方法最不利于实现培训目的,1表示培训方法最有利于实现培训目的。从这个表同样可以看出,不存在对于任何培训需要都屡试不爽的培训方法。

表3-2 培训方法对培训目的的适用程度

培训方法	学习获得知识	转变工作态度	提高业务技能	提升交往能力	参与者接受性	重温巩固知识
案例研究	7	6	10	6	10	7
研讨会	10	8	7	7	6	9
授课	3	4	4	8	4	8
游戏	6	7	9	3	9	4
电影	5	5	3	5	7	6
角色扮演	9	9	8	1	8	5
T小组	4	10	6	2	5	3

通过分析这个表格,可以看出在学习获得知识方面,研讨会的效果最差,授课的效果最好;在转变工作态度方面,T小组的效果最差,授课的效果最好;在提高业务能力方面,案例研究的效果最差,电影的效果最好;在提升交往能力方面,授课的效果最差,角色扮演的效果最好;在参与者接受性方面,案例研究的效果最差,授课的效果最好;在重温巩固知识方面,研讨会的效果最差,T小组的效果最好。

因此,在选择培训方法时,应综合考虑企业通过培训要达到的目标和满足的需要,在多种需要和要求之间发生冲突的时候,要全面权衡优劣得失,以优先考虑的培训要求为主，选择对最期望的培训要求比较有利的培训方法。

三、培训形式的分类

最常见的培训形式有以下四种：

（一）聘请外部讲师做内训

这是最具普遍性的一种培训形式，大多数开展过培训的企业都曾经运用过这种培训形式。企业会直接聘请一位或若干位培训讲师，或者请培训公司指派培训讲师，然后把需要接受培训的员工集中起来，由培训讲师围绕一个或若干个主题对其进行培训。

聘请外部讲师做内训的优点有：一是封闭性较强。培训讲师和受训员工集中在一个相对封闭的空间内，受外界干扰较少，可以保证较好的培训效果；二是专业性较强。培训讲师一般都具备一定资质，对培训工作具有丰富的专业知识和实践经验，比较了解成人培训的规律和特点，能够有针对性地制定培训计划，在培训过程中也能更注意受训员工的实际情况，更善于调动受训员工的学习兴趣；三是新颖性较强。培训讲师的工作环境比较丰富，经常接触不同企业的生产和服务，平时与其他培训讲师的交流也比较频繁，与长期从事同一行业、同一岗位工作的受训员工相比较，显然培训讲师有可能带给受训员工更多的知识冲击和视野震撼，特别是为受训员工带来全新观念、知识和技能，对企业经营带来新的思维方式和行为路径的变化；四是权威性较强。培训讲师和受训员工之间的距离越遥远，熟悉程度越低，受训员工越会觉得培训讲师的水平越高、讲授的课程价值越大、阐述的观点越权威可信，这样的好处是受训员工更容易接受培训讲师的观点。

聘请外部讲师做内训的缺点有：一是成本较高。如果企业聘请外部讲师，那么培训讲师在培训期间的必要费用都由委托企业承担，包括课酬、培训讲师交通食宿费、受训员工交通食宿费、培训场地租赁费、培训材料费、受训员工的直接工资成本等；二是实用性可能较弱。培训讲师毕竟来自企业外部，对企业的实际情况和员工的真正需求不一定非常了解，因此在培训导向和针对性上会大打折扣，培训讲师在这种情况下往往会多讲一些原则性的指导意见、趋势性的发展规律和其他企业的经验借鉴，如果企业希望培训讲师的讲授内容更接近企业实际，那么培训讲师就要先行开展基层调研，这势必又增加企业成本负担；三是容易导致企业管理不稳定。不可否认，很多培训讲师没有从事企业实际管理的经验，特别是没有担任过企业高级管理人员职务，因此在培训中所传输的内容可能偏重学院派色彩，与企业在实践中的一些变通做法可能存在冲突。当受训员工因此认为自己的合法权益在企业日常管理中受损的时候，他们就会对其管理者产生不满，引发企业经营的新矛盾、新冲突，对企业管理者造成新的工作压力。

（二）指派内部讲师做内训

为节约培训成本和增强培训效果，越来越多的企业转而采用指派内部讲师做内训的

做法，即通过培养企业内部具有一定实践经验的人员成为专职或兼职讲师，定期对员工进行培训。这种做法多适用于针对一线销售人员和辅助销售人员，因为这类人员更需要更实在、更有实战性的指导和训练。

相对于外部讲师，指派内部讲师做内训具有以下优势：一是培训成本较低。内部讲师属于企业内部员工，其薪酬不因是否开展培训工作而出现波动，属于企业薪酬管理可控范围内；二是针对性较强。内部讲师更了解企业内部运作流程和员工实际情况，所设计的培训计划和项目更能贴近企业现实需要，出现隔靴搔痒的不利情况的可能性不大；三是聚焦性较好。内部讲师在资质要求和专业素养上可能比不上外部讲师，但是培训内容与企业对受训员工的考核要求更加一致，不会出现占用大量时间进行理念灌输的情况；四是不易出现观念冲突。内部讲师对培训内容的限制和尺度有更加准确的把握，一般不会在培训中传播与企业管理制度相悖的观念和做法，这对于企业维持管理稳定是非常有利的。

但是，指派内部讲师做内训，也有一些显而易见的缺点。一是知识面较窄。内部讲师的专业知识背景一般比外部讲师好，但是和外部讲师相比，知识面比较狭窄，很难给受训员工带来更多多元化的丰富知识和技能培训。二是专业性较差。内部讲师在业务领域可能比外部讲师强一些，但是在培训技能和讲授方法上由于没有接受过专门训练和资质考核，难免会出现不得培训要领的现象，使得一些业务能力很出众的内部讲师无法将自己的所思所想很好地传输给受训员工。三是权威性似乎较低。"外来的和尚会念经"，大家往往对外来的、比较陌生的、容易按照初始介绍进行认知的外部讲师形成比较权威的印象，但是对比较熟悉的、知根知底的内部讲师却很难形成这样的看法。

（三）派遣员工外出学习

无论是聘请外部讲师还是指派内部讲师对员工进行培训，培训主题和项目内容都是企业制定的，企业管理者对培训内容有很大影响，培训内容与企业需要尽可能要做到一致。但是对于企业层级较高的员工来说，前面这两种培训形式的作用可能较小。对于层级较高的员工来说，企业内部讲师所能提供的知识和观念在层次上很难高于这些员工，因此无法对这些员工起到有效的促进作用。同时，外部讲师对员工开展培训的根本目的是促进受训员工更好地贯彻企业发展愿景和管理实践的要求，但是这些要求在企业中高层员工那里显然不是突出问题。因此，有必要以更宽广的视野、更高远的角度、更宏大的眼光，让企业中高层员工接受更加具有战略性和前瞻性的培训，为企业实现可持续发展夯实更坚实的思想支撑和方法论基础。派遣员工外出学习，主要是企业为员工报名参加高等院校、科研院所或外部培训机构主办的培训班，培训班的课程内容一般是主办机构确定的，企业只能被动接受课程内容而不能要求主办机构改变培训课程。

派遣员工外出学习的优点，一是成本相对较低。受训员工直接到主办机构指定的场所参加培训，培训成本相对于聘请外部讲师要低；二是交流机会较多。来自各行各业参与主办机构开办的培训班的学员，在从事行业和知识经验上各有千秋，容易形成相互吸

项目三 设计和策划培训项目

引的学习交流氛围，学员之间能够形成互相帮助、互相请教的交流圈，彼此还可能获得更多商业机会；三是知识和思想开放力度大。在主办机构开办的培训班上，培训讲师不必在乎行业限制，可以更加无所顾忌地传播有关思想和知识，让受训学员了解和体会更多最新的产业行业发展趋势和经济社会思想潮流，从而对企业未来发展规划有更深刻理解和提出更有效对策。

派遣员工外出学习的缺点，一是企业控制力度减弱。由于主办机构开办培训班在前，企业报名让员工参加在后，因此企业无法对培训内容进行控制，也无法有效预测和准确反馈受训员工参训的具体情况和培训效果，难以计算培训成本与培训收益的比值。二是可能造成企业人员流动。在远离企业控制的培训班上，受训员工与其他企业的员工有更多的接触和交流机会，谁都会更多地了解到其他企业人力资源供应需求和空缺岗位的情况，有更多机会接到其他企业的工作邀请，甚至考虑调离原企业、加盟新企业。

（四）实行企业员工导师制

无论是内部还是外部的培训讲师，一般都只是在理论上、知识上进行讲授，然后要求受训员工按照这些理论和知识对工作进行改进以取得实效。这些培训形式不可避免地会带来一个缺陷，那就是培训讲师所期待的业绩改善未必会出现在企业管理实践中，因为受训员工对上述理论和知识的理解未必与培训讲师的理解一致，并且培训讲师所理解的企业经营实践与受训员工所面对的现实情境也不尽相同。在这种情况下，如果能把培训讲师和受训员工对新理论新知识的理解统一起来，并且让培训讲师与受训员工都面临同样的问题情境，那么培训效果就能有大的提升。这正是许多企业实行员工导师制的一个重要原因，企业员工导师制是一个显著的探索和尝试。

华为实施的"全员导师制"是企业员工导师制的一个典型代表。它不仅有利于减少员工适应新环境、新岗位的时间和难度，还可以密切员工之间的关系，从而增强企业员工凝聚力、提高企业整体战斗力。值得注意的是，华为的"全员导师制"是面向所有员工的全方位的培训制度。不仅新员工拥有导师，而且其他员工都有自己的导师；不仅生产系统的员工有导师，而且其他部门的员工也有自己的导师。华为实施这一制度的基本考虑是，所有员工都需要由导师进行"传帮带"。令人惊奇的是，即使是调整到新岗位的老员工，华为也会为其配备导师，但是这名导师可能比老员工的资历短、薪酬低，但是他的岗位能力肯定强于这名老员工。导师不仅在业务技术上进行指导，而且在思想理念和生活细节上也会提供培训。为鼓励更多员工争当导师，华为不仅建立了导师物质补助和优秀奖励制度，而且在员工晋升门槛上极为强调导师身份的不可或缺性：凡是拟提拔为行政干部的，必须担任过导师；不能继续担任员工导师的，自动失去晋升资格。显然，华为这一制度的意图有三。一是从一开始就充分激励员工，促使员工一入职就积极争取成为导师，从而提高对自己的要求，迅速发挥模范带头作用。二是帮助新员工尽快融入企业大家庭，在思想上与企业发展战略和文化氛围保持一致，在感情上对企业员工集体产生强烈的归属感和认同感。三是提高企业战略执行力水平，以往层级之间

传达贯彻企业战略目标不畅通的现象大大减少，员工对企业的决策部署领会更加到位，企业发展愿景更容易顺利实现。保障导师制实施的重要一点是，如果员工出现了问题，导师要承担相应的责任，并且对导师的考核比对徒弟的考核更加严格。

但是，必须看到企业员工导师制也带有一些明显的缺点：一是可能对新员工产生不利影响。如果担任导师的老员工对企业怀有不满或经验不足，那么不仅对新员工起不到促进带动作用，而且还会把新员工带进歧途。二是若急于求成则会产生反作用。在传统工艺行业，手艺师傅往往要多至 5～10 年才能带出若干位可以独撑场面的成功弟子。实行企业员工导师制当然不能操之过急，否则导师和徒弟面对紧迫的考核任务可能会采取机会主义的做法。

除了上述四种常见培训形式之外，企业还经常使用其他培训形式，诸如日常辅导、绩效面谈、视频学习，等等。

知识链接

人才是发展的根本，培训是发展的基础。一个实现可持续发展的企业，必然拥有素质能力适应市场竞争需求的员工队伍。近年来，辽宁省抚顺石油二厂作为一个老牌国有企业，毅然决然地走出一条企业员工培训创新之路，在取得实效的同时也为探索国有企业争创人才队伍建设新优势积累了若干宝贵经验。

一是培训重心下移，建立现场技能培训小课堂。该企业认为，经常组织大规模培训不切合企业生产管理实际，员工也较反感，因此企业在开展常规性员工培训的基础上，直接把教学场所设置在生产一线岗位上，变脱产全员培训大课堂为现场技能培训小课堂，把岗位技能培训与生产过程紧密结合起来，依托现实设备讲解操作办法，促使员工在学中练、练中干、干中学，有助于直观掌握、互相印证和共同切磋。

二是完善互助体系，健全梯度培训制度机制。该企业首创性地探索采用"1+N"梯度培训方式，充分利用企业 10 名生产一线领军人才的业务技术经验优势，让这些领军人才以一带多，一个人带企业领一个学习小组。每个车间与学习小组组长签培训工作责任书，明确学习小组的培训目标和相应责任，将学习小组的学习成果与领军人才的绩效考核结果紧密挂钩。

三是发挥本土优势，充实扩大兼职讲师库。该企业作为具备传统技术优势和拥有人才储备的优秀国企，该企业遴选企业内一批具备较丰富实践经验、掌握先进生产技术的专业技术人员，包括车间主任、班组长和基层操作人员，让这些本土培养的优秀员工把自己的切身体会和实践经验与其他人一起分享。完善兼职讲师基本信息的完整采集和动态更新，在此基础上建立科学的培训计划和教学资料数据库，扩大兼职讲师库的影响力和实际效益。

项目三 设计和策划培训项目

任务3　设计培训课程

▶▶ 即时案例

虽然市场上培训机构层出不穷，培训课程汗牛充栋，但是符合企业实际需求、能够针对企业所面临问题量身定做的培训课程依然很稀缺，优秀的培训讲师资源数量也与市场竞争态势的增长速度不成正比，因此越来越多的企业加大培养本土培训讲师的力度，充分归纳总结并推广应用企业本身行之有效的经验，将培训讲师的素质能力显性化，形成能够在企业内部传承运用的培训课程。从目前来看，企业内部培训讲师在开发课程过程中，经常会出现以下问题：

一是讲师具备丰富的知识经验，但是不知道怎样着手编写教材；

二是课程内容组织混乱，没有清晰主线，讲解逻辑不顺畅；

三是不注重提炼典型观点，转而用大量案例代替观点阐述；

四是对授课手法缺乏科学合理的安排和设计，满堂灌现象突出；

五是没有准确聚焦受训员工对象，授课内容中心不突出，详略不得当。

究其原因，企业内部培训讲师对培训课程设计的原理掌握还不到位，在设计技巧的运用上还不够灵活自如，还无法随心所欲地将自己的经验体会转化为可感知的培训课程及其教材。

那么，应当如何设计培训课程呢？

▶▶ 即时任务

设计培训课程要遵循哪些基本步骤？针对不同岗位序列和管理层次，在设计培训课程时要注意哪些问题？

一、设计培训课程的步骤

解决了培训目标、培训方法和培训形式的问题，培训课程就成为企业管理者必须重点考虑的首要问题。上一章已经讲到，在开展培训之前必须认真调查企业员工的培训需求，并对这些需求进行分析研究。但是，对培训需求的调查研究，只是回答了这些问题：员工希望在哪些方面接受培训，例如加强交往技能训练，更新本岗位专业知识结构，提高维持家庭和谐的能力，等等。但是，从获知员工的培训需求，到涉及具体的培训课程，还有一系列步骤要完成。

一是调研员工的培训需求。必须明确几个问题：员工从事什么岗位的工作？他们希望解决什么问题？他们对培训课程有什么要求？他们更关注操作方法还是理论启迪，文化感悟还是技能训练？要获取这些信息，可以举行小型座谈会，也可以大范围的问卷调查形式展开。

二是明确培训方向和原则。通过分析员工的培训需求，就可以确定员工关注的重点，区别培训的轻重缓急，明确培训课程开发的方向，例如哪些内容要重点讲解，哪些内容可以一笔带过。按照这些方向和原则来设计培训课程，培训就可以起到事半功倍的效果。

三是确定培训目的和主题。培训目的主要体现在是侧重理论学习还是实践训练，如果是让员工了解业务流程优化有关知识，那么理论学习就要多一些；如果是要提高员工的业务技能，那么就要多加强案例研究、现场模拟方面的课程内容。另外，培训主题要相对集中，不能胡子眉毛一把抓。

四是构建培训课程框架。起草培训课程的提纲，形成培训课程的框架，然后按照这个框架，把每个部分、每个小节的要点一一列出来，逐级逐层组成培训课程的目录体系。例如，客户开发课程可以依流程顺序设计以下框架：信息收集——客户联系——客户沟通——协商谈判——签约履约——反馈控制，在"客户联系"这个环节之下，可以细分为：预约客户——必要开场白——介绍产品和服务——收集客户反映——回复客户意见。

五是充实培训课程内容。一般来说，培训课程的内容是培训讲师自己的经验总结，加上案例分析、企业故事、辅助类游戏等。不能要求培训课程内容面面俱到，但是务必重点突出。为清楚无误地讲解内容，还要辅以必要的表格、流程、图形、模型等简便工具，让受训员工系统化地进行学习和领会。如设计销售技巧训练课程，就要将销售流程、开发目标顾客、与客户建立联系、介绍产品和服务、分类处理客户关系、解决客户的疑问和不满等内容，让销售人员对销售技巧了然于胸。

六是形成培训课程教材。正式的培训课程教材包括分序言、主体部分和总结。序言就是开场，目的在于充分调动起受训员工的学习兴趣和参与热情，同时简单概括培训课程的设计目的和培训要求。总结部分则对整个课程的内容进行总结，帮助学员更全面地回顾和复习培训课程。主体部分一是要把有关知识分门别类、系统化、成体系地介绍清楚，二是要有助于受训员工在学习后转化为改进工作的能力。因此，在充实课程内容后，还必须对内容进行修改润色，让课程内容更加精彩生动。比较常见的修改润色方法包括：增加新素材、故事案例，创新讲课形式，美化标题，不断更新课程内容，等等。一旦形成培训课程教材，还要同时准备四种不同版本的教材，即提纲式、教案式、胶片式（供投影使用）和文本式。

二、基于岗位序列的培训课程体系

当前，在培训市场上培训课程及其教材数不胜数，这为企业开展培训提供了非常丰富的借鉴参考。有的企业为了省事省力，直接购买和搬用知名培训机构和知名企业的培训课程及其教材，认为这样做能够帮助本企业快速跟上业界先进趋势。借鉴和参考知名机构和企业的培训课程，固然可以迅速地了解和学习他们的卓越理念和实践，但是千万不要忘记了这些机构和企业所开发和建立的培训课程乃是基于其成熟的管理制度和运行机制，相关培训课程能够发挥积极的促进作用，前提是企业已经形成了行之有效并与培训课程相衔接的管理流程和企业文化。例如，对一个刚起步的企业进行目标管理课程的培训，显然是没有必要的。因此，企业开展培训，设计培训课程，关键不在于是否找到了优秀的标杆和有名的典范，而在于从这些榜样中所提炼出来的经验如何与本企业的实际结合起来。具体做法是建立企业自己的培训课程目录体系和提纲结构，把外部的培训课程和教材优秀的部分予以吸纳，在充分借鉴外来的先进理念和知识的基础上，准确加入本行业、本企业、本部门的鲜活案例进行解释说明，实现新理念新知识与真案例活故事无缝对接和互为补充，这样的培训课程才能做到既有前瞻性、引领性和先导性，又有现实性、可信度和激励性，这样的培训课程才能发挥最大的效用。

当然，应当看到，无论什么样的企业，在一些基本的工作岗位上，可以有一些常用模块。企业在设计和开发培训课程时可以以此为基本框架进行缩减、扩充和完善。例如：

人力资源类岗位的培训课程包括：培训管理、招聘面试、薪酬管理、职业生涯开发与管理、员工关系管理、绩效考核、目标管理、工作绩效量化考核技术、绩效管理实用工具与方法、人才供应链建设、高效会议管理技巧、培训计划制定与有效执行，等等。

市场营销类岗位的培训课程包括：差异营销、网络营销、客户忠诚度计划、品牌营销、谈判策略、大客户营销、区域市场开发与管理、竞争优势与企业的可持续发展、低成本营销、经销商管理、客户服务技巧、深度营销、营销渠道开发、品牌策划、市场调研，等等。

财务管理岗位的培训课程包括：商业账款管理、催收技巧、全面预算管理、赊销与风险控制、降低营销纳税成本、成本控制、财务风险管理、内部审计、非财务经理的财务管理、总经理财务管理、成本倍减、资本运营，等等。

生产管理岗位的培训课程包括：零缺陷管理、6S管理实务、全面品质管理、生产一线主管质量管理、生产效率改善、工厂成本控制、精益生产管理、六西格玛管理、现场突发事件处理、生产计划管理、物料控制、班组建设、质量管理、现场管理，等等。

采购物流岗位的培训课程包括：高效物料配送、现代仓储管理、采购谈判技巧、采购成本控制、采购外包、采购财务技能、企业采购模式、采购运营管理、物流计划与控制、战略采购、内部物流管理、敏捷供应链、供应商评估与开发、供应链管理，等等。

客户服务岗位的培训课程包括：专业谈判技巧、客户维护与客户档案管理、商务礼仪与个人形象、客户服务体系管理、电话服务方法和技巧、客户沟通技能、金牌客户管理、营业厅服务提升、优质客户服务改善、投诉处理技巧、客户关系管理，等等。

三、基于管理层级的培训课程模块

基于管理层级的培训课程设计，不仅可以基于横向的岗位序列对培训课程进行并列式的模块分析，而且可以通过纵向的管理层级角度对培训课程进行递进式的体系分析。既可以按照岗位序列对培训课程进行归类，也可以按照管理层级对培训课程进行讨论。

一般来说，企业员工可以分成高层、中层和基层三个级别。无论哪一个层级的企业员工，都必须学习一些共同的课程，例如上岗培训、管理制度、企业文化，等等。除了这些共同的培训课程外，三个不同层级的员工各有一些本层级对应的培训课程，无论哪一个岗位序列的员工培训时都必须予以重视。

（一）基层员工培训课程模块

基层员工的培训课程，在形式上不应过分拘谨，特别是不能受限于课堂教学。应当多安排基层员工到生产一线、销售、客服等现场，通过组织他们在这些地方亲眼目睹和切身感受某位经验老到的优秀工人或驾轻就熟的老推销员在现场挥洒汗水、施展才干，迅速地提高基层员工的实战技能和一线经验，同时有助于向基层员工强调实战的重要性，鼓励基层员工提升学习和工作效率。基于这一认识，基层员工培训课程的重点是提升业务技能，同时辅以知识导入。

因此，基层员工培训课程模块可以包括岗位技能巩固和提升、公司基本规章制度学习、办公自动化、办公纪律和商务礼仪、法律法规常识、消防及安全防护知识、办公自动化流程再造、其他临时培训安排，等等。更具体一些，例如岗位技能巩固和提升可以细化为办公Office软件使用、客服术语、店铺陈列、机床操作，等等。

（二）中层员工培训课程模块

中层干部从基层员工而来，能提拔为中层干部的，说明其最起码在业务技能上表现突出。但是基层员工业务技能高超的，不一定能晋升为中级干部，只有那些具备管理者潜力并属于业务技能高超的佼佼者的基层员工，才有更多机会成长为中层干部。尽管如此，具有管理者潜力也不等于已经具备成熟出色的管理技能，因此必须在培训中对中层员工加强这方面的课程训练。只有这样，中层干部才能完成从业务专家向管理能手的顺利转变。因此，中层员工的培训课程应以管理技能培养为重点，以提升领导力为辅。

中层员工培训课程模块可以包括：目标管理、流程管理、会议管理、团队管理技巧、激励理论与技巧训练、领导力理论与方法运用、绩效管理、心理学知识、公共关系学知识、计划管理、时间管理、执行力提升、职业经理人培训、人力资源管理培训、管理思维拓展创新、团队建设，等等。

(三) 高层员工培训课程模块

高层员工的主要任务是对公司发展进行战略规划和发展引导，对其领导力的要求比对中层员工的要求高得多，因此高层员工培训课程的重点是战略思维培养和运用，以及企业领导力训练和提升。高层员工必须站在战略和全局的高度，对企业的未来发展进行布局规划，对企业重大问题和重大事项做出正确而及时的决策。虽然高层员工不再需要做具体的操作性事务，但是他们必须要从更高的事业视野和更广阔的企业战略角度，对国内外政治、经济、技术、文化和社会的大势进行归纳总结，对行业、市场的潮流变化和发展趋势进行预测和评估，综合分析企业所面临机遇、挑战及其具有的优势和劣势，对企业的发展道路和创新方向进行规划和安排，迅速而有效地推动企业集中资源投放在最有希望的发展领域上。这就是企业发展对高层员工参与培训的最根本要求。

高层员工培训课程模块可以包括：国内外形势分析、经济政策环境、企业战略规划理论与实践、行业发展趋势分析、企业管控、企业领军人物塑造、高管团队关系处理技巧、总裁领导力研究、优秀企业管理模式分析、资产运营管理和重组、市场分析和应对、领导艺术潜力开发、企业经营理念及其实践、企业股份制经营和上市运行，等等。

知识链接

金字塔原理对于设计培训课程具有很好的启示意义。金字塔原理有三个原则：

原则一：结构中任何一个层次的思想都必须是下一个层次思想的概括。

原则二：每一组中的思想都必须属于同一范畴。

原则三：每一组中的思想都必须按照逻辑顺序进行组织。

例如，如果第一层次的意思是"采购老婆交代的食品"，第二层次的意思分别是蛋奶食品、水果和蔬菜，第三层次的意思分别是牛奶、鸡蛋、黄油、酸奶；橙子、苹果、香蕉；土豆、胡萝卜。那么可以看到，第一层次的意思涵盖了第二层次的意思，第三层次的意思被第二层次完全涵盖；第二层次和第三层次的数个范畴之间构成平行关系，并且属于同一类别。

金字塔原理的第三条原则，适用的逻辑顺序包括演绎顺序、时间顺序、重要性顺序和结构顺序。在培训课程设计中，要素型、流程型、WWH型（Why - What - How型）是最常见的三种内容结构，其中要素型采用结构顺序或重要性顺序，流程型对应时间顺序，WWH型与演绎顺序匹配。不过应当看到，上述四种逻辑顺序和三种内容结构不是非此即彼的，它们会在课程设计中互相包容、交叉运用。需要解释的是，WWH型的三个部分分别是Why，即解决员工学习动机和参训态度的问题；What，即解决员工知识储备和知h识需求的问题；How，即解决员工实际操作技能和业务能力的问题。

在培训市场上，要素型的代表性课程包括"七个习惯"和"服务人员的五项修炼"，流程型的典型课程诸如"六西格玛管理"和"MOT关键时刻"，WWH型课程中较经典的有"打造优质的客户服务"等。它们的共同优点至少有两个，一个是内容很专业、针对性很强，另一个事课程设计结构思路清晰。

任务4　编制培训经费预算

▶▶ 即时案例

A公司是一家大型企业，主要从事高端装备制造业，并实现了生产、研发、销售一条龙经营体系。A公司成立于2003年，十年后员工数量达到5000人。2013年底，A公司为了合理分配2014年培训费用，对所有部门作了部门价值综合评估。为避免部门利益影响部门价值评估结果，公司确定了四方面的评估标准，即由高管团队、人力资源部、利润中心分别对部门进行评估和公司从年度绩效对部门进行评估，然后以相等权重把评分相加，就是各部门的评估价值。接着，按照各部门的评估价值的比例，分配企业的培训费用。至于每一个需要培训的岗位，则从三方面进行岗位价值评估，即由人力资源部、业务部门、协作部门进行评估，其得分权重各为30%、30%和40%。通过岗位评估价值得分加权计算，就得到该岗位评估价值最终得分。同样，根据部门内各岗位的评估价值的比例，将部门培训费用分配到各岗位上去。

这种做法，好处是能够将企业培训资源集中到对企业贡献最大的部门和岗位上去，符合二八原则。但是，坏处是分配到较少培训费用的部门和岗位容易出现士气低落的现象，甚至引发马太效应，企业出现明显短板，导致企业无法满足木桶原理的要求。

即时任务

如何编制企业培训预算？怎么选择合适的预算方法？

一般来说，编制培训经费预算要经过四个步骤，分别是确定核算基数、选择预算方法、审核培训预算、撰写预算报告。

一、计算企业培训经费预算的核算基数

为统一企业培训经费预算基数的核算办法，可将企业过去一年的销售收入、利润额

或工资总额作为核算基数。如果以销售收入为核算基数，那么企业培训经费预算占销售额的比例一般为5%。如果以利润额为核算基数，那么企业培训经费预算一般是利润额的1%。如果以企业员工工资总额为核算基数，那么企业培训经费一般是工资总额的15%。

但是，在确定企业培训经费预算的核算基数时，还要考虑到企业处于哪一个发展阶段，例如初创阶段、成长阶段、成熟阶段、衰落阶段，在不同阶段，企业培训经费预算基数也应该有不同的变化。

同时，对企业培训经费预算进行基数核算时，不仅要考虑到年度预算，还要考虑到阶段性培训预算。因此，除了按照上述核算基数编制年度培训经费预算外，还要计算每个阶段的培训预算。对于公司开展项目所需要的临时性培训，要按照项目利润确定其培训经费预算基数，并根据项目的实施情况，分阶段设计预算方案。而对于那些政府和行业指定实施的培训活动，企业可以按照员工投入与企业投入各自所占比例进行预算编制。例如，在职称培训上企业投入与员工投入的比例一般是3∶2，在资格培训上企业投入与员工投入的比例一般是9∶1。计算企业培训经费预算的核算基数的基本过程如图3-1所示：

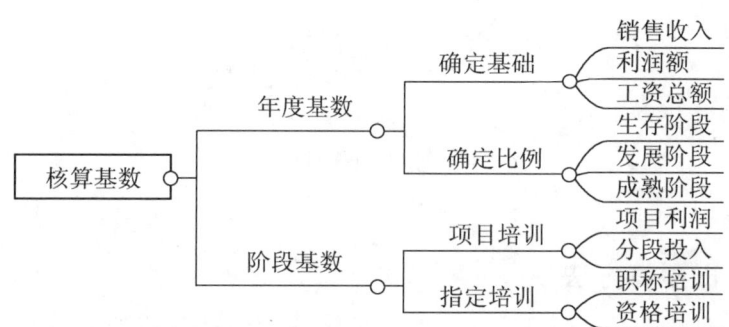

图3-1　计算企业培训经费预算的核算基数的基本过程

在此基础上，企业要区分外部培训和内部培训，做好成本分割和具体的费用分配。

对于外部培训预算，要考虑到核心培训、重点培训和一般培训所需费用的比例组合，对每一个培训项目还要衡量其在培训师、教材场地、损耗工时、信息交流和奖惩等方面的费用分配。例如，核心培训、重点培训、一般培训分别占50%、30%、20%就是比较合理的比例搭配。

对于内部培训预算，则还要区分企业自己做培训与聘请讲师做培训两种情况。前一种情况，需要预算企业员工的工资数额以及设备、材料的损耗费用。后一种情况，还需要考虑培训师的费用问题。

下面的图3-2清晰地呈现了分类预算的基本流程。

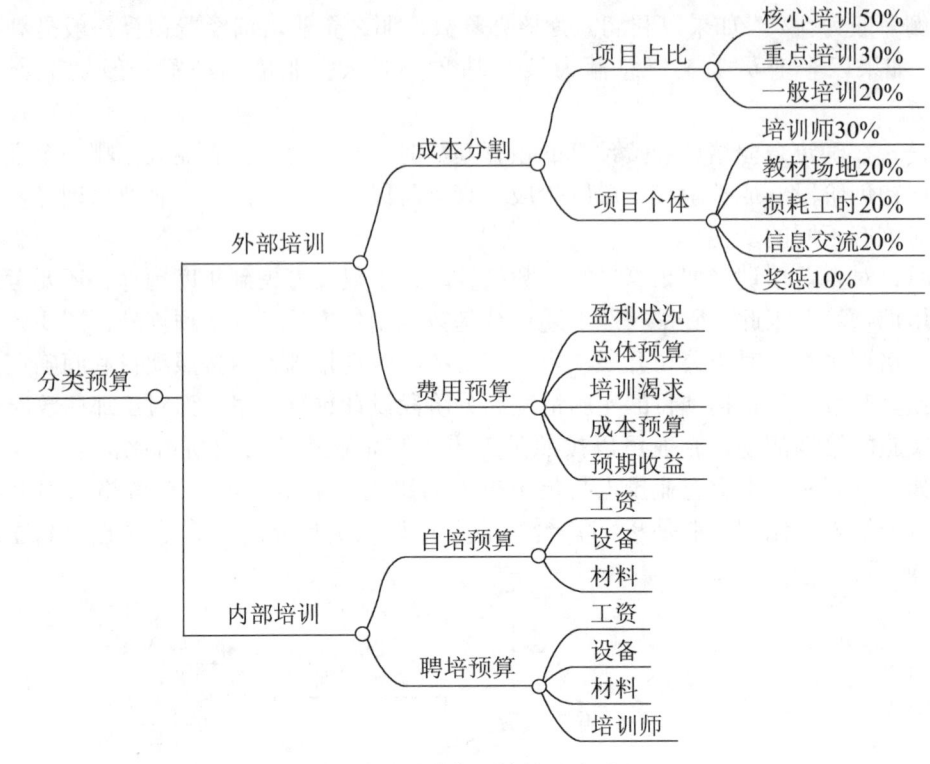

图 3-2 分类预算的基本过程

二、选择预算方法

确定企业培训经费预算核算基数之后，需要选择合适的预算编制方法。比较常用的是承袭预算法和零基础预算法。

（一）承袭预算法

承袭预算法，顾名思义，就是建立在往年预算培训经费数据基础上的预算编制方法，具体来说就是承袭上一年度的培训经费标准，再加上一定的变动比例，算出本年度的企业培训经费预算。这种预算编制方法比较简便，核算成本也低，很多企业采用这种方法。承袭预算法的基本思路是：上一年度企业的培训经费及其各个培训项目是必要的，在本年度也很有延续的必要，因此只需要从项目、人工成本等方面做一些微调，就能满足本年度企业培训的需要。

承袭预算法的基本步骤是：第一，根据企业往年的培训经费支出数据作为本年度培训预算的总体依据；第二，计算得出历年数据的平均数，将其作为本年度培训经费预算

的核算基数;第三,结合本年度的培训项目增减情况对培训经费预算进行相应调整。

承袭预算法的优点就是简便并且容易操作,耗费企业成本较低,但是这种方法的缺点也很明显。一是起草预算的负责人容易养成懈怠、应付的敷衍想法,往往不关注本年度的新情况新变化,直接以上一年度的培训经费支出为基础,增加一笔新的培训支出,形成新的预算计划。而企业高层很难拿出过硬的反对理由,特别是要对上一年度的培训支出计划进行质疑和批评显得非常困难,于是要么全盘批准,要么随便砍一刀、搞平衡,结果效果不佳。二是这种编制方法基本上不需要对新一年度的培训需求和员工能力进行调查和分析,因此制定出来的预算计划是否与员工及企业的真正需要密切对应,存在很大疑问。

(二) 零基础预算法

零基础预算法与承袭预算法在逻辑假设上完全不同。前者的预设是,每个预算年度开始的时候,组织的管理活动都应当从零开始,根据组织现状和组织目标,重新评估各项管理活动对企业的作用及其优先次序,依次重新安排各项培训项目及其经费分配比例。

零基础预算法的基本思路是:第一,重新回顾和分析企业目标及各级 KPI,评估企业及员工的意识、知识和能力与企业目标的差距及其原因。第二,衡量和比较各项培训项目的预期收益及其对组织目标的必要性程度。第三,排列可选培训项目的重要性顺序,计算各培训项目的经费成本并进行取舍和组合。

具体而言,运用零基础预算法分为三步。第一步,根据公司计划目标,评估发展目标对员工数量、员工业务能力、新技术设备等方面的要求,从而制定必要的培训项目,并从头开始逐项进行预算。第二步,审核各个培训项目的必要性,即评估这些培训项目与实现企业发展目标的相关性程度,是否能够促进员工发展,以及是否存在更高效、更适用的培训项目。第三步,明确各个培训项目的重要性排列和优先顺序,确定培训总预算和具体分配比例。例如,企业当前发展目标是转型升级发展,那么在培训预算上首先要偏重创新创业培训,其次是发展理念培训,再次是业务技能培训。

相比承袭预算法,零基础预算法对企业选择培训项目及控制培训成本更具有科学性和针对性,有利于提高企业编制培训经费预算的决策和执行水平,避免无谓的培训支出,更有利于将组织长远目标与培训项目紧密结合起来。但是,由于零基础预算法的科学性和针对性建立在耗费大量的时间、人力和物力的基础上,因此编制预算的成本很高,而且对于企业来说,每一年重新安排培训项目的优先次序,总是会存在一定的主观偏颇。

因此,究竟选择哪种编制方法制定培训经费预算,要根据企业的实际情况予以确定。一般来说,承袭预算更适用于寻求稳定发展的企业,它是一种更简单、更利于操作的预算方法。而零基础预算法则更适用于追求成长绩效的企业,是企业动态制定培训经费预算的常用做法。图 3-3 可以清晰地反映出这两种预算方法的区别。

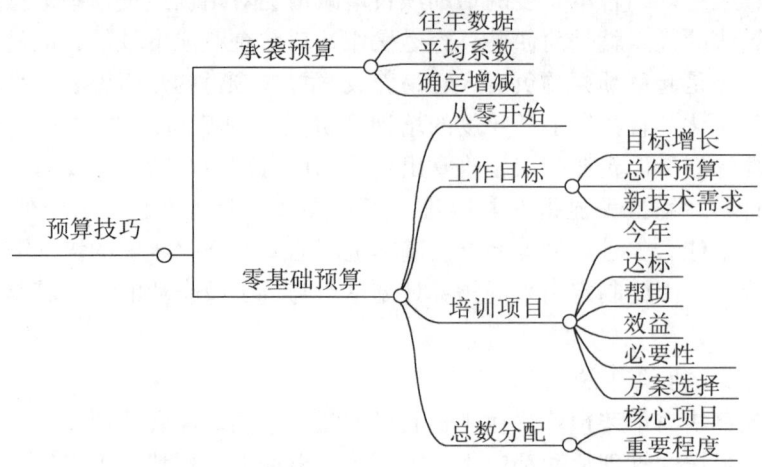

图 3-3 承袭预算与零基础预算的区别

三、审核培训预算

选择合适的预算方法、确定企业培训经费预算后,还要对培训预算进行审核,再次评估培训项目的必要性与可行性,并作出适当调整。

在培训预算审核过程中,需要讨论的问题分为两个方面,一个是培训项目的依据,另一个是培训项目的成本。其中,关于培训项目的依据的讨论,涉及的问题包括培训项目的必要性、可用性和操作性;关于培训项目的成本的讨论,涉及的问题包括培训项目的合理性、节约方法和核心费用。总之,对培训预算的审核主要是评估每个培训项目的必要性,是否对企业实现计划目标有实际作用;培训项目是目前企业需要的,还是可有可无的;企业是否有条件开展和完成这些培训项目,等等。虽然审核预算程序与制定预算程序基本相同,但是审核预算的部门与人员和制定预算的部门与人员的利益立场不一样,因此审核结果一般不会与制定的预算完全相同,审核预算之后,可能会增加或减少培训项目,提高或降低培训预算。

四、撰写预算报告

编制培训预算的最后一项工作是撰写预算报告。为便于对照和操作,要以报表形式预算数据。对报表内容的要求至少有三点,一是所有费用支出的类别必须非常明晰,二是培训项目的所有阶段都要非常明晰,三是关于培训项目的数据分析和解释说明要非常准确。

在报告中,也要有能够体现培训效果预估的内容。一是要分析投入预算和产出效率

的比例；二是要明确投入培训预算后组织的培训项目，员工接受掌握和提高的程度可能会是什么样的。通过这两项评估，我们也可以反思现在的培训项目计划是否合理，在预算上是否可以削减不必要的项目，是否应该加入一些项目使培训更有吸引力、更能发挥效用。

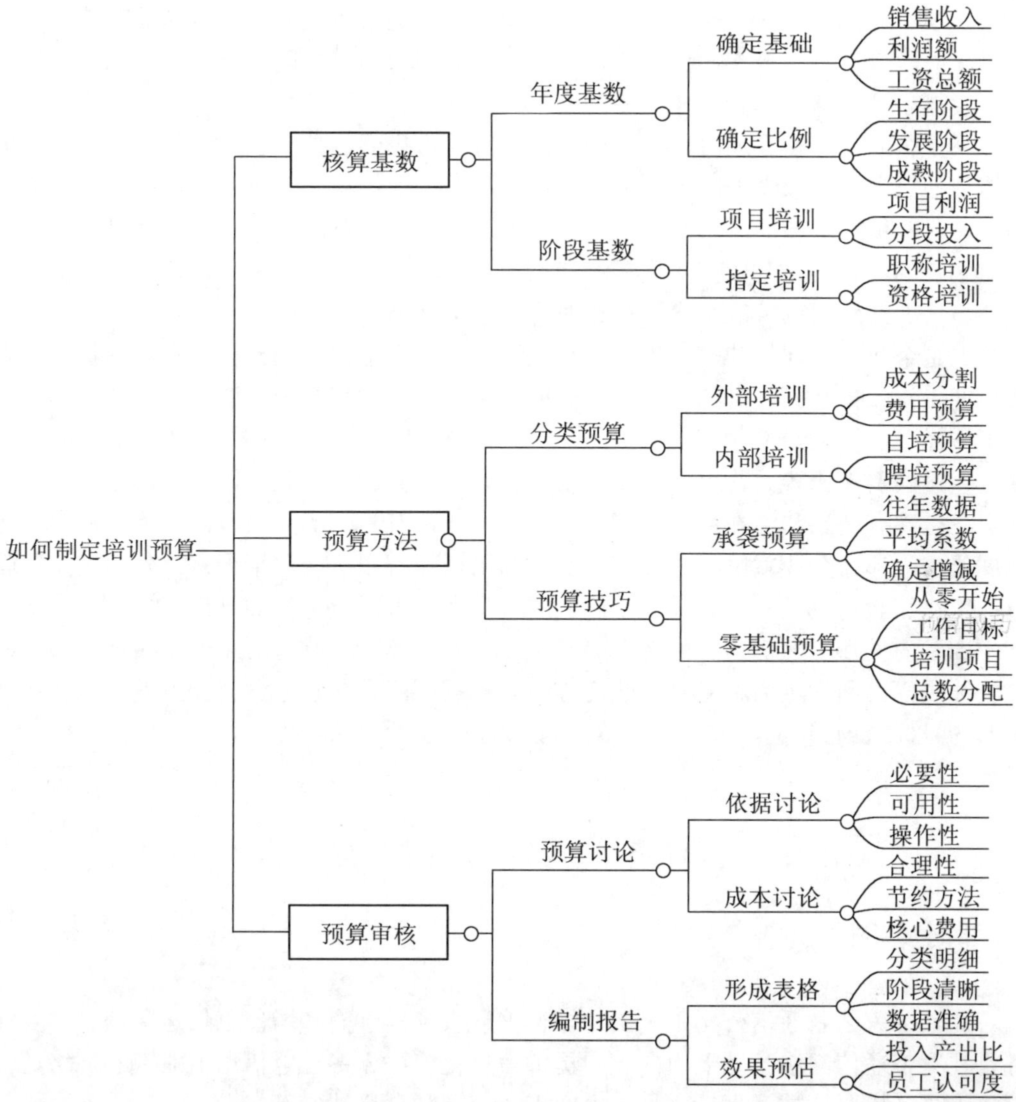

图3-4　如何制定培训预算

知识链接

许多企业在选择培训项目和制定培训预算的时候，往往会咨询人力资源服务机构：这个培训项目的市场占有率如何？现在采用这个培训项目的都有哪些知名企业？有哪些培训团队可供选择？从这些问题可以看出，这些企业在考虑培训项目时首先考虑的是项目的流行程度，而不是项目与企业实际情况是否契合，能否有效改善企业经营状况，项目投入与最终产出相比是否值得。在制定预算之前，要充分考虑到各种影响因素。

一是企业性质和发展阶段。一般来说，劳动密集型、技术含量较低的企业，对员工培训的需求相对较少，因此培训经费预算就低一些；知识密集型、注重集约式增长的企业，对员工培训的需求快速增加，导致培训经费预算所占比重较大。另外，处于快速成长期的企业，需要投入更多经费用于员工培训；当企业进入运行成熟、稳步发展期，培训经费预算可能会维持在相对稳定的水平上。

二是企业发展计划和年度工作。在现实中，企业培训费用预算与企业中长期规划和短期工作安排有关。例如，一个企业以五年为一个周期制定发展规划，那么第一年的工作经费中培训经费预算的占比肯定会相对较大。例如，如果今年的建设项目较多，建设经费占比较大，可能会压缩培训预算，也会影响培训费用的安排。

三是现有员工和潜在员工的素质。如果企业现有员工的素质较高，能够适应企业发展要求，那么企业就没有必要花费更多的培训经费用于员工培训。此外，企业招聘具有工作经验的员工，比起录用刚毕业的大学生，可以减少培训支出。

四是内外环境的变化。经济形势和宏观政策的变化、劳动法律制度的修改调整、税收征收幅度和优惠措施的修订改变等因素，都可能会导致企业转变发展战略、产业方向、目标市场和竞争策略，从而对企业及其员工的要求产生直接甚至巨大的影响。

任务5　编写培训方案

即时案例

北京一家著名通信公司是全国性综合信息服务提供商和增值电信运营商，主要业务是在宽带通信网络基础上面向客户提供信息化解决方案、电信增值业务和网络通信服务，具备雄厚的技术力量，是一家知识密集型的高科技创新企业。

目前，企业已经建立起整体培训体系，但是还存在以下突出问题：培训体系不够系统，内部培训流程不规范、课程较零散、师资力量不齐全；培训项目缺乏针对性，没有切实应对员工能力不足的具体问题；培训效果的反馈控制力度不足，对培训效果

项目三
设计和策划培训项目

的数据收集和整理不到位,无法判断培训是否实现预期目的。

针对上述问题,企业经咨询知名人力资源管理咨询公司,确定该公司的培训方案为实施分类培训模式。即根据不同员工群体的岗位性质和人员要求,一是结合企业的核心竞争力导向和发展战略方向,明确企业的核心人才,针对这些核心人才采取适合的培训策略;二是针对中层及以上管理人员,从职业素养、职业技能、职业行为等方面进行培训;三是针对全体员工,特别是新员工,加强标准化业务流程建设培训,重点是厘清岗位职责要求和操作规范,明确工作规则。

为保障分类培训模式顺利实施,企业还建立了四个培训模块,包括课件模块、师资模块、责任模块和制度模块。其中,课件模块和师资模块是为改善培训缺乏系统性的问题而建立的,责任模块和制度模块则是为解决培训效果不明显的问题而建立的。简言之,课件模块是根据不同员工的不同培训需求,建立完善不同的课件学习内容体系;师资模块是根据培训对象的具体特点,选择不同的培训资源,健全分层分类的培训讲师库;责任模块是对培训责任予以明确,合理授权,将培训工作进行有效分工,将责任落实到人;制度模块是结合奖惩制度,既激励又约束员工,将培训体系与人力资源管理工作有效衔接起来。

即时任务

如何编写企业员工培训方案?

一、培训方案的基本内容

培训方案的基本内容包括三个部分,分别是培训需求分析、组成要素分析、培训方案的评估及完善计划。

其中,培训需求分析在上面的章节已经讲过,这里不再赘述。组成要素分析指的是对培训目标的确定、培训内容的阐释(知识、技能还是素质培训)、培训具体组织者、受训员工范围、培训日期、培训方法、培训场地、培训设备和材料等问题进行必要说明和解释。

二、编写培训方案的主要步骤

(一)分析培训需求

分析培训需求主要从企业、工作、个人三方面开展。首先,确定企业范围内的培训需求,确保培训计划与企业的发展目标保持一致,能够有利于企业战略愿景的实现。其

107

次，要认真进行工作分析，从员工提高工作绩效的角度出发，研究员工必须具备的素质、必须获取的知识和必须掌握的技能。再次，要联系员工的当前水平与未来发展对员工素质的要求进行一一对照，科学确定两者之间的差距，客观分析差距产生的原因，并制定培训计划予以应对。

（二）分析各项组成要素

一是确定培训目标。培训目标一旦确定，就给培训计划定下明确的基调，使整个培训计划的方向都非常清晰。如果没有培训目标，就不能确定培训对象、培训内容、培训时间、培训方法等更具体的安排。在培训目标确定之后，还要进一步细化，越具体越具有可操作性的培训目标，才越有利于实现总体培训目标，也越有助于对培训效果进行评估和反馈。

二是选择培训内容。具体而言，就是确定知识培训、素质培训和技能培训在培训活动中的分配比例。知识培训的目的是促进员工获取新的知识和养成新的理念，理解新的概念和思想，增强适应新环境新情况的能力。技能培训针对招收新员工、使用新设备、运用新技术的迫切需要，目的是迅速提高企业生产力，为企业可持续发展夯实技能人才资源体系基础。素质培训在层次上超越知识培训和技能培训，虽然不直接与企业员工的知识水平和技能储备挂钩，但是如果员工具备较高的综合素质，那么员工学习新知识新技能将事半功倍，也会对员工有效、主动地进行学习起到巨大的推动作用。到底以哪种培训内容为重点，要根据受训员工的具体情况来确定。一般地，高、中层员工侧重知识培训和素质培训，基层员工的培训重点是知识培训和技能培训。

三是确定培训指导者。培训指导者可以来自企业内部也可以来自企业外部。内部的培训指导者包括企业领导、做出突出贡献的员工、具备特殊知识或技能的员工，外部的培训指导者包括专业培训人员、专家学者等。要注意，无论是来自内部还是外部的培训指导者，都有优点和缺点，应根据培训具体需求和培训实际内容来确定。

四是确定受训员工即培训对象。确定受训员工的依据是培训需求和培训内容。如果是岗前培训，那么其内容一般是介绍企业规章制度、企业文化、岗位职责等，使员工迅速适应环境，因此其受训员工是新员工。如果是在岗培训和脱产培训，那么其受训员工一般是即将转换工作岗位的员工或难以适应现任岗位的员工。

五是确定培训时间。培训不是常年开展的，也不是随时都可以开展的。要把握下列几个时间节点，诸如新员工加入企业、员工将晋升到新岗位、员工进行岗位轮换、内外部环境变化对员工提出新要求等。

六是确定培训地点和培训设备。培训地点可以在专门教室、企业会议室、工作一线等场所中进行选择。例如，如果是技能培训，那么培训地点最好是在工作一线，包括生产车间、门市实体店、实验室等。而培训设备则要考虑到具体情况，因为有一些培训设备是难以移动的，对一些培训设备的选择要与培训场所结合起来。例如，假如培训设备只有教材，那么对培训场所的要求不高；但是，如果培训设备还包括大型模具和固定的幻灯设施,那么在培训场所的选择上就要迁就对培训设备的要求。

(三) 制定培训方案的评估和完善计划

制定培训方案的评估和完善计划,目的是对培训方案的设计进行不断测评和修改,提高培训方案的编写质量和执行力。为做到这一点,要从三个方面制定培训方案的评估和完善计划:

一是从培训方案本身进行考察,评价方案各项组成要素是否科学合理,各要素之间是否一致。

二是从受训员工的角度予以考察,评价受训员工是否对培训课程感到满意,参与培训的效果是否达到培训目标,培训的内容是否被受训员工接受,受训员工的行为和绩效是否在培训前后出现预期的转变。

三是从培训取得的效果进行考察,包括分析和计算培训的投入收益比。

培训方案的评估,不能止于找到差距,还要进一步分析原因,并设计更优越的培训方案。

为更好地制定培训方案的评估和完善计划,必须对培训效果进行测定和反馈。通过测定与反馈培训效果,既可以了解培训产生的效益,又可以为未来的培训打好基础,以利于进一步开发人力资源。对培训效果开展测定,可从四个层次来操作:

一是反应层次。这是培训效果测定的最低层次。主要利用问卷来进行测定,可以提问以下问题:受训者是否喜欢这次培训?是否认为培训师很出色?是否认为这次培训对自己很有帮助?哪些地方可以进一步改进?

二是学习层次。这是培训效果测定的第二层次,可以运用书面测试、操作测试、等级情景模拟等方法来测定。主要测定受训者与受训前相比,受训后是否掌握了较多的知识、较多的技能,是否改变了态度。

三是行为层次。这是培训效果测定的第三层次,可以通过上级、下级、同事、客户等相关人员对受训者的业绩进行评估来测定,主要测定受训者在受训后行为是否改善,是否运用培训中的知识、技能,是否在交往中态度更正确等。

四是结果层次。这是培训效果测定的最高层次,可以通过事故率、产品合格率、产量、销售量、成本、技术、利润、离职率、迟到率等指标来测定,主要测定内容是个体、群体、组织在受训后是否改善,这是最重要的一种测定层次。

在对培训效果进行评估时,要尽可能运用量化测定的方法。培训效果的量化测定方法较多,其中运用较广泛的是下列公式:$TE = (E2 - E1) \times TS \times T - C$。其中 TE = 培训效益;$E1$ = 培训前每个受训者一年产生的效益;$E2$ = 培训后每个受训者一年产生的效益;TS = 培训的人数;T = 培训效益可持续的年限;C = 培训成本。

培训方案实例:

广东××新能源科技有限公司 2016 年度公司培训方案

2016 年 1 月 1 日

目　录
第一部分　公司 2016 年培训方案说明
　　　　　公司现状分析
第二部分　公司 2016 年培训工作重点
第三部分　公司培训管理实施流程
3.1 培训目的
3.2 培训原则
3.3 培训职责
3.4 培训方案的制定
3.5 培训的实施
3.6 培训效果评估
3.7 培训风险管理
3.8 培训档案的管理
第四部分　公司 2016 年度培训课程安排
4.1《2016 年员工入司培训课程安排》
4.2《2016 年职能人员素质与技能提升培训课程方案》
4.3《2016 年中高层管理人员培训课程方案》
第五部分　培训费用预算
第六部分　相关附件
附件一《公司员工培训签到表》
附件二《员工培训考核成绩表》
附件三《内部培训效果评估表》
附件四《培训训后总结检讨报告》
附件五《员工外派培训申请表》
附件六《培训预算与执行情况列表》
附件七《外派培训协议书》

第一部分　培训方案说明

公司现状分析

广东××新能源科技有限公司自1998年成立以来，已拥有员工120多人，年销售额近1亿元人民币，公司正处于转型加速发展时期，公司员工的基本素质状况如下：

1.1 企业员工年龄、学历、性别、知识结构分析
1.2 对以往企业培训的简要回顾
1.3 企业发展战略和计划目标对培训提出的新要求
1.4 企业经营过程和管理工作出现的问题及其原因
1.5 企业培训工作中的不足及表现形式
1.6 改进企业培训工作的基本方向和改进重点

第二部分　2016年培训工作重点

针对以上问题，结合公司2016年绩效制度、薪酬制度及销售计划，2016年培训工作重点在以下几个方面：

2.1　2016年随着更新员工的加入，要做好入司前、上岗中、工作后各项培训与培养工作计划，帮助他们度过适应期。

2.2　2016年要提高员工的职业意识与职业素养，提升其主动积极的工作态度和团队合作与沟通的能力，增强敬业精神与服务观念，加强其专业水准。

2.3　2016年要针对公司管理人员的管理水平、领导能力等问题开展《中层管理人员管理技能提升》培训，计划以外训带动内训，坚持培训内容以通用管理理论为主，坚持培训目的以提高管理技能为主，坚持培训方式以加强互动交流为主，以不断提升中层管理人员的管理能力与领导水平。

第三部分　公司培训实施流程

3.1　培训目的

改善公司各级各类员工的知识结构、提升员工的综合素质，提高员工的工作技能、工作态度和行为模式，满足公司的快速发展需要，更好地完成公司的各项工作计划与工作目标。

3.2　培训原则

以公司战略与员工需求为主线，以素质提升、增值服务项目、能力培养为核心，以针对性、实用性、价值型为重点，坚持公司内部培训为重点、内训与外训相结合，坚持理论培训和岗位培训相结合，实现由点、线式培训到全面系统性培训转变。

3.3　培训职责

由人力资源中心负责公司的各项培训工作，包括培训制度的拟定、培训体系的建立、培训流程的完善、培训计划的制定、培训通知的发送、培训的组织实施、培训的跟踪与反馈、培训效果的评估与总结等工作。

3.4　培训方案的制定

人力资源中心下发年度培训计划通知，对公司培训工作做整体安排，各部门应积极

配合与支持。

3.5　培训的实施

内部培训的实施由人力资源中心根据公司年度培训计划负责具体组织实施。外派培训的审批程序是：拟外派培训者提出申请→部门审核→人力资源中心审核→总经理批准。

3.6　培训效果评估

培训后，公司必须对培训的讲师、培训的组织、总体效果等做出评估。人力资源中心对当年的培训工作进行总的评价，并写出评估报告。在进行年度评估时，应将年内每一次评估的结果作为依据。

3.7　培训风险管理

为避免培训员工流失、商业机密保密难度增大以及培养了竞争对手等培训风险，公司外派参加培训的员工，要根据实际情况与公司签订《外派培训协议书》。具体包括以下情况：超过二天以上的脱产培训；超过1000元/次以上的培训；不占用员工工作时间的长期业余培训。

3.8　培训档案管理

公司建立员工培训档案，凡是公司员工所受的各种培训，应将培训记录、证书、考核结果、相关资料都要进行汇总，由人事专员把这些资料整理归档，进入个人档案。每次培训结束后，公司建立培训档案，内容包括培训的时间、地点、内容、培训对象、培训讲师等。

第四部分　公司2016年度培训课程安排

包括《2016年新员工入司培训计划》《2016年度职能人员职业素质、能力提升培训计划》《2016年度中层管理人员培训计划》，在实施过程中会有所调整。

序号	培训主题	培训对象	培训讲师	培训课时	培训形式	培训时间	培训考核	备注
1	《企业简介、企业文化》	新进员工	人事主管	2	内部培训	新入职员工达3人后统一组织实施，不足3人则2个月组织一次	书面考试	
2	《员工手册》	新进员工	人事主管	2	内部培训		书面考试	
3	销售管理、产品知识等	营销中心新进员工	营销经理	8	内部培训	新员工入职三天内进行培训	书面考试	
4	财务管理、借支及报账制度培训	新进员工	财务经理	1	内部培训	新进员工一周内培训		

续表

序号	培训主题	培训对象	培训讲师	培训课时	培训形式	培训时间	培训考核	备注
1	岗位职责培训	全体员工	各部门负责人		内部培训	2016年2月	书面考试	
2	绩效考核培训	全体员工	各部门负责人		内部培训	2016年2月	书面考试	
3	心态决定一切	全体员工	培训主管	1	内部培训	2016年3月	心得总结	
4	团队意识培训	全体员工	培训主管	2	内部培训	2016年3月	现场考核心得总结	
5	时间管理培训	骨干	培训主管	2	内部培训	2016年4月	心得总结	
6	团队外出拓展训练	选拔20～30人	培训主管	2	外训	2016年5月	心得总结	
7	员工危机意识培训	骨干	培训主管	2	内部培训	2016年5月	心得总结	
8	销售案例分享讨论	营销中心员工	销售总监	2	内部培训	2016年5月	心得总结	
9	打造一流团队	骨干	培训主管	2	内部培训	2016年6月	现场考核心得总结	
10	工作中情绪与压力调试	骨干	人事主管	3	内部培训	2016年7月	心得总结	

2016年度中层管理人员培训计划（略）

第五部分　2016年培训费用预算

序号	项目	培训形式	次数	计划费用（元）	备注
1	学习用书、光盘等资料	现场	5	500	
2	中层管理人员外派培训	外培	2～4	5000	
3	外聘培训	外聘	2	6000	
4	团队外出拓展训练	外训	2	5500	
5	其他费用			1000	
	合计			18000	

说明：以上培训费用为初步的预算，在具体实施过程中会随实际情况加以适当调整。

第六部分　相关附件（略）

知识链接

培训也是教育的一种具体形式，因此不能期望所有员工通过培训达到同等水平。根据不同员工在表达能力、记忆力、操作能力等方面的差异，要注意运用科学方法进行培训：

一是掌握学习效果的阶段性变化规律。第一阶段是迅速学习阶段，即员工在接受培训的最初阶段，当积极性被调动起来后，学习效果好，学习进展速度快。第二阶段是缓慢学习阶段。当员工初步掌握了该项培训内容之后，其学习兴趣和积极性降低。第三阶段是心理界限学习阶段。经过较长时间的缓慢过程，员工对该项内容的学习会处于饱和状态，相对达到了心理界限或心理阶段。在培训过程中，有意识地区分阶段、调整内容、改变方法，将是克服员工心理学习障碍的有效方法。

二是采用分散性培训的学习方式。心理学研究证实，人的兴趣和注意力的集中有一定的时间界限。超过这一界限，学习效果会明显下降，在员工培训过程中，特别是针对在职培训，培训的时间及节奏安排是必须要注意的问题。将某项培训内容分几个阶段，短时间学习，其效果远远优于集中在一个上午、下午或一天甚至几天的学习。

三是适当激励，通过考核提高培训效果。考核是对一段时期内培训效果的总结和评估。在员工培训中，经常考核员工的学习效果，是激励员工学习和提高学习兴趣的方法和措施。因为考核会给员工造成一定的心理压力，员工会把考核结果同晋升、奖励、自尊等方面影响不自觉地加以联系，在外在环境压力下迫使其努力学习。事实上，任何一项学习的效果都会受到考核的影响。

四是激发兴趣，培育学习动机。员工对培训内容的兴趣和学习能力在很大程度上取决于其对所学知识的渴求程度。促使员工渴求学习的原因很多，受人尊重、自我实现、在竞赛中获胜、获得奖励、获得成就感、躲避指责、获得安全感等都与其工作有着密切的关系。每一位主管培训的人员都应该掌握这些学习动因，弄清每位员工的学习动机和对待工作的内心态度。

项目小结

1. 培训目标就是开展培训活动所期望取得的结果和实现的目的，包括三个要素：即内容要素、标准要素和条件要素。培训目标从大到小依次是：投资回报率、培训对业务指标的影响、培训对工作方式的影响、学习结果、对培训的反映和满意度。

2. 培训目标实现情况的评估方法常见的有：目标评价法、绩效评价法、360度评价法、对比评价法。

3. 常见的培训方法包括：案例研究、研讨会、授课、游戏、电影、角色扮演、T小组，等等。

4. 最常见的培训形式有：聘请外部讲师做内训、指派内部讲师做内训、派遣员工外出学习、实行企业员工导师制。

5. 设计培训课程的步骤包括：调研员工的培训需求、明确培训方向和原则、确定培训目的和主题、构建培训课程框架、充实培训课程内容、形成培训课程教材。既要建立基于岗位序列的培训课程体系，也要构筑基于管理层级的培训课程模块。

6. 编制培训经费预算要经过确定核算基数、选择预算方法、审核培训预算、撰写预算报告四个步骤。年度预算和阶段预算的核算基数都要明确，要结合实际情况灵活使用承袭预算法和零基础预算法。

7. 培训方案的基本内容包括三个部分，分别是培训需求分析、组成要素分析、培训方案的评估及完善计划。分析各项组成要素的工作包括确定培训目标、培训内容、培训指导者、受训员工即培训对象、培训时间、培训地点和培训设备。

8. 制定培训方案的评估和完善计划，要从培训方案本身、从受训员工的角度、从培训取得的效果进行考察，可从反应层次、学习层次、行为层次、结果层次开展培训效果测定。

关键术语

培训目标　培训方法　培训形式　培训课程　培训经费预算　培训方案。

复习与讨论

1. 什么是培训目标？如何理解培训目标的层次和构成要素？
2. 如何制定培训目标？怎样衡量培训目标是否实现？
3. 如何选择合适的培训方法和培训形式？
4. 如何针对不同的管理层级和岗位序列设计培训课程？
5. 编制培训经费预算的基本步骤包括哪些？
6. 编写培训方案要做好哪些环节的工作？

案例分析

案例一

三叶公司是一家中型民营制酒企业，经营状况良好，近年来公司招聘了近80名新员工，其中包括30名应届硕士生和30名应届本科毕业生。为了使新员工尽快进入角色，公司采取分类分批培训方法。由于应届毕业生缺乏实践经验，采用学徒制方式，一律从基层销售做起。每个老销售员带两个新销售员，为期半个月，后半个月则自行进行销售，再往后就根据需要进行内部调配。对于那些有工作经验的人，则根据其原来从事的职业及本企业需求，通过短期培训使之大致熟悉企业经营运作后即可上岗。

小陈是刚毕业的经济法专业本科生。自从进入三叶公司后，卖了快半个月的酒，专业知识一点没用上不说，因为腼腆根本就放不下面子招揽客户。师傅一走，他几乎是每天原数带回，一瓶酒都卖不掉。小陈看到公司的一些协议书之类的法律性文件，发现其中有许多不规范的表述和漏洞，他总觉得如果让他从事法律相关的工作，他一定会干得很出色。日子一长，小陈有了跳槽的念头。由于公司财务部门有一女职员辞职，缺人，于是小陈结束近三个月的销售工作，干起了财务。小陈第一天到财务处报到，开门见山一句话："我对财务一窍不通。"谁知，屋内的其他人付之一笑，说："你以为我们都是会计专业的？"小陈一想，今年招的本科生里好像也没有会计专业的。没有那为什么不招呢？小陈不解。

将近一年过去了，哪里有需要，哪里人员一时调不开时，小陈就出现在哪里，工资变动也不大，只是少了卖酒的提成（反正他的提成也不高）。来回转了好几个部门，小陈自我安慰称自己已经具备点综合型人才的素质了，但他还是一直想着他的法律。他发现公司始终把销售放在特别重要的地位，而且与他一道来的员工走了好几个，公司一直在招人，也一直在走人，小陈也不禁为自己的前途打算起来。

思考题：

1. 三叶公司的培训方案是否可行？是否达到了岗前培训的目的？请分析并给出你的见解。

2. 三叶公司在设计培训课程和选择培训方法上还存在什么问题？请结合企业培训有关知识说明其症结是什么？

案例二

成立于1994年的惠源公司是国内某科研单位与一家香港公司合资创办的高新技术企业。公司技术实力雄厚，主要从事生化药品、生物制品与中西药的研发、生产和销售。公司于1999年成立营销中心，初步建立了营销体系，截至2015年1月，营销中心的药品销售人员超过到五百人。4月初，惠源公司参加了当地春季大型人才招聘会，新进销售人员100人。因市场竞争日趋激烈及目前营销中心在公司的职能地位日趋提升，公司决定对所有在职药品销售人员做一次历时一周的公共培训。

此次培训本着"全员合作，齐心协力，开拓进取，共同发展"的主题思想，由人力资源部主办，相关部门协办，营销中心全体药品销售人员将参加此次培训。

思考题：

假设你是惠源公司人力资源部负责员工培训的主管，请你基于员工培训理论，拟写一份简要的培训方案及相关费用的预算说明。

实训训练

1. 实训目的

通过本项目的实训训练，加深对培训项目设计和策划在人力资源管理者中的应用的理解。

2. 实训内容与实训要求

调查当地一家企业，收集其设计和策划培训项目的相关制度有关信息，感受和体会该企业培训项目设计过程和策划流程。在此基础上，以"××公司的培训项目设计和策划制度"为题，撰写一份调研报告，并按照该公司交办的任务，编写一份培训方案并制定相关培训经费预算。

3. 实训组织方法及实训步骤

（1）先将学生分成若干个小组，每组6人。

（2）以小组为单位，开展实地调查、收集数据和讨论研究。

（3）酝酿调研报告大纲，确定写作框架，分工完成调研报告。

（4）对各组调研报告进行评议和打分。

4. 实训时间

先由教师统一联系企业，然后由学生利用周末时间去实地调查，利用课余时间撰写调研报告。教师用两个课时对调研报告进行评议和打分。

5. 调查报告

统一要求学生按照调查主题、调查主体、调查对象、调查目的、调查内容、调查方式、调查时间、调查结果、数据整理、结果分析、对策建议等部分进行撰写，便于评议和修改。

6. 实训成绩评定

实训成绩按优秀、良好、中等、合格、不合格五个档次进行评定。评分的主要标准是：是否实事求是反映调研情况，是否出现弄虚作假现象；对培训项目设计和策划的基本理论的理解是否出现错误；调研准备工作是否充分到位、调研过程是否规范有序；是否独立撰写调查报告，是否独立制定培训方案和预算；是否语句通顺、文字简练、结论科学、建议合理、方案可行。

项目测验

一、单选题

1. 在对企业培训中的培训方法分类中，头脑风暴法属于（   ）。
   A. 与创造性培训相适应的培训方法
   B. 与解决问题能力的培训相适应的培训方法
   C. 与技能培训相适应的培训方法
   D. 基本能力的开发方法

2. 讲义法属于与（   ）培训相适应的培训方法。
   A. 技能　　　B. 知识　　　C. 创造性　　　D. 解决问题能力

3. （   ）适用于管理人员或技术人员了解专业技术发展方向或当前热点问题等方面知识的传授。
   A. 研讨法　　　B. 专题讲座法　　　C. 讲授法　　　D. 工作指导法

4. （   ）适合于一般直线管理人员的培训，不适用于职能管理人员的培训。
   A. 个别指导法　　　B. 特别任务法　　　C. 工作轮换法　　　D. 工作指导法

5. （   ）是围绕一定的培训目的，把实际中真实的场景加以典型化处理，形成供学员思考分析和决断的事例，通过独立研究和相互讨论的方式，来提高学员的分析及解决问题的能力的一种培训方法。
   A. 研讨培训法　　　B. 角色扮演法　　　C. 行动学习法　　　D. 案例分析法

6. 以下不属于以掌握技能为目的的实践性培训方法的是（   ）。
   A. 案例研究法　　　B. 工作指导法　　　C. 工作轮换法　　　D. 特别任务法

7. 以人和机器共同参与的模拟活动，侧重对操作技能和反应敏捷的培训。这种方法称为（   ）。
   A. 角色扮演法　　　B. 敏感性训练法　　　C. 模拟训练法　　　D. 行动学习法

8. （   ）不是企业进行培训机构选择决策的资源依据。
   A. 培训内容　　　　　　　　B. 接受课程培训的学员
   C. 企业特点　　　　　　　　D. 需求程度

9. （   ）不属于培训课程设计的基本原则。
   A. 符合培训对象的差异性　　B. 符合企业培训的基本目标
   C. 符合成人学习者的认知规律　　D. 符合企业和学习者的需求

10. 在培训的过程中可以印刷一些书面材料，其中包括课程大纲、思考题和学员问卷调查表等，这种印刷材料称之为（   ）。
    A. 学员手册　　　B. 岗位指南　　　C. 培训者指南　　　D. 工作任务表

11. （   ）是指学习活动的安排和教学方法的选择，它与课程目标直接相关。
    A. 教学模式　　　B. 教学组织　　　C. 教学策略　　　D. 教学安排

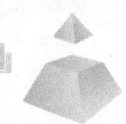

12. 由于成人学习目的性强，其参加培训主要是为了提高自己某一方面的技能或补充某一类型的知识，因此，培训课程应该目的明确，实用性强，这体现了课程设计中的（   ）原则。
    A. 培训课程的设置应体现企业培训功能的基本目标
    B. 培训课程设计应符合成人学员的认知规律
    C. 培训课程设计应具有普遍性
    D. 培训课程设计要符合企业和学员的需求

13. 课程内容制作必须注意的事项有（   ）。
    A. 应将课外阅读资料和课堂教材分开
    B. 制作时用"任务工作清单"进行控制和核对
    C. 教材内容应系统全面
    D. 为方便学员记忆，培训师表达的内容教材必须出现

14. 不同的课程内容需要利用不同的培训方法进行培训，技能学习以（   ）较为有效。
    A. 情景模拟   B. 示范模拟   C. 测量工具   D. 讨论

15. 培训课程内容选择的基本要求包括（   ）。
    A. 普遍性   B. 可靠性   C. 价值性   D. 标准化

16. 在课程内容的确定中，（   ）是课程设计的核心问题。
    A. 课程内容的选择   B. 课程内容的制作
    C. 课程内容的安排   D. 课程方法的选择

17. 设置培训课程应遵循一些基本原则，其中培训课程设计或设置（   ）是培训课程设计的基本依据。
    A. 要符合企业和学员的需求   B. 要符合成人学员的认知规律
    C. 应体现企业培训功能的基本目标 D. 要符合成本效益原则

18. 在实施培训课程设计的时候，首要的任务是给所要设计的培训课程进行定位。课程设计就是要解决"知""会""创""适""悟"的问题。（   ）不属于现代培训课程的层次范围。
    A. 知识培训   B. 技能培训   C. 创新培训   D. 思维培训

19. 在企业培训中（   ）是最基本的培训方法。
    A. 讲授法   B. 专题讲座法   C. 参观法   D. 实验法

20. 关于外聘教师与内部培养教师的优劣比较，表述正确的是（   ）。
    A. 外聘教师保证交流的顺畅
    B. 企业内部开发教师资源成本较高
    C. 使用内部培养教师可能会加大培训风险
    D. 内部培养教师可能影响培训对象的参与积极性

二、多选题

1. 培训课程大体上可以分为
   A. 学科课程　　　B. 综合课程　　　C. 活动课程　　　D. 核心课程
   E. 集群式模块课程

2. 企业在确定培训教师时一般要考虑的因素有（　　）。
   A. 企业培训管理者要根据实际情况确定适当的内部和外部师资的比例
   B. 培训教师能力的高低对培训效果起着至关重要的影响
   C. 如果费用不高，尽量选用外部的培训教师
   D. 外部的培训教师由于对企业和培训对象缺乏了解，可能使培训的适用性降低
   E. 内部培训教师看待问题受环境决定，不易上升到新的高度

3. 编制培训费用预算草案前的准备工作包括（　　）。
   A. 收集员工需参加公司外培训的资料
   B. 预计各项费用　　　　　　　　　　C. 培训器材的购置
   D. 了解培训的成本使用信息　　　　　E. 计算培训成本

4. 培训前对培训师的基本要求（　　）。
   A. 做好准备工作
   B. 决定如何在学员之间分组
   C. 对培训者指南中提到的材料进行检查，根据学员的情况进行取舍
   D. 检查日程安排，留出余地
   E. 授课技巧培训

5. 能否确保培训经费的来源和能否合理地分配及使用经费，直接关系到（　　），而且也关系到培训者与学员能否有很好的心态来对待培训。
   A. 培训的规模　　　B. 培训的水平　　　C. 培训的程度　　　D. 培训的信度
   E. 培训的效果

参考答案　　　　　补充材料

项目四　组织并实施培训

知识目标

1. 熟悉培训组织工作所要涉及的具体事项
2. 了解选择培训机构的渠道、标准及注意事项
3. 掌握选择内、外部培训师的方法
4. 了解培训成果转化的相关理论

技能目标

1. 学会与各培训参与者沟通的技巧
2. 学会与培训机构合作谈判、签订协议的技巧
3. 学会利用培训成果转化理论优化培训设计方案

情境任务设计

为提高部门经理的领导能力，GAME集团公司培训管理部通过对部门经理抽样调查以及对他们工作情况的分析，确定了培训目标与内容，并将培训方案报公司总裁得以批准。

第一期培训安排在圣诞节前一周，培训开始前两周已给参训部门经理发了培训相关注意事项的通知，并随同寄发包括《领导艺术》一书在内的培训资料。

培训地点选在郊区的一处农场，要求所有受训人员必须在同一时间赶到集团总部大门口集合，然后乘大巴到目的地。客车上座位是指定的，邻座互不相识。五十公里的路程行驶过程中受训人员要完成两项任务：一是了解自己的邻座，在第一次集合时介绍给组员，时间不超过2分钟；二是与邻座讨论自己准备的问题。

培训管理部共租用了4套房子，每套有8间住房、1间卫生间，每个组的7个人和他们的培训讲师都住在里面，就像组成一个大家庭。培训教室安排成圆桌式，每组7人坐一圈桌，便于讨论和交流。

培训过程中，培训讲师除了采用分组讨论以帮助受训人员进一步理解授课内容外，同时还鼓励受训人员互相交流，把别人的收获同自己的实际联系起来。

除研讨之外，培训主讲教师还设计了很多练习。这些练习大多采用游戏的形式，寓

教于乐，以帮助学员认识与改进自己的一些行为模式。

培训结束后，培训管理人员对受训人员进行了问卷调查。结果显示，部分受训人员对本次培训项目的组织实施工作感到非常满意。

训练任务

1. 通过上述案例，对今后你组织实施培训工作有何启示？
2. 在组织实施培训项目时，主要应把握好哪些工作？

训练目标

了解培训开始前应注意的具体事项；了解选择内、外部培训师的方法；了解促进培训成果转化的技巧。

训练要求

学生分成学习小组，回答"训练任务"提出的问题，并把收集到的培训前期准备工作的成功案例与其他同学分享。

训练考核

每组派出一名代表与教师组成评委团，对各小组的讲解与分享进行综合评价，教师与各小组代表评分分别占总成绩的 50%。

本项目学习任务

1. 根据所学知识，学会独立开展培训准备工作。
2. 以小组讨论的形式，对比分析内部培训与外部培训的优劣之处。
3. 模拟一培训机构，设计一份培训服务协议。
4. 以报告形式，总结归纳促进培训成果转化的措施。

任务1　开展培训准备工作

>> 即时案例

近期，小刘参加了一个有关人力资源管理新技能的培训项目，结果令他大失所望。据他介绍，培训组织方将受训人员的饮食、住宿等外包给了培训所在的酒店。由于费用问题，部分受训人员与酒店发生了不少的小冲突。

此外，在其他方面也出现了诸多问题，如在分发给受训人员的资料中既没有课程表，也没有课件等资料；培训过程中，会议室外面的电钻声大到超过培训讲师的讲话声；投影仪播放过程中，好几次"罢工抗议"。"总之，这是一次令人失望的培训。"小刘说道。

即时问题

你认为，培训的准备工作包括哪些内容？

一、确定各培训参与者的职责

企业培训活动的参与者一般包括培训管理者、培训讲师、受训人员、企业高层管理者等。当然，在一次具体的培训活动中，各主体可能难以界定他们具体的角色：有可能同一位培训活动参与者，既是培训管理者，又是受训人员。不过，由于不同类型的培训参与者在培训活动中，发挥着不同的功能与作用，要使企业培训活动能更有成效，就必须使各培训参与者明确自己的职责，并协同合作。

（一）培训管理者

培训管理者是指为适应企业内外部环境的发展变化，满足员工职业发展需要，由企业设定的专门对培训工作实施一系列有组织的管理训诫行为的专职岗位人员。培训管理者主要负责本企业员工培训的计划、组织、控制、监督等管理性工作。培训管理者应非常了解本企业员工，清楚员工的培训需求和适合员工的培训方法。其具体的职责有：拟定企业年度、季度、月度培训计划，组织执行企业各层面的培训活动，建立并完善培训管理制度，进行培训费用的预算与结算，不定期开展培训需求调查，培训结束后进行培训效果评估，组织开发培训课程与教材；协助构建适应"互联网+"时代的E化培训体系，帮助并监督各部门培训工作的执行情况等。

（二）培训讲师

培训讲师是指在企业培训活动过程中具体承担培训任务，向受训人员传授知识与

技能的人。培训讲师在企业培训活动中处于非常重要的地位，其素质高低、意愿能力及方法的选择直接关系到培训效果的好坏。其主要职责包括设计培训内容，课堂教学、组织与管理，提供咨询服务，激励员工学习及实施其他直接影响员工学习的所有活动。

1. 设计培训课程及内容

培训讲师在企业整体战略和经营目标方面与企业的领导者达成默契，并与其他部门建立广泛而密切的联系，在争取最广泛支持的基础上，为受训人员设计培训课程及选定培训内容。具体包括培训需求分析、目标的确定、课程体系的设计、培训方式的选择、培训课程和活动的检验以及最终培训结果的评估，等等。这是一位培训讲师在传统意义上的角色职责，也是最基本的工作任务。

为提升培训课程及内容的有效性，培训讲师在深入分析企业培训计划的基础上，还需进行培训对象的需求、现状、培训环境等方面的调查的工作，以确定符合员工需求、确实能解决现实问题的培训内容。为此，培训讲师在培训工作开展前，与员工广泛接触以获得他们最真实的培训需求尤为重要。

2. 培训活动的实施、组织与管理

培训工作的质量如何，与培训讲师和培训活动的实施、组织与管理息息相关。若培训讲师在上述活动中无法保证质量，所有的培训工作都可能前功尽弃。

培训讲师开展培训活动，除进行课堂教学外，还可带领受训人员到工作现场观察具有较高效率人员的工作示范，让受训人员认真揣摩学习并从旁加以解说分析，指出其工作效率高的根本原因和关键所在，然后针对受训人员工作中的不足之处，提出改进方法；与此同时，培训讲师还可为受训人员提供一些必要的条件，安排自学内容，让受训人员能够在业余时间里充实自己。

为提高培训讲师开展培训活动的质量，培训工作开展前，培训管理者应向培训讲师明确其职责，并制订相关的制度，以指引培训讲师做好在重要培训活动过程的实施、组织与管理工作。另外，培训管理者还应派员到培训活动现场，以监督培训讲师重要培训活动过程的实施、组织与管理工作。

3. 为企业相关工作提供咨询服务

培训讲师应能根据企业受训人员在工作中存在的问题，发现企业或部门在生产、管理、运营等方面的弊病。由于培训讲师通常是某一领域的专家，长期从事这一领域的研究，能够提出比较中肯的建议，为此，在培训工作结束后，培训讲师应能为企业及员工提供相关咨询服务。

培训活动结束后，培训讲师既可被动地提供咨询服务，由企业及员工提出相关问题然后提出自己建议；更重要的是能深入员工工作第一线，在现场通过观察发现员工存在的问题，及时提供建议或咨询。总之，培训讲师在培训活动结束后，必须每隔一段时间能为员工的相关工作给予一定辅导或咨询。

为提升咨询服务质量，培训讲师应不断提升人际交往技能，深入研究相关领域的最新理论、技术、工具等，加深自己对于该领域的理解，以完善自己的知识及技能结构。

4. 激励员工主动学习

培训讲师除能帮受训人员解决现有问题外，还应能激励员工在今后工作中主动学习，从而提升处理问题的能力。为此，培训讲师应在培训活动过程中，有意识地培养学习型的员工，并由此构建学习型企业。所谓学习型企业，即能够最大程度地吸收和消化从外部得到的知识，建立起一整套学习机制，并最终能够不断地从企业内部产生知识，并为所有企业员工所接受的企业。

其一，鼓励员工们通过观察他人的工作、与他人一道工作、进行双方或多方的交流，研究和学习自己工作领域范围的知识技能。

其二，通过在企业内外挑选几名经验丰富、善于学习的员工，以召开非正式会议的方式，就相关领域的问题进行深度探讨，并且在每次会议后，展开处理该问题的实践工作，在下一次会议上，审视每一个员工的实践结果。

（三）受训人员

受训人员，也称培训对象，即企业培训活动中接受培训的人。每次培训活动内容不同，受训人员也不同。在企业，受训人员一般包括新入职员工、一线基层人员（生产、销售、服务）、技术人员、管理及后勤服务人员、中高层管理人员等。不论是哪类受训人员，在培训活动中，都应认真履行以下职责。

1. 积极配合培训前期工作

受训人员应积极配合企业培训管理人员，认真做好培训工作的前期准备。一方面，认真细致、实事求是地分析自己工作和知识技能上存在的不足，根据企业的相关规定，向培训管理者提出自己的真实培训需求：培训内容、培训时间、培训方式等；另一方面，应认真阅读并理解预发的相关培训资料，从而为培训工作的开展打下基础。

2. 积极参与培训活动

在受训过程中，培训对象应积极参与培训中安排的所有活动，遵守培训要求，钻研培训内容，认真完成培训讲师和培训管理者布置的学习任务和相关活动任务，积极配合培训讲师开展培训、咨询工作。

3. 做好培训总结工作

培训活动结束后，受训人员应积极配合培训管理者，认真对培训讲师、培训活动等进行水平与质量评价，以促进下一期培训活动的开展。另外，受训人员还应对自己此次的培训活动进行经验总结，以此促进自己的学习质量。

4. 积极实践培训内容

培训结束回到工作岗位后，受训人员应将培训内容与自己岗位工作相结合，自觉实

践培训所学习的工作技能、态度意识、工作绩效等相关内容，并以此使自己达到新的工作标准。

（四）企业高层管理者

虽然众多培训活动，企业的高层管理者并不是直接的参与者，但他们的决策、行动却事关企业培训工作的整体开展，没有他们的配合与参与，营造重视培训的氛围，培训效果将大打折扣。

1. 树立重视员工培训工作的态度

企业领导层应在行动中体现重视员工培训工作的态度，在指引企业发展的战略规划中有体现员工培训的条款，并对各级各类员工培训工作作出指示。在需要的情况下，积极协助企业员工培训相关部门沟通配合，支持培训工作制度化和规范化。

2. 支持员工培训组织体制建设

为保障企业员工培训工作的顺利开展，企业领导层应积极支持培训工作的用人体制建设，以形成高素质、专业化的培训工作团队。一方面，应支持组建专门负责企业员工培训工作的部门或岗位，以保障有人具体负责此事；另一方面，应由总经理或副总经理亲自主管企业员工培训工作，以利于培训工作的良好运行。

3. 做好员工培训规划工作

一般来说，企业领导层在每年的工作计划和工作总结中都应包含员工培训相关方面的内容。企业应从长远发展的角度，制定企业员工培训的长期规划，并能根据企业内外部环境的改变及企业战略的变化，指示相关部门或人员进行培训结构、培训规模、培训力度等方面的调整。

二、落实培训前的具体事项

"兵马未动，粮草先行"，良好的开始等于成功了一半。企业员工培训工作也是一样，要想培训工作起到良好的效果，培训前的准备工作是十分重要的，只有不打无准备之仗，才能全面落实培训目标。

（一）检查培训后勤准备

根据培训内容、方式及讲师的要求，正式培训前2～3天，若是内训，应再次与部门领导、讲师确认培训场地，以保证场地的大小、通风、安全、空调等符合培训要求，并且与其他会议或培训不相冲突；并再一次核实桌、椅、黑板、麦克风、扩音器、投影仪等设备使用正常。若是外训，应与场地外租方再次确认培训时间及场地要求，在条件容许的情况下，最好能在培训前一天进行实地考察及试用，以确保场地符合培训要求。

相关链接

选择培训场地的注意事项及选择标准

序号	事项	选择标准
1	培训场地周围环境	尽可能挑选远离喧闹的区域作为培训场地
2	到达培训场地的方便程度	培训管理人员应考虑受训人员如何到达培训场地，如周围公共交通是否畅通、学员的交通工具是否能够停放、是否有残疾人通道等
3	培训场地的整体环境	培训场地的布置应当尽量采用明亮的颜色，培训场地的温度、通风、光线等条件也应良好
4	培训场地的空间	每个学员至少需要 2～3 平方米的活动空间，即一个 50 平方米的房间大约能容纳 20 名学员
5	培训场地的配套设施	培训场地应有休息室，桌椅、投影仪、音响等设备应符合培训要求

（二）联络讲师并浏览其课件

培训前除了要与培训讲师确认培训时间、地点外，还应再次听取培训讲师对培训场地、培训器材、座位安排等方面的要求，以便及时做出调整。与此同时，还应亲自细看其课件大纲、PPT、游戏、重要举例等内容，如发现其可能存在受训人员听不明白的内容，应建议其进行适当调整。另外，培训前还应将企业及受训人员的期望和建议传递给培训讲师，以便培训讲师在培训过程中能"因材施教"。

（三）确认并通知受训人员

培训前应再次核实受训人员人数，看数量上是否有变化。为使培训对象对培训活动事前有更深入的了解，以便其形成更正确的心理准备，并使之能在培训前自觉地进行一些必要的调查研究，可将已通过审核批准的培训通知（包括以下内容：培训时间、地点、内容、讲师、培训纪律、所带笔及笔记本、培训检验考试等），提前 1 天在公告栏张贴，或通过企业内网 OA 系统进行公告。如果条件容许，培训讲师还可亲自和受训人员直接接触，就培训相关内容进行探讨，以避免培训内容、目标与培训对象的期望不符。

相关链接

培训通知书样例

通　知

（部门）：

　　根据公司培训计划的安排，_____（培训）定于_____年___月___日进行。请届时通知您部门所有受训人员准时参加培训。

（一）培训安排

1. 课程名称：_____
2. 培训内容：_____
3. 培训讲师：_____
4. 培训期限：_____年___月___日至_____年___月___日
5. 培训时间：上午___时至___时，下午___时至___时
6. 培训地点：_____
7. 受训人员名单：见附件（略）
8. 受训人员应携带的物品和资料：_____

（二）纪律要求

1. 培训期间请遵守作息时间，不迟到、不早退。
2. 上课时请将通信工具关闭或调至静音状态。
3. 认真听讲并做好课堂笔记，积极参与课堂互动。
4. 如有特殊情况请联系本次培训的项目负责人_____，电话_____。

谢谢您的合作！

人力资源与行政部

_____年___月___日

（四）备齐培训所需资料

　　每次培训活动，都应做好购买教材，准备活动器材，编制课程表，打印培训通知、签到表、课程大纲、培训须知、学员评价表、试卷等工作，以便受训人员能准确了解培训内容、培训要求，培训管理者能顺利开展效果评估工作，培训讲师能全面了解受训人员对培训内容的掌握情况。

（五）落实培训期间的交通食宿

　　如果是请外训讲师，应认真安排好培训前开车迎接、培训后开车相送等工作，应嘱咐接送人员准时、热忱、以礼相待，若培训时间较长，涉及食宿等安排，应提前订好企业协议酒店。培训结束后，受训人员的交通车安排等应与企业后勤服务人员协调好，以免造成受训员工不能及时回家休息，而影响第二天的正常上班。

（六）预算各种培训费用

　　培训准备工作，还包括提前做好培训预算，并根据企业财务制度做好相关费用的审

批工作，以落实培训工作所需的场地租用费、交通费、讲师授课费、餐费、教材编写费等经费。

三、组织与管理培训活动

（一）培训开始时的管理

培训开始时，培训管理者在做好引导培训讲师进场地、准备茶水、受训人员签到、发放课程资料、宣布培训纪律等非教学内容的管理事务的基础上，一般按下列流程开展工作。

1. 培训主题及课程介绍

培训管理者做好培训准备工作后，首先由培训主持人对培训主题进行介绍，具体包括培训的主要意义、缘由以及对受训人员提出学习的期望，以激发培训对象的培训愿望。为使受训人员对课程的内容、要求、方法等有一定的了解，培训管理者在开场的时候，也应做简短的课程介绍：包括课程的安排是如何与受训人员的工作相联系的、课程内容在工作中的重要程度等，以解决受训人员培训前"我为什么要到这里来？""这些和我有什么关系？"的普遍疑问，消除受训人员的心理紧张感，并宣称这次培训对他们的工作或个人发展都很重要。

2. 日程安排介绍

培训主持人在开场时，还应向培训对象介绍此次培训活动的日程安排，以及培训中将要涉及的问题，若需要考试，应在此提出，以吸引受训人员的注意力，提高他们学习的积极性。

3. 培训讲师介绍

培训讲师的介绍，可由培训师自我介绍，也可由培训主持人代为介绍，其主要目的是使受训人员信任及产生仰慕心理，从而增加受训人员对培训内容的认可度。介绍的内容可包括：培训讲师的工作经历尤其是与培训主题相关的阅历、培训讲师与培训主题相关的研究成果、培训讲师的职务及荣誉称号等。

4. 培训注意事项介绍

培训主持人向受训人员介绍考勤、食宿、交通等方面的安排以及培训期间的作息时间安排、培训课堂的纪律等。

（二）培训开展时的管理

一项培训活动，应根据培训内容及对象选择讲师。有些培训活动，培训组织者既是管理者，又是讲师，为此，在开展培训时，所要注意的管理工作各不相同。

1. 协助培训讲师开展培训活动

作为培训管理者，在培训讲师开展培训活动时，应协助做好以下工作：

第一，观察讲师的表现、受训人员的反应，及时与培训讲师沟通、协调。培训管理

者在培训讲师授课过程中，应对教学与学习两方面的情况进行仔细观察：观察培训讲师的教学态度、精神状态，是否按培训计划的内容和事先设计的培训方式进行培训；观察受训人员的学习态度、课堂纪律，受训人员与培训讲师的配合状况，受训人员是否能听懂培训讲师讲授的内容，是否积极回应培训讲师的课堂要求等。作为培训管理者，培训过程中不论哪方出现不良的行为：培训讲师讲授内容不合受训人员意愿，受训人员不听课、打瞌睡、室内吸烟等，都应采取合适的方式与之沟通，积极想办法配合培训讲师予以解决。

第二，处理培训过程中的意外情况。培训管理者应注意关注培训场地的环境，及时采取措施减少道路汽车声、施工噪音、其他培训班的铃声、走廊传过来的脚步声、谈话声、播音设备产生的噪音等影响培训效果的状况。

第三，做好培训课堂的拍摄、录音、录像工作。根据企业需求，征得培训讲师同意后，认真做好培训过程的拍摄、录音、录像工作，以供企业留档或进行培训效果评估之用。在拍摄过程中，应注意不要影响培训活动的开展。

第四，协助控制培训、休息时间。培训过程中，培训管理者可与讲师合作，把握好培训中的休息时间，一般每隔一个半小时休息10分钟。在休息期间，一方面可了解培训讲师对受训人员的看法及要求，另一方面，也可把培训活动中的观察体会委婉地与培训讲师沟通。

第五，登记外来电话。一般来说，培训过程中不容许培训讲师、受训人员接听电话，为此培训活动开展前可要求所有人员将通信设备交予培训管理者集中管理。若受训人员有要求，应将相关来电进行登记，登记来电者姓名、单位、事由、联系电话等内容。

第六，协助培训讲师处理培训设备故障、培训器材发放等其他特殊情况。

2. 注重培训课程的自我管理

中小企业里，众多培训管理者自己也要从事部分课程的培训工作。为此，也要做好培训过程的自我管理工作。

第一，以受训人员的现实需求展开培训活动。在培训计划及目标指引下设计的课程内容，应根据受训人员的认知规律来进行讲授，经常使自己处于受训人员的角度想想"我想要什么、什么是当前我最需要的"；展开课程内容时，应遵循受训人员的学习能力，由易及难，由感知到理解，由理论到实践。

第二，注重运用多种培训方法。培训过程中，应学会使用PPT、投影仪、电子白板等现代化的教学设备开展培训活动；同时结合培训内容，多采用小组讨论、游戏活动、模拟仿真等方式使受训人员深入培训活动；通过师生互动、学员互动等提高培训效果。与此同时，还可充分运用当下热门的即时通信工具，如微信、QQ等方式组成学习小组，以增加互动性与趣味性。

第三，认真组织培训过程的讨论分享。培训效果的提升，不仅在于传授，而且还应重视培训过程中，受训人员间以及受训人员与培训讲师间的交流分享。通过讨论分享，产生思想碰撞，这样才能使培训对象增加对培训内容的印象，同时可能还可以产生新火花，形成新思想、新技能、新策略。在组织受训人员讨论分享时，一般应事先给予一些分析材料，让其做准备，然后就相关问题进行讨论。在讨论过程中，培训管理者一定要做好引导工作，如不时插入一些问题，引导受训人员将讨论的内容聚集到培训内容上来。

第四，耐心进行解惑释疑。培训过程中，应多鼓励受训人员发表自己的看法，提出自己的观点。培训管理者可在培训活动进行一阶段后，提出一些问题由受训人员分析解答思路，也可设置一个环节由受训人员就上一阶段的内容提出自己的疑问，由其他受训人员解答或自我解答。一般来说，在培训开始前，最好能事先准备受训人员可能会提出的问题，以便提高课堂效率。

（三）培训收尾时的管理

培训讲授环节完成后，培训活动就进入了收尾环节。在该环节，培训管理人一般应注意以下事项。

1. 给培训课程归纳总结

培训讲授活动结束时，培训管理人员应对培训课程做个简要的归纳总结，使受训人员对培训内容有个整体的印象，从而提升培训效果。

2. 对培训活动进行回顾与展望

培训活动结束时，培训管理人员应对受训人员的学习情况进行简单的总结，并介绍在培训活动过程中涌现出来的优秀事迹，以达到后继激励、大胆实践的目的。与此同时，还应鼓励受训人员积极地将培训所学的内容运用到实际工作中去，以真正达到培训的目的。

3. 向培训讲师表达谢意

培训授课活动结束时，培训管理人员除了归纳总结培训课程外，还应对培训讲师的辛勤劳动表示感谢，并将课酬或结算方式予以说明，在有需要的情况下，还需陪同欢送培训讲师上车。

4. 与培训讲师进行交流分享

培训活动结束时，培训管理人员还可利用等车、结算课酬、陪送等时间，积极与培训讲师交流分享培训活动的体会，鼓励其就授课期间与受训人员的接触、课后对企业的参观等，分享其对企业、员工的感受，以及对企业工作的建议等。

（四）培训结束后的管理

培训活动结束后，培训管理人员的工作仍未停止，还需认真做好以下工作，才能真正落实培训目的。

1. 考核受训人员培训成绩

为了解培训对象对培训内容的掌握情况并以此促进培训的成果转化，培训活动结束

后,培训管理人员应及时通过笔试、现场检查、实际操作等方式对受训人员进行成绩考核。这项工作具有两方面的作用,一是了解培训活动的成效,尤其是培训讲师的能力,为后续培训讲师的聘请提供参考;二是能以此更好地促进受训人员认真学习,真正掌握培训的相关内容。

2. 制作并颁发相关证书

随着广大企业对培训工作越来越重视,对员工的培训要求越来越规范,企业不仅对特定人员如新入职人员有常规的要求,同时对全体员工的年培训时数也提出了具体要求。为此,培训管理人员每次培训活动结束后,还应根据成绩考核情况,为成绩合格者制作并颁发相关培训证书,以作为年度考核、晋升晋级的证明。

3. 整理培训相关资料

培训结束后,除了应对培训场地、设备进行整理、复原外,培训管理者还应特别注意培训期间课件、讲师资料、培训录像、录音、相片、签到表、课堂记录表、试卷选装相关资料整理归档工作,从而为后继的培训工作提供参考,以及为年度培训工作总结提供素材。

4. 制作调查问卷并进行培训跟踪

培训活动结束后,培训管理人员应及时到培训对象所在部门,通过调查问卷、访谈等方式了解受训人员培训前后知识、技能、态度、价值观等的变化情况。通过此项工作,培训管理人员可为后续的效果评估工作打好扎实的基础。

5. 撰写培训小结

每一次培训活动结束后,相关培训管理人员都应对整个培训过程作一次全面的回顾总结,找出问题与不足,归纳经验与教训。

任务 2　选择培训机构和培训师

>> **即时案例**

委托培训合同(范本)

委托方(甲方):　　　　　　　培训机构(乙方):
法定代表人:　　　　　　　　　法定代表人:
地址:　　　　　　　　　　　　地址:

在甲、乙双方_____年____月份当面沟通后,乙方根据沟通内容和甲方的具体需求,向甲方提交了《_____培训方案》。_____年_____月_____日乙方接到该方案已经通过甲方认可的_____通知,甲、乙双方认为有必要将该方案定义为本合同附件一。

项目四
组织并实施培训

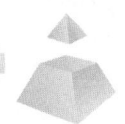

为了更好地帮助甲方提升受训人员的_____技能和_____能力,从而提高甲方的_____水平。为了有效地实施《_____培训方案》,双方就针对甲方受训人员进行_____培训的相关事宜达成以下条款:

1. 乙方根据《附件一》为甲方开发、准备有关课程。
2. 乙方指定_____为乙方培训联络人,负责培训相关事项的沟通。
3. 乙方负责培训的实施及培训后的学员评估。
4. 乙方负责保证课程的教学质量,配备优秀的讲师及助教。
5. 乙方负责制作培训讲义,在培训当天上课之前发放到受训人员的手中,做到打印清晰工整、装订牢固、人手一册。
6. 甲、乙方有责任按照《附件一》相互配合实施培训,如确有特殊情况,须提前3天征得对方同意,方可调整培训时间。
7. 甲方负责安排培训场地,并按照乙方要求提供培训所需的教学用具。
8. 甲方需专门指定1名培训联络人,负责向乙方提供培训相关的有关资讯。
9. 甲方有责任按照支付条款中规定的时间和金额向乙方支付培训费用。
10. 本培训自_____年_____月_____日起,为期_____周,共进行_____小时的培训,依据下面时间表(附件二)进行,如遇节、假日,时间自动顺延,或双方另行商议利用节假日进行培训。
11. 培训场地及培训器材要求:
(1)教学白板(或黑板)1个,白板笔(或粉笔)若干;
(2)电脑多媒体投影仪1台,并配有投影幕布(或教室前面是平整白墙)。
12. 培训费用支付条款:本合同标的的培训(辅导)费用总额为人民币_____圆整(¥_____),其中包含课程开发费、讲师授课费、演练辅导费、讲义制作费等。付款方式为转账汇款或现金支付,具体支付时间如下:
(1)_____年____月____日前,(培训起始日7天之前)甲方须向乙方支付培训费的50%。即人民币____圆整(¥_____);
(2)_____年____月____日当日,最后一次培训课程结束之前,甲方须向乙方支付结清培训费余额人民币_____圆整(¥_____)。
13. 教师及助教往返甲方培训地(限北京市内)的车费由乙方全部负担。如需去往北京之外的其他城市,讲师及助教的往返交通费如机场费用、由机场往返驻地培训地的交通费,异地培训的食宿费等均由甲方全额承担。
14. 甲方没有按本合同条款约定时间及时进行结算,每天按培训费用总额百分之一支付乙方违约金;甲方没有执行本合同约定的相关条款,乙方有权中止本合同的执行。

> 15. 在履行本合同过程中发生的争议，双方协商解决，协商不成由合同签约地人民法院裁决。
> 16. 如有未尽事宜，经双方友好协商，可补充相关协议，合同附件及补充协议与本合同具同等法律效力。
> 17. 此合同一式二份，甲、乙双方各持一份。
> 18. 此合同自双方签字盖章之日起生效。
> 合同附件一：培训方案
> 合同附件二：培训实施时间表（略）

即时问题

1. 在需要选择外部培训机构时，你认为应评估对比哪些标准？
2. 上述合同，对你进行培训机构选择时有哪些启示？

一、培训机构的选择

随着社会经济的发展，专业化越来越成为促进工作质量提升的手段。为此，在企业员工培训方面，尤其是中高层管理人员及高级技术人员方面的培训，许多企业选择专业的外部培训机构来进行。

（一）培训机构选择的来源

当前，从事企业员工培训的机构有很多类型，而且每家培训机构都有各自的优势。因此，企业在选择培训机构时，一定要针对自身的实际情况，合理选择培训机构类型。

1. 学历教育培训机构

一般来说，以学历教育或成人继续教育为目的的教育培训机构，需教育主管部门认证并取得社会力量办学资格方可营业。获得认证的培训机构，需具备一定的场地与师资力量，所以这类培训机构实力普遍较强。因学历教育培训机构所专长的"学生教育"，以应试技能为主，所以企业在进行选择时，一定要根据培训目标来科学评判。

2. 技能教育培训机构

技能教育培训机构由人力资源与社会保障部门批准设立，其主要目的是培养和考取职业技能上岗资格证。虽然国家近几年取消了一百多项职业技能资格考试，但某些对职业技能具有特殊要求的行业，如电力、医疗、教育、法律等，仍然施行严格的职业资格准入制度。为此，若企业所从事的行业或企业某些岗位，国家仍施行职业资格准入制度，也应关注此类培训机构。

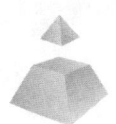

3. 管理（技术）咨询培训机构

从事商业培训服务的管理（技术）咨询培训机构，有别于前两类，其登记机关是工商管理部门。该培训机构是以盈利为目的的商业机构，所以培训课程也就是其商品，在设置课程和订立价格等方面都比前两种简单。随着企业培训需求的增加，管理（技术）咨询类培训机构如雨后春笋般涌现出来，鱼目混珠的现象也时有发生。作为企业培训管理人员，提升选择此类培训机构的能力，应是今后工作的重点。

（二）培训机构选择的评价方法

选择培训机构时，通常是基于培训机构的"形象"或以往的经验，如因某机构声名在外而认为值得信任、由可靠的第三方推荐该机构、该机构的专业培训领域正是企业所需要的、认识该机构的某位讲师等。一般来说，培训管理人员通过搜集及分析培训机构的以下相关资料来进行评估。

1. **分析培训机构所开展项目的目标群体**

培训机构所提供的课程介绍表，一般会说明受训人员应达到的最起码的水平（现有学历或专业经验），这在技术类、外语类或科学类培训中尤为重要。为此，培训管理人员应认真对照课程介绍表分析企业员工情况，避免出现员工因自身水平过低而跟不上培训的进度，或是因早已掌握了所学内容而浪费时间的情况。

与此同时，某些培训项目由一系列模块组成，如要参加某一模块的课程，就需首先完成其他模块的学习。培训管理人员在选择培训机构时，也应该注意此类培训项目，并最好采用第三方评价的方式先进行测试，以避免"自我评估"的局限性。

2. **分析培训机构开展项目的培训内容**

因篇幅所限，培训机构提供的课程介绍、内容提纲、课程课件等很难详尽地罗列。为此，在分析这些材料时，不应只重视培训主题，还要研究这些内容是否符合培训目标与相关群体，并预计培训用时。与此同时，还须仔细分析项目的可行性：预计的培训用时是否合理，能否在这一时间内圆满地完成培训目标；判断其是否会"拖泥带水"，鉴于培训目标和学员现有水平，预计两天的项目培训能否在半天内即可完成，等等。

3. **分析培训机构开展项目的教学方法**

只有使用正确的教学方法，才能保证实现培训目标。为此，在选择培训机构时，还应认真分析其开展项目拟使用的教学方法。一般来说，可从两方面进行分析：一方面，结合培训目标，分析培训机构拟开展的教学安排，学员主动实践或练习的部分与理论教学的部分比例是否合理。另一方面，警惕培训机构运用营销手段，提供华而不实的教学活动。比如，某些视听设备在一些培训中固然是不可或缺的教学工具，然而，如果培训讲师本身能力不够、经验不足，那么培训教室配备的各种先进设备也只是徒有其表，难以保证培训质量。为此，培训管理人员可通过一个非常简单的问题来衡量培训机构的严肃性：该机构重点介绍的是教学工具，还是通过这些工具可以达到的目的。如果是前者，就应该对其敬而远之。

4. 分析培训机构提供的培训讲师

对于外部培训，企业如果不了解项目培训的讲师或对其知之甚少，那么所进行的选择，就可能有比较大的风险。为此，在选择培训机构时，培训管理人员应要求其提供培训项目的讲师情况，然后通过信息搜索或亲自联系讲师以加深了解。企业只有在深入了解讲师情况的基础上，才能做出选择决定。

5. 分析培训机构的培训成本报价

培训成本虽然是一项不容忽视的选择标准，但企业真正做出培训机构选择时，应将其放在前几个标准之后。只有在甄选出来的培训机构旗鼓相当，并均可提供高质量的培训服务时，企业才可根据培训成本选定培训机构。如果待选的培训机构无法满足所有的质量要求，或培训管理人员掌握的信息不足以确认企业培训的质量要求，则不能以培训成本来决定选择何家培训机构。这种情况下，培训管理人员应暂时取消培训机构选择决策并重新搜集资料，进一步开展培训机构情况分析。

（三）选择培训机构的流程

企业在就内部培训项目选择外部合作伙伴时，一般应按照以下的流程来开展培训机构选择工作。

1. 招标

组织培训项目及培训机构选择招标时，企业培训管理人员应预选出若干培训机构（即能满足培训任务责任书中规定的各项要求的培训机构），向其寄发培训任务责任书，要求其在规定期限内提出初步的应标意向。一般来说，待选培训机构的数量应根据项目规模及其新颖性来决定，最多可选择10家，有时也仅限于2～3家以缩短分析培训方案的时间。

在决定待选机构时，企业可考虑一家比较陌生但介绍资料非常出色或在培训界口碑较好的机构，这样就可避免在当前项目或其他项目中，因只选择知名机构而造成它们垄断市场的现象。

从寄发通知到招标截止的这段时间里，企业培训管理人员应向竞标机构至少提供一次电话交流的机会，以回答其提出的相关问题及提供更为准确的信息。除此之外，企业还可组织直接面谈。

相关链接

××培训机构的培训项目建议方案（样本）

1. 背景

介绍培训项目的背景和目的要简明扼要（以确保培训机构正确领悟了项目要求）。

2. 一般性原则

选择教学方法的原则、组织培训内容的原则、培训服务供应商与企业建立合作关系的相关规定等。

3. 培训组织

培训的目标、内容、教学流程、教学方法、讲师、评估方法等。

4. 与培训项目管理相关的因素

后勤必备工作、预计培训开始的日期、培训器材等。

5. 初步预算

课程开发阶段需要的费用、培训期间组织各项活动的费用、费用支付方式等。

附录

A. 其他企业开展同类项目的参考实例

B. 培训机构项目负责人及主要参与者的简历

C. 培训机构认为有必要提供的其他参考资料

2. 初选

收到标书即培训机构的培训项目建议方案，进行培训机构评判之前，企业培训管理人员应围绕以上要点设计一系列评价标准，在这一过程中还应注意权衡服务质量与教学器材等物质条件之间的比重。与此同时，还应组建培训项目指导小组，对各标书进行评判。

初选过程，可先将投标培训机构寄送过来的培训项目建议方案分发给培训项目小组各评估人员，然后组织会议，展开集体讨论，交流各自的想法，初步挑选出若干培训机构（通常为三至四家）。

3. 终选

确定预先方案后，企业培训管理人员应组织包括负责制定培训任务责任书小组成员在内的相关人员与入选培训机构进行首轮面谈。这一环节要求各培训机构的项目经理亲自到场，企业培训管理者可借助与项目经理亲自接触的机会，进一步了解各机构的真正实力，以确定合作的可能性。

面谈时，各竞标培训机构的代表先向企业项目指导小组介绍建议方案。面谈时间一般控制在一个半小时左右：一小时用于方案介绍与双方交流，半小时用于小组成员内部讨论。

在分析面谈结果的基础上，项目指导小组可根据选择标准作出最终决定；在签订正式合同之前，指导小组也可要求选定的培训机构根据其提出的意见和建议进一步修改培训方案。

相关链接

遍地开花的企业大学

当前,除专业化的外部培训机构外,为满足企业培养人才、提升技术、推动企业转型和文化变革的需要,建立企业大学也成为众多大型企业的选择。所谓企业大学,是指由企业出资,以企业高级管理人员、专业培训讲师为师资,通过实战模拟、案例研讨、互动教学等教学手段为企业内部员工及管理人员提供所需要的培训的培训组织。

二、培训讲师的建设与选择

一次成功的培训,一定跟培训讲师的素质分不开。为此,重视培训讲师的建设与选择,提升此项工作的质量,事关培训效果的好坏。

(一)内部培训讲师的建设

企业在选拔内部培训讲师、建设内部培训讲师队伍时,一般应先明确选拔范围,然后在此基础上,通过培训讲师自荐、部门推荐等方式,将其列入企业讲师资源库。

相关链接

4-1 某企业内部培训讲师的选拔范围

选拔维度		选拔范围
入职时间		__年以上
学历		__及以上
培训对象	普通员工培训	主管级以上
	主管级培训	经理级以上
	经理级培训	总监级以上
	生产班组长培训	班组长以上
	生产主管培训	生产主管以上
	生产学徒培训	生产一线员工

1. 确定内部讲师的选拔标准

不同的培训项目,对培训师的要求也不同。一般来说,一名合格的内部培训讲师应具备以下特征。

第一，对培训工作有浓厚的兴趣；
第二，具有丰富、扎实的专业知识；
第三，具有幽默、自信等性格特征；
第四，具有健康的身体、健全的人格；
第五，具有一定的工作经验和相关阅历；
第六，具有较强的沟通能力；
第七，具有较高的业务能力和职业素质；
第八，具有良好的工作态度；
第九，具有高尚的职业道德；
第十，具有以受训人员为中心的服务理念等。

2. 制定内部讲师的选拔流程

选拔内部讲师时，一般应先制定好各步骤的操作标准和要求，通过以下步骤来进行：

第一步，发布公告：公开发布企业内部讲师培训通知，并附上内部讲师资格选拔范围和选拔标准等。

第二步，提出申请：可由企业各部门推荐，也可自荐，并填写"内部讲师推荐/自荐表"。

第三步，初步筛选：依据"内部讲师资格选拔条件"与部门实际需求，进行人员初步筛选。

第四步，进行培训：为通过初步筛选的人员安排培训，使其获得基本的课程设计、语言表达、现场控制等方面的专业知识与技巧。

第五步，试讲和评估：制定内部讲师试讲要求和试讲评估标准，安排符合条件者进行试讲，组织内部讲师评审小组对参加试讲的人员进行评估。

第六步，确定合格人员：将对申请人的综合评估意见上报相关领导审核后最终确定内部讲师人选，并向合格人员发放讲师证书。

3. 完善内部讲师的管理制度

拥有优秀的内部讲师是企业成功开展内部培训活动的必要条件。为此，众多企业都非常重视内部讲师的管理工作，避免因企业"未制定有效的内部讲师培训规划方案""未建立内部讲师工作评价制度"等而导致"内部讲师的数量和质量无法满足企业需求""内部讲师工作效率低下"等问题。为了提高内部讲师的质量，企业在管理方面可从以下三方面完善制度建设：

其一，内部讲师筛选制度：主要包括确定内部讲师的筛选范围、制定内部讲师的筛选标准、确定内部讲师的选拔机制；

其二，内部讲师培训制度：主要包括培训内容的设计、培训考核体系的构建；

其三，内部讲师考核制度：主要包括制定内部讲师考核内容、设计内部讲师考核方案、实施内部讲师考核工作等。

相关链接

表4-2 内部讲师年终评估表（范例）

姓名		所在部门			
职务		学历		授课名称	
授课时间	预定授课时间				
	实际授课时间				
	备注				
课程改进	改进目的				
	改进过程				
	改进评价				
学员满意度	满意度问卷调查	90分以上	70~89分	60~69分	59分以下
培训部门评价	授课技巧	90分以上	70~89分	60~69分	59分以下
	授课态度	90分以上	70~89分	60~69分	59分以下
综合评价					

（二）外部培训讲师的选择

由于外部培训讲师选择的范围大，具有可带来全新的理念、对受训人员有较大的吸引力、容易制造气氛等优点，越来越受到企业的欢迎。企业对外部培训讲师的情况一般了解不多，为此，在选择过程中应特别注意以下几点。

1. 了解外部培训的缺陷

开展外部培训讲师选聘时，应了解外部培训的缺陷：外部讲师对企业缺乏了解，可能导致培训内容与培训对象不匹配的情况；外部讲师对培训对象不熟悉，可能降低培训适用性；部分外部讲师缺乏实际工作经验，可能导致"纸上谈兵"；外聘讲师成本较高；等等。

2. 确定合适的内外部讲师比例

内外部培训讲师各有优缺点，培训管理人员应根据培训项目的实际情况，确定适当的内部和外部培训讲师的比例，尽量做到内外搭配、相互学习、相互促进。

3. 拓展外部培训讲师的来源渠道

在国内或企业所在地的众多大中专院校、技能培训机构、管理（技术）咨询机构，都有许多优秀的、能承担培训工作的出色培训讲师。从事学历教育的院校在数量和组成结构上有着许多优势，在理论培训方面是最好的师资来源，但对以操作和实践为基础的培训项目，最好的培训讲师来源是具有实践经验的业内人员，如管理（技术）咨询机构的培训讲师。

任务3　促进培训成果的转化

即时案例

> 由于餐饮企业员工流动性较大，世界知名餐饮企业肯德基一直以来非常重视员工培训及其成果转化工作。在肯德基，年龄、性别、教育背景等都不会对你在公司未来的发展产生任何影响。见习服务员、服务员、训练员以及餐厅管理人员，全部都根据培训之后，其对工作站操作要求的熟练程度，进行职位的晋升、薪酬的提升。
>
> 除此之外，为促进培训成果转化，肯德基在激励机制外，还时常开展技能竞赛，来激发员工运用培训项目所学技能的积极性。

即时问题

1. 肯德基采用了哪些方法来促进培训成果的转化？
2. 这些措施对你今后开展培训工作有什么启示？

大量的研究表明，如果培训不能适应工作的需要，或者没有有效地应用于工作之中，那么通过培训获得的知识、技能和态度则往往难以创造更大的价值。由于培训成果的学习、长时间的维持以及在工作中的应用不单纯是培训活动能够解决的，所以企业必须营造有利的组织氛围，确保培训的成果的运用，并防止受训人员回到已经习惯的行为方式上。所谓培训成果培训，就是指受训人员持续而有效地将其在培训中所获得知识、技能和态度运用到工作中，从而使培训项目发挥其最大价值的过程。

一、培训成果转化的相关理论

培训成果转化失败的原因有很多，如果企业想要通过培训提高员工和组织的业绩，就必须了解与培训成果转换相关的理论研究成果，以此指导培训工作的开展。

（一）同因素理论

同因素理论是由桑代克和伍德沃斯提出来的，该理论认为，培训成果转化取决于培训任务、材料、设备和其他学习环境与工作环境的相似性。如果培训的内容和实际工作内容完全一致，那受训人员就会有较好的培训成果转化效果。

学习环境与工作环境的相似性可从物理环境逼真与心理逼真两个维度来衡量。物理环境逼真指在培训中的各项条件，如设备、任务等与实际工作的一致程度。心理逼真是指受训人员对培训中的各项任务与实际工作中的各项任务予以同等重视的程度。在培训中对各项任务的时间限制若与实际工作中的时间限制相似，将有利于培训成果的转化。

同因素理论特别适用于采用案例研究、商务游戏、角色扮演等方式的培训活动。一般来说，企业在培训中应用同因素理论最广的情况是与设备应用有关的或操作程序方面的培训活动。因增强逼真程度往往需要增加任务的复杂性和培训成本，为此，企业要在权衡后做出决策。

相关链接

飞行驾驶员培训

在培训飞行驾驶员时，培训一般安排在一个类似喷气式飞机的模拟驾驶舱中进行，它与真正的飞机在仪表、照明、仪器等方面都基本相同。也就是说，培训环境与工作环境完全吻合，这样就很有利于飞行员培训成果的转化。

（二）激励推广理论

培训的目的在于受训人员能在今后工作中正确处理可能碰到的问题。为此，激励推广理论认为要促进培训成果转化，最重要是在设计培训项目时应充分了解和预估受训人员在工作中可能会碰到的问题，并传授受训人员处理相关问题最重要的原则、技巧，当然，同时还应向其明确这些原则、技巧的适用范围。

激励推广理论在开展管理技能培训项目时运用得最广泛。管理技能培训项目实施过程中，其中很重要的一点就是要让受训人员明确成功处理某一状况所需的关键行为，并为受训人员提供必要的练习机会。与此同时，为促进培训成果转化，还应注意：鼓励受训人员将培训中所强调的要点与其实际的工作经验结合起来；鼓励受训人员设想在不同的环境下如何使用所学的新技能；鼓励受训人员在接受培训时和培训结束后将所学的技能应用于与培训环境不同的工作环境中，等等。

（三）认知转化理论

认知转化理论认为，培训成果能否转化取决于受训人员"回忆"起所学知识、技能和态度的程度，只有所学培训内容被记忆的程度高，才可能增加受训人员将实际工作中的问题与所学知识、技能和态度相结合的机会，从而提高培训成果转化的成功率。

要提高培训成果转化率，培训过程中培训讲师可采取以下几种措施：其一，可以采取向受训人员提供有意义的材料和编码策略等方法来提高培训内容被记忆的程度；其二，多鼓励受训人员思考培训内容可能在实际工作中的运用；其三，培训过程尽量由受训人员提出工作中遇到的问题或主动提出相关案例，然后讨论培训内容应用其中的可能性。通过这样的应用练习，就可以让受训人员在工作中发现问题或遭遇突发状况时，提高回忆起培训内容并将其应用于工作过程中的概率；除此之外，通过这种方式的培训，还可以帮助受训人员理解所学的内容与实际工作之间的联系，从而在需要时能最快地回忆起所学的知识、技能和态度。

相关链接

"SMART原则"为何流传甚广

给管理人员讲授目标管理技巧时，培训讲师常会用"SMART原则"来说明，也就是说上司在给下属下达工作目标时，应符合SMART原则：其中S代表Specific，指目标要具体明确；M代表Measurable，指目标要尽可能容易测量；A代表Attainable，指目标是下属经过努力可以实现的；R代表Relevant，指目标之间具有关联性；T代表Time，指目标的达成具有时间限定。

SMART原则在管理界流传甚广并为很多管理人员所熟知并应用，其中很重要的原因就是培训过程采用了编码策略，符合人们的认知规律而易被记牢。

二、培训成果转化的影响因素

培训成果的转化不仅受"良好的组织氛围""培训内容与工作相关""运用新技能的动机强烈""企业管理者支持"等支持因素影响，同时也受到"不佳的组织氛围""缺乏应用的机会""较低的培训成果转化动机""缺少管理层支持"等不利因素阻碍。归纳起来，可分为以下三类。

（一）受训人员特征

每位受训人员都存在差异性，并且这种特性会影响学习的快慢以及培训内容的持久性、推广性及应用性。一般来说，"学习动机"和"当前具备的能力"这两个因素对受训人员的培训及成果转化效果起到最关键的作用。

研究表明，若受训人员学习培训内容的愿望强烈，并在培训过程中能深刻感知：努力能够带来培训中的好表现；培训中的好表现能促使工作绩效的提高；工作中的高绩效能帮助受训人员晋升晋级，等等。那么，受训人员学习积极性及培训成果转化效果就越好。

除学习动机之外，受训人员的能力也对培训及成果转化产生影响。受训人员的语言理解、推理等能力越强，学习及成果转化效果就越好。

为此，培训开始前，培训管理人员一方面应充分了解受训人员的能力状况，根据员工的能力状况，安排员工力所能及的培训内容；另一方面，应多与受训人员进行沟通，告诉他们参加培训项目可能给他们带来的个人以及职业方面的收益，以强化受训人员的学习动机。

相关链接

为充分了解员工的能力状况，进而合理安排培训项目，培训管理人员可利用"员工个人培训记录表"来对企业员工的能力情况进行调查。

员工个人培训记录表（范例）

部门： 编号：

姓名		入职日期		出生年月		
职务履历	日期					
	职称					
学历		日期	学校	专业	学历	备注
	1					
	2					
	3					
	4					
外部培训		日期	资格/证书/内容		时数	发证机构
	1					
	2					
	3					
	4					
内部培训		日期	培训内容		时数	评语
	1					
	2					
	3					
	4					
备注						

（二）培训项目的设计

培训成果的转化，除与受训人员的特征相关之外，也与培训项目所采用的培训内容、培训方法、培训工作的组织等相关。在培训项目设计中，应从成果转化的角度着重做好以下工作。

1. 营造良好的学习氛围

良好的培训环境是提升培训效果的前提，只有企业领导层重视培训工作，并愿意为受训员工提供良好的硬件和软件环境，员工的培训效果才能得到提升。

2. 采用符合转化理论的教学方式

培训项目设计过程中，应充分结合同因素理论，按照工作环境设计培训环境；重视激励推广理论在讲授过程中的应用，以做到重点内容突出；采用认知转化理论将培训内容组织编码成符合认知规律的形式等。

3. 帮助受训人员提出合乎自身特点的培训需求

为使培训项目设计更合理，培训管理人员还应通过问卷、访谈等调查方式使受训人员能充分表达出自己的培训需求，进而优化培训项目设计方案。

相关链接

培训课程评估表（范例）

课程名称			课程时间				
培训讲师			培训方式				
学员姓名			所在部门				
职务			工作年限				
	调查内容	5分	4分	3分	2分	1分
课程内容	课程目标明确					
	课程内容与培训需求匹配度					
	知识结构难易度合理					
	课程内容编排衔接合理					
培训讲师	培训课程准备程度					
	课堂互动程度					
	语言生动程度					
	教学时间的把握					
	培训设备的运用					
	沟通技巧的熟练程度					
	学员积极性的调动程度					

续表

调查内容		5分	4分	3分	2分	1分
培训组织工作	培训时间安排合理度					
	培训地点安排合理度					
	培训通知下发及时性					
	培训材料准备情况					
	培训设备准备情况					

在此次培训中收获最大的是什么？

对此次课程中不满意的地方有哪些？

其他建议：

（三）工作环境的特点

受训人员的培训成果转化与工作环境中的转化氛围、管理者或同事的支持力度、执行新技能的机会、技术硬件支持等息息相关。

1. 管理者支持

若企业氛围具有以下特征：直接主管鼓励和支持受训人员使用培训中获得的新知识、技能和行为方式；对使用从培训获得的新技术和行为方式的受训人员不会公开责难；受训人员会因应用培训中获得的新技能和行为方式受到外在的奖励等，则培训成果转化较好。

2. 同事认可

在受训人员之间建立支持网络也可以帮助强化培训成果转化。所谓支持网络，是指由两个或两个以上的受训人员自愿组成，互相讨论所学技能在工作中应用的小群体。通过支持网络成员面对面或以邮件方式共享将培训内容运用到实际工作的成功经验，不仅可以争取在运用培训中所学技能时所必需的资源，也可以很好地抵制可能对培训成果转化产生不良影响的环境的干扰。

3. 执行机会

受训人员在企业里运用在培训中所学新知识、技能及行为方式的机会越多，则培训

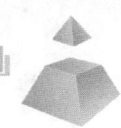

成果转化的效果越好。执行机会包括应用的广度、活动程度和任务类型三个要素。与那些在工作中很少有机会使用在培训中所学内容的受训人员相比，那些有较多机会应用所学内容的受训人员比其他人能够更为长久地保持所培训的内容。

4. 技术支持

为使培训成果取得较好的转化率，有条件的企业还可以建立包括电子操作支持系统与计算机辅助教学系统在内的技术支持系统。通过这些技术支持系统，受训人员可以随时获取培训相关的资料，以及与培训讲师取得联系，解决工作中碰到的与培训内容相关的问题。

三、培训成果转化的促进方法

在掌握培训成果转化理论以及了解企业里存在的可能阻碍培训成果转化的因素之后，为确保培训成果得以转化，还需认真做好以下事项。

（一）明确培训项目各相关人员在成果转化中的作用

在培训开始前、培训过程中与培训结束后，都应认真分析培训项目各相关人员在培训中应做的事项，营造促进培训成果转化的工作氛围。

1. 企业管理者

为促进培训成果转化，企业管理者在培训开始前，应了解是什么问题导致不良绩效从而需要培训，并参与培训计划与培训成果转化计划的制订；培训过程中，应积极参与相关培训活动，鼓励受训人员认真学习；培训结束后，为受训人员提供应用新知识技能的机会，评估受训人员的工作绩效，根据支持机制进行奖励。

2. 培训讲师

培训讲师在培训开始前，应依据系统的培训计划用学习理论设计培训项目；培训过程中，应为受训人员提供练习机会和恰当的工作帮助；培训结束后，应与管理者和受训人员保持联系，以帮助解决受训人员在工作中可能碰到的问题。

3. 受训人员

受训人员在培训开始前，应积极参与培训需求调查；培训过程中，进行好自我管理及网络小组建设工作；培训结束后，应积极与同事分享资源和学习成果，积极应用新知识技能。

4. 受训人员的同事

培训开始前，受训人员的同事也应积极参与培训需求分析；培训过程中，与受训人员保持联系并及时鼓励他们，帮助减轻受训人员的工作量；培训结束后，支持受训人员实现培训成果转化。

（二）建立强化受训人员学习积极性的激励措施

为使受训人员能积极运用培训中所学的新知识技能，企业还应建立能积极引导受训

人员在工作中"敢用""愿用""好用"培训成果的措施。

1. 设立培训考核机制

为提高受训人员的学习积极性，企业应建立培训考核机制。每次培训项目结束后，都进行一定形式的考核，以检验受训人员的学习效果。培训考核的具体方式有笔试、面谈、实际操作、观察工作情景等，成绩合格者发放培训证书，以此作为年度评优、晋升晋级的条件。

2. 完善晋升晋级制度

在企业，如果员工对付出努力可能取得的业绩、取得业绩可能获得的奖励和可能获得的奖励价值等三个环节的预期都是积极的，那么他们就会在工作中得到有效的激励。为此，企业在制订晋升晋级制度时，也应充分考虑受训人员运用培训成果后的效用，使大胆运用新知识技能的受训人员有积极的预期。

（三）改进培训项目设计环节

在开展培训成果转化前，首先应确保培训成果的质量，有了这个基础才可能真正实现培训成果的转化。因此，改进培训项目设计也是培训成果转化很重要的环节。

1. 构建"工作情境式培训环境"

为使培训成果有利于转化，进行项目设计时，应尽可能将培训环境设置成工作情境类同的状态。因培训场景类似工作情景，一来受训人员有较好的"工作情景代入感"，能更好领悟培训内容；二来也能将培训中所学的新知识技能更好地应用到工作中去。一般来说，技能操作性培训可将培训场地搬到工作平台，管理类培训可采用案例分析、情景模拟等方式达到工作情景模拟的效果。

2. 宣读"行动计划承诺书"

为使受训人员具有培训成果转化的压力和动力，培训讲师可预先给受训人员制订并分发培训之后的"行动计划承诺书"。在培训活动结束时，利用结尾时间，让受训人员宣读"行动计划承诺书"，以增强受训人员开展培训成果转化的积极性。

3. 编写"工作问题处理手册"

与此同时，为了使受训人员在工作中开展培训成果转化时，能较好地解决有可能碰到的问题，培训讲师也可根据工作体会和培训经验，预先编写一份"工作问题处理手册"，并在培训结束时分发给每位受训人员，以备不时之需。企业若有条件，也可建立信息化的技术支持系统，实现与培训讲师的网络诊断与解答。

4. 制订并发放"培训成果验收表"

为进一步促进受训人员确实开展培训成果转化工作，在上述工作的基础上，还可制订并发放"培训成果验收表"，由受训人员在培训结束两天内根据岗位职责填写好相关内容，并上报至培训管理部门以备开展培训成果验收之用。

相关链接

培训成果验收表（范例）

姓名		职称		部门	
培训课程		时数		地点	
培训讲师		费用总计			

1. 培训项目（介绍培训所学内容）
2. 工作目标（培训之后希望实现的工作目标）
3. 期限（实现工作目标的时间）
4. 计划做法（为实现工作目标而计划实施的措施）
5. 考核（上级主管或考核部门的考核意见）

（四）培育利于成果转化的环境

员工培训之后返回工作岗位，需要一个能够促进培训成果转化的环境，若在采用培训所学新知识技能过程中存在部门管理者不支持等阻碍受训人员进行培训成果转化的因素，也将给成果转化工作带来相当大的影响。

1. 创造开展新知识技能的实践条件

若企业现有条件难以支持运用培训所学的新知识技能，再好的培训活动也无法转化成绩效。为此，要让培训所学的新知识技能得到充分应用以促进个人及企业绩效，就应努力创造新知识技能实践平台，让每位受训人员都能有发挥、应用新知识技能的机会。

2. 提高管理者支持程度

培训成果转化要开展下去并取得实效取决于三个层面的态度：员工对培训的自觉参与、中层管理者对培训的积极鼓励和高层管理者对培训的高度支持；管理者支持程度越高，越有可能发生培训成果的转化。为此，管理者一方面应积极倡导和鼓励受训人员将培训中的新知识技能和行为方式应用到工作之中；另一方面采取激励和强化手段，帮助那些刚刚接受过培训的人员制订具体的行动方案，并予以落实。

3. 强化人力资源管理部门督导力度

一方面人力资源管理部门应让部门管理者了解下属所参加的培训项目以及它与企业经营目标和经营战略的关系，将其应该做的以促进培训转化的有关事项告知他们；另一方面应鼓励受训人员将在工作中遇到的工作难题带到培训现场，作为实践练习材料或将其列入培训计划，在培训过程中与受训人员及培训讲师一起探讨该问题。与此同时，人力资源管理部门还应注意收集受训人员的反馈意见以改进培训项目。

4. 建立受训人员联系网络

无论从认知规律还是转化过程来看，重复学习都有助于受训人员掌握培训所学的知识与技能。建立学习小组或联系网络，有助于受训人员增强培训成果在工作中的应用。

除此之外，企业还可采用在内部简讯中专载受训员工如何成功应用新技能的访谈录的形式激励受训人员进行培训成果转化。

项目小结

1. 培训管理者的职责主要有了解培训需求信息、确定培训目标、制订培训计划、制订培训制度、组织编写培训教材、预结算培训费用等。

2. 培训讲师的主要职责包括设计培训内容，课堂教学、组织与管理，提供咨询服务，激励员工学习及其他直接影响员工学习的所有活动。

3. 为更好地开展企业员工培训，高层管理者应履行好以下职责：树立重视员工培训工作的态度、支持员工培训用人体制建设、做好员工培训规划工作等。

4. 培训机构选择的来源渠道有学历教育培训机构、技能教育培训机构、管理（技术）咨询培训机构等。

5. 在选择培训机构时，可从其培训特色、培训讲师、培训内容、培训方法、培训成本等方面进行对比分析。

6. 选择培训机构的流程一般为招标、初选、终选三个环节。

7. 为了提高内部讲师的质量，应从筛选制度、培训制度、考核制度等三方面完善制度建设。

8. 同因素理论认为，培训成果转化取决于培训任务、材料、设备和其他学习环境与工作环境的相似性。

9. 激励推广理论认为要促进培训成果转化，最重要是在培训项目设计时应充分了解和预估受训人员在工作中可能会碰到的问题，并传授受训人员处理相关问题最重要的原则、技巧，同时还应向其明确这些原则、技巧的适用范围。

10. 认知转化理论认为，培训成果能否转化取决于受训人员"回忆"起所学知识、技能和态度的程度，只有所学培训内容被记忆的程度高，才可能增加受训人员将实际工作中的问题与所学知识、技能和态度相结合的机会，从而提高培训成果转化的成功率。

关键术语

培训组织工作　培训机构　培训讲师　培训成果转化　同因素理论　激励推广理论　认知转化理论　培训成果转化环境

复习与讨论

1. 培训管理者在培训项目实施过程中的职责有哪些？

2. 在培训实施过程中培训讲师应履行好哪些职责？
3. 高层管理者应履行好哪些职责，才能营造有利于培训成果转化的良好环境？
4. 你认为可从哪些方面对培训机构进行选择？
5. 为了提高内部讲师的素质，应做好哪些制度建设？
6. 同因素理论、激励推广理论与认知转化理论对你进行培训项目实施方案设计时有哪些启示？

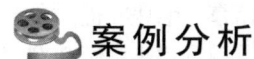 案例分析

案例一

某企业在一次管理技能培训活动过程中，负责该项目的高级培训师王斌要求每位受训人员在情景模拟、案例分析时都需"本色出演"，而非"角色扮演"，即在真实工作环境中受训人员是什么身份，在培训项目上也是什么身份。对某些不理解的受训人员，王斌这样解释："采用'本色出演'的方式进行培训学习，可最大限度地实现培训环境工作情景化，使学员得以实际演练并获得更多体悟，同时也使得培训过程成为学员真实处理及演练实际问题的过程。"

实践证明，王斌的"本色出演"教学方法是成功的：受训人员普遍认为这样的培训与工作非常相关，能很好地为"学以致用"作好准备。

思考题：
1. 王斌这种"本色出演"培训法运用了哪种培训成果转化理论？
2. 你还知道哪些培训成果转化理论？

案例二

一位培训部门负责人说，自从他所在的企业建立员工培训机制，形成与培训相挂钩的晋升晋级制度以后，不论是基层员工还是各级主管都非常积极地想参加培训活动以提升自己的综合素质。与此同时，由于企业经济效益好，经常还会设置比较时髦的课程、邀请比较大牌的讲师，因此培训现场都非常热烈。

然而，他发现虽然培训现场轰轰烈烈，但他们回去之后似乎还是老样子："该干嘛仍干嘛！"为此，他苦恼的很。

思考题：
1. 为什么培训完之后受训人员只是"心动"而不"行动"？
2. 你有哪些好方法可促进受训人员进行培训成果转化？

实训训练

1. 实训目的

通过本项目的实训训练，以进一步理解同因素、激励推广、认知转化等培训成果转化理论，并熟练掌握组织实施培训项目的技巧。

2. 实训内容与要求

以学校（或院系）组织的某次学生教育活动为例，用同因素、激励推广、认知转化等培训成果转化理论分析该培训活动组织过程中的优劣之处，然后根据本项目所学知识，提出相关教育活动的改进建议，并形成一份2000字左右的研究报告。

3. 实训组织方法及步骤

（1）将学生分成若干小组，以4～6人为一组；

（2）小组实施调查，收集数据；

（3）整理资料，分析数据，撰写研究报告；

（4）教师组织学生对研究报告进行分析和评议。

4. 实训时间

本实训数据调查与报告撰写可让学生利用周末时间进行，课堂讲解与评析各占2个课时。

5. 研究报告的要求

研究报告主要侧重能根据培训成果转化理论进行现象分析，并能提出相关的改进措施。

6. 实训成绩评定

（1）实训成绩按优秀、良好、中等、及格、不及格5个等级评定；

（2）成绩评定参考标准：

①能否正确理解同因素、激励推广、认知转化等培训成果转化理论；

②案例调查与分析是否充分；

③所提出的建议是否具有可行性、针对性；

④文字表达是否流畅，逻辑性强；

⑤小组成员是否都能参与实训；

⑥课堂讲解、讨论、分析等实训环节占总成绩的50%，实训报告占总成绩的50%。

项目测验

不定项选择题

1. 企业培训活动的参与者一般包括（　　）。

    A. 培训管理者　　　　　　　　　　B. 培训讲师

C. 生产人员　　　　　　　　　　D. 企业高层管理者
2. 培训讲师的工作不包含（　　）。
　　A. 设计培训课程及内容　　　　　B. 培训活动的实施、组织与管理
　　C. 为企业相关工作提供咨询服务　D. 设计培训效果评估方案
3. 培训对象一般包括（　　）。
　　A. 新入职员工　　　　　　　　　B. 一线基层人员
　　C. 技术人员　　　　　　　　　　D. 高层管理人员
4. 培训对象在培训过程的义务有（　　）。
　　A. 积极配合培训前期工作　　　　B. 积极参与培训活动
　　C. 做好培训总结工作　　　　　　D. 积极实践培训内容
5. 企业高层管理者一般可采用（　　）等方式支持培训工作。
　　A. 树立重视员工培训工作的态度　B. 参与培训地点的考察及选择
　　C. 支持员工培训组织体制建设　　D. 做好员工培训规划工作
6. 培训开始前的具体事项有（　　）。
　　A. 检查培训后勤准备　　　　　　B. 联络讲师并浏览其课件
　　C. 确认并通知参训人员　　　　　D. 落实培训期间的交通食宿
7. 培训活动开展时，培训管理人员应（　　）。
　　A. 观察讲师的表现、受训人员的反应，及时与培训讲师沟通、协调
　　B. 处理培训过程中的意外情况
　　C. 做好培训课堂的拍摄、录音、录像工作
　　D. 协助控制培训、休息时间
8. 培训活动实施过程中，培训对象应（　　）。
　　A. 遵守培训管理制度
　　B. 认真按照培训讲师的要求参与培训活动
　　C. 要求培训讲师单独给自己"开小灶"
　　D. 配合培训管理人员维护培训秩序
9. 培训结束后，培训管理人员应（　　）。
　　A. 考核受训人员培训成绩
　　B. 制作并颁发相关证书
　　C. 制作调查问卷并进行培训跟踪
　　D. 撰写培训小结
10. 培训机构选择的来源有（　　）。
　　A. 学历教育培训机构
　　B. 技能教育培训机构
　　C. 管理（技术）咨询培训机构

D. 能给回扣的培训机构

11. 培训机构选择的评价方法有（　　）。
    A. 分析培训机构所开展项目的针对群体
    B. 分析培训机构所开展项目的培训内容
    C. 分析培训机构所开展项目的教学方法
    D. 分析培训机构所报的培训成本

12. 为提升内部讲师建设，应完善（　　）等内部讲师管理制度。
    A. 内部讲师筛选制度　　　　　　B. 内部讲师培训制度
    C. 内部讲师考核制度　　　　　　D. 内部讲师旅游制度

13. 根据培训成果转化的认知转化理论，讲师在培训过程中应（　　）。
    A. 采取措施，向受训人员提供有意义的材料和编码策略等来提高培训内容被记忆的程度
    B. 鼓励受训人员思考培训内容可能在实际工作中的运用
    C. 培训过程尽量由受训人员提出工作中遇到的问题或主动提出相关案例
    D. 引导受训人员积极向上司介绍在培训过程中学到的知识或技能

14. 培训成果转化的影响因素有（　　）。
    A. 受训人员特征　　　　　　　　B. 培训项目的设计
    C. 个人的运气　　　　　　　　　D. 工作环境的特点

15. 影响培训成果转化的工作环境包括（　　）。
    A. 管理者支持　　　　　　　　　B. 同事认可
    C. 执行机会　　　　　　　　　　D. 技术支持

16. 强化受训人员成果转化积极性的措施有（　　）。
    A. 设立培训考核机制　　　　　　B. 完善晋升晋级措施
    C. 立即给受训人员加工资　　　　D. 给受训人员报销培训费用

17. 培育利于成果转化环境的措施有（　　）。
    A. 创造开展新知识技能的实践条件　B. 提高管理者支持程度
    C. 强化人力资源管理部门督导力度　D. 建立受训人员联系网络

18. 培训成果转化的同因素理论是由（　　）提出来的。
    A. 桑代克　　　B. 伍德沃斯　　　C. 纳斯特　　　D. 德鲁克

参考答案

补充材料

项目五　评估培训效果

知识目标

1. 了解柯氏培训评估模型的操作方式
2. 了解培训效果评估数据的基本方法
3. 掌握评估培训效果成本、收益的方法
4. 掌握培训效果评估报告的基本格式

技能目标

1. 学会使用柯氏、CIPP、CIRO 等模型开展培训效果评估
2. 学会使用访谈法、问卷法、观察法等方法收集培训效果数据
3. 学会进行培训效果成本、收益分析
4. 掌握撰写培训效果评估报告的技巧

情境任务设计

一家欧洲知名的科技公司培训部门负责人对公司内部的一名培训讲师非常担心，因为该讲师在受训人员满意度（反应评估）的调查中，分数一直比较低。为此，他联系到畅销书《Spin Selling》的作者尼尔·拉克姆寻求建议。

当尼尔·拉克姆深入调查这个问题时，结果令人大吃一惊。当以受训人员的工作成果（成果评估）作为评估数据时，该讲师的培训成果转化情况却是最好的那类。由此可见，进行培训效果评估时，数据来源的综合性非常重要。

训练任务

1. 培训效果评估时为什么会出现这种数据互相矛盾的情况？
2. 一般来说，可从哪些角度进行培训效果评估以获取较全面的数据？

训练目标

了解培训效果评估的基本模式，掌握收集与分析培训效果数据的方法；了解培训效

果评估各模式的运用范围。

训练要求

学生分成若干学习小组，讨论并回答"训练任务"提出的问题。

训练考核

每组派出一名代表与教师组成评委团，对各小组的讲解与分享进行综合评估，教师与各小组代表评分分别占总成绩的50%。

本项目学习任务

1. 根据所学知识，对比分析柯氏、CIPP、CIRO等模型开展培训效果评估的优缺点。
2. 以小组讨论的形式，对访谈法、问卷法、观察法等收集培训效果数据的方法进行分析，并提出自己的观点。
3. 以某一培训项目为例，开展培训效果的成本收益分析。
4. 对某一培训项目进行调查分析后，撰写一份培训效果评估报告。

任务1　认知培训效果评估的模型

➤ 即时案例

> Q公司是一家集研发、生产、销售一体化的企业。由于技术领先，这两年企业发展非常快，仅在2015年公司各部门就共录用了100多名新员工。
>
> 为使员工素质能跟上企业发展的步伐，公司对员工的培训投入较大：既有分类别的培训，也有外派学习的培训。为评估这些培训项目的效果，2015年应届毕业生小刘通过校园招聘，被录用做专门负责员工培训数据的收集整理工作。作为一名新人，很多工作她也一头雾水，比如说培训项目千差万别，都能用柯氏模型开展培训效果评估吗？

即时问题

1. 你认为一个培训项目开展的好不好，可从哪些方面进行评估？
2. 除柯氏培训效果评估模型外，你还知道其他哪些评估模型？

一、柯氏培训效果评估模型

柯氏培训效果评估模型,即柯克帕特里克培训评估模型,它是当前培训评估中运用最广泛的一种模型。柯氏模型认为,培训效果可从反应评估、学习评估、行为评估和成果评估等四方面进行评估。

(一)反应评估

反应评估是柯氏培训评估模型的第一层级,该评估主要是通过了解受训人员对培训活动的满意程度来评估培训活动组织工作成效。反应评估一般在培训课程结束后,通过电话、问卷、观察及访谈等方式,对培训进度及时间安排、培训讲师教学技巧运用、培训课程内容安排、培训教材的质量、培训场地的舒适度,培训设备的使用等进行评估。

为提高评估的效度,反应评估一般采用问卷调查方式来进行,以避免参与调查的学员因隐私问题而作出违心的判断。设计问卷时,一般应注意以下几点:问卷所涉及的内容应能基本涵盖培训组织工作的方方面面;所设计的题目选项应具有区别度;尽量能将反馈意见书面化;调查项目应是当前最迫切需要解决的问题;评估调查完成之后应能与受访人员进行再次沟通确认。

相关链接

反应评估调查问卷(范例)

为了解您的需求在××培训活动中的满足程度,请您花费几分钟时间帮助完成下面这份表格。填写之前,请您明确以下两点:
　　A. 请您填写真实的感受,这点非常重要。
　　B. 以下所有问题都为单项选择题,请在您的答案前打√

1. 培训课程的内容与本人工作的相关程度:
A. 密切相关　B. 一般相关　C. 关系不大　D. 没什么关系
2. 您对本次培训讲师的仪容仪表及讲课风格:
A. 很满意　B. 满意　C. 一般　D. 不满意
3. 您对本次培训活动所提供的服务(包括餐饮、场地、设备等):
A. 很满意　B. 满意　C. 一般　D. 不满意
4. 您对本次培训活动所用的教材或辅导资料:
A. 很满意　B. 满意　C. 一般　D. 不满意

5. 您对本次培训活动的时间安排：
A. 很满意　B. 满意　C. 一般　D. 不满意
6. 就本次培训而言，您认为还有哪些需要改进的地方：

若采用问卷法进行反应评估，首先，要对每个问题的各个选项进行赋值；其次，将每个选项所赋予的分值与选择这个选项的总人数相乘；再次，将所得的结果相加；最后，再除以所回收问卷的总数，这个数值就是某个问题的平均分数。据此，就可了解此培训项目在该项问题上的评估情况；与此同时，也可与其他题进行对比，以了解该项目的在本次培训活动中的整体情况。

相关链接

你满意培训讲师的讲课风格吗？

以了解某次培训活动，讲师的仪容仪表及讲课风格的满意程度为例，假若 A 选项"很满意"为 4 分，B 选项"满意"为 3 分，C 选项"一般"为 2 分，D 选项"不满意"为 1 分。所回收的调查表为 50 份，对于本题的汇总是：选 A 为 26 人，选 B 为 19 人，选 C 为 3 人，选 D 为 2，则题目的最终最分为 3.38：$(4 \times 26 + 3 \times 19 + 2 \times 3 + 1 \times 2)/50 = 3.38$

（二）学习评估

学习评估主要是通过了解培训对象在培训活动结束后知识、技能或态度等方面的变化情况来评估培训效果。若培训后，受训人员的知识、技能或态度等有明显的提升，则说明培训效果良好。与反应评估相比，学习评估更复杂，所花费的时间和成本也相对更高。学习评估主要通过测验试卷、实地操作、培训观察评分及小组研讨等方式来考察和评估与培训活动相关的知识、技能或态度等，可以在培训开始前，也可在培训中及培训结束后进行。

一般来说，学习评估可通过纵向对比和横向对比两种方式来评估培训效果。

纵向对比，是在培训活动开始前和培训活动结束后，采用试卷或其他测量工具分别测验受训人员的知识、技能或态度的状况，然后通过对比分析来衡量培训效果。纵向对比的评估对象是所有受训人员。在设计纵向对比所需要的试卷时，要注意应紧紧围绕培训项目的具体目标，并且要与培训内容保持一致。另外，还要注意评估实施的时间分别为培训开始前和培训结束后。

横向对比，则应事先设定试验组和参照组，通过对比这两组人员的知识、技能或态度的变化情况来评估培训效果。其中试验组为参与此项培训项目的人员，参照组可为接受过此项培训的人员也可为没有参与过培训的人员。选定参照组人员时，应注意保证参照组与试验组具有相同的特征，如具有相同的工作内容、工作时间等。

相关链接

受训人员的执行力得到了提升

以某企业进行的"执行力培训"为例，首先在培训前选择好所需要的参照组，在培训开始前一天和培训结束后的第二个月分别进行调查测验。调查方式为试卷，满分为100分。汇总后统计结果显示，通过培训受训人员的执行力净增了12.5分，由此可见，此次培训对受训人员的"执行力"提升起到了一定的作用。

项目	试验组平均分数	参照组平均分数
培训前	65.6	66.3
培训后	83.2	71.4
分数增加	17.6	5.1
净增分数	12.5	

（三）行为评估

行为评估，是指在培训结束后三个月至半年的时间，通过观察、访谈、问卷调查等方法了解参与培训学员的新知识、技能或态度在实际工作中运用的状况，从而对培训效果进行分析与评估。

行为改变的影响因素有很多，以行为评估来分析培训效果时要对以下情况有清醒的认识：有些培训对象已经具备了行为改变的能力，但因缺乏足够的预期回报而没有将改变付诸实施；有些具备了改变行为的能力也拥有足够的可预期回报，但缺乏行为改变的条件，而造成行为最终未改变；有些具备行为改变的能力，也拥有其他条件，但仍难以完成行为改变。总之，一定要记住行为的改变需要一定的基础。受训人员的行为在培训之后若没有改变可能并不是培训没有效果。

行为评估与学习评估类似，一般也采用对比的方式进行。开展评估工作时，应注意要给受训人员行为改变充足的时间。另外，为确保评估的准确性和客观性，在培训前后都要对试验组和参照组进行数据采集。为提高效度，也可适当增加评估的次数。数据来源不仅可来自培训对象本人，也可来自日常工作中与培训对象联系紧密的人。

相关链接

行为评估模型构建（范例）

项目	描述
对于行为改变重要性的认识	1. 有哪些行为需要在培训过程中进行改变？ 2. 哪些行为改变是在培训结束较为迫切的？ ……
行为改变的实施	1. 参与培训学员为了行为改变而进行了哪些准备？ 2. 参与培训学员是否按照预期改变了行为？ ……
行为改变的期望	1. 如果有机会，是否会采取主动行为推动行为改变的发生？ 2. 团队、组织或者规则需要做出哪些变化来适应行为改变？ ……

（四）成果评估

成果评估，是通过对培训项目给企业产生的经济效益进行评估来衡量培训效果的一种方法。这是柯氏评估模型最高的层级。成果评估的项目主要包括企业利润、生产成本、顾客满意度等具体指标。由于难以证明员工和企业业绩的变化情况有多少是由培训项目的开展而带来的，因此，成果评估难以做到准确性、全面性和针对性。

成果评估一般宜在培训结束后半年或一年后进行，可通过对企业生产产品的数量、质量、效率、成本等具体指标进行评估，采取趋势线分析、专家评估及全方位满意度调查测量等方式开展。

进行成果评估时，既可通过对反应评估、学习评估和行为评估等三层次的优化和完善来进行，也可通过调查和收集一些受训人员行为变化的实际事例、数据或者证据来弥补成果评估自身的不足。

二、CIPP 培训效果评估模型

1967 年，美国学者斯塔弗尔比姆（Stufflebeam D. L.）在对泰勒行为目标模式反思的基础上提出了 CIPP 评估模型。与柯氏评估模型不同，CIPP 评估模型偏重于为培训项目的开展提供信息，具有全程性、过程性和反馈性的特点，因此亦称决策导向型评估模型。CIPP 评估模型认为，在对培训项目进行评估时可从背景评估、输入评估、过程评估、成果评估等四方面来进行。

（一）背景评估（Context evaluation）

在采用泰勒行为目标模型开展学习评估时，斯塔弗尔比姆发现有些学习或培训项目的设计者对受训人员的情况并不了解，导致制定的学习或培训目标并没考虑受训人员的基础，目标不切合受训人员的实际。与此同时，教师或培训讲师对目标的看法也不一致。为此，大大降低了项目的学习或培训效果。

所谓背景评估，就是在企业当前环境下评定教育或培训对象的需要、问题、资源和机会。需要指为实现培训目的所必需的、有用的事物；问题指满足受训人员培训需要而必须克服的不利因素；资源指企业可以得到的专家、设施和服务；机会指满足培训需要，解决相关问题的时机。

背景评估需主要解决的问题有：其一，了解培训项目的背景情况；其二，界定培训项目的预期受益人并评定其需要；其三，弄清满足培训需要所存在的问题和障碍；其四，界定企业所能掌握的资源和资助时机；其五，评定培训项目目标的清晰度和适切性。

相关链接

"财务技能培训项目"的背景评估

以"财务技能培训项目"为例，在准备实施该项目之前，企业培训管理人员需要预先对该项目进行背景评估。如企业为什么要开展财务技能培训项目，设计该项目的原因有哪些？哪些人可能需要参加该培训项目，他们都有哪些需求？为实现培训项目预期受益人的需求，企业可能还存在哪些障碍？什么时候开展此培训项目较好？……

在充分评估上述背景之后，才能开始设计"财务技能培训项目"的培训目标、培训内容及培训方法等。

（二）输入评估（Input evaluation）

所谓输入评估，是指在背景评估的基础上，对达成培训目标所需的条件、资源以及各备选方案的相对优点所做的评估。输入评估所要评估的主要问题有：培训方案能否满足培训需求；还有哪些备选方案；为什么不选择其他备选培训方案；培训方案的合理性、合法性、道德性；培训方案的预算资金能在多大程度上满足培训的需要；能否筹备齐培训方案所需的人力及设施等等。

对于培训管理人员而言，在输入评估阶段，所要开展的工作有：其一，考查培训方案与备选方案的优点；其二，评估培训方案预算的适宜度；其三，考查企业现有资源能否保证实施培训方案；其四，评估培训方案的工作计划和日程安排是否合理；其五，考查培训方案在技术方面和组织实施方面是否可行；其六，撰写输入评估草案报告，并召开反馈讨论会，就输入评估的结果，进行讨论；其七，完成输入评估，提出改进措施，呈培训管理部门。

（三）过程评估（Process evaluation）

所谓过程评估，是指对培训方案实施过程中所做的连续不断地监督、检查和反馈。过程评估的目的是为组织与实施培训项目的人员提供信息反馈，以及时地、不断地修正或改进培训项目的执行过程。

过程评估主要通过以下方式进行：其一，观察培训实施过程中可能导致失败的潜在问题，并提出排除潜在问题的方案；其二，分析培训实施过程中可能导致失败的不利因素，提出克服不利因素的方法；其三，分析并记录培训实施过程中实际发生的事情和状况；其四，分析并判断现有状态与培训目标之间的距离；其五，监督执行培训计划或提出建议。

（四）成果评估（Product evaluation）

所谓成果评估，是指对培训目标达成程度所做的评价，包括：测量、判断和解释培训方案的成就，确证受训人员的需要满足的程度等。简单地说，成果评估就是要解决下列问题：培训项目实施后，企业及受训人员发生了哪些变化（肯定的和否定的、预期的和非预期的）；企业领导层是怎样看待这些变化的；获得的变化是否满足培训方案预期对象的需求。

在成果评估过程中，评估人员的工作主要有：其一，访问受训人员、部门经理、与受训人员密切联系人员等利益相关者对于培训正向结果和负向结果的评价；其二，选择合适的培训项目受益人，进行深度的个案研究；其三，鉴别或证明培训项目对受益人所产生的成效的范围、深度、品质和重要性；其四，汇总和评价培训方案对于企业效益的作用；其五，运用目标游离评价法，评价培训方案的真实成效；其六，获取之前或其他企业同类培训项目的相关信息，进行对比，以判断本培训项目的成效；其七，撰写培训成效评估报告，并呈送培训管理部门。

相关链接

成果评估的价值所在

成果评估具有非常重要的意义。首先，在某一培训项目或某段培训结束之后进行的成果评估，可以判断受训人员对培训内容的掌握程度、能力水平或学习水平的高低；其次，通过成果评估，还可以对培训讲师、培训组织工作质量进行评价，从而进行适当调整；最后，成果评估可作为培训管理人员判定培训方案是否有效的依据。

三、CIRO培训效果评估模型

1970年，奥尔（P. Warr）、伯德（M. Bird）和莱克哈姆（Rackham）在CIPP模型

的基础上，通过研究提出 CIRO 培训评估模型。相比柯氏四级培训评估模式，CIRO 模型不把培训评估活动看成是整个培训活动的最后一环，而认为是具有"独立、终结"特点的一个专门步骤，它应介入到培训过程的各个环节。培训项目评估工作应随整个培训活动的开展而启动，甚至超前于培训活动。输入评估应先于培训活动展开，即培训方法、手段、师资、渠道、媒体等的选用与配置应先于培训活动。

与 CIPP 略有不同，CIRO 模型认为，要评估一个培训项目的效果，应从背景评估（Context evaluation）、输入评估（Input evaluation）、反应评估（Reaction evaluation）、输出评估（Output evaluation）等四方面综合进行。

（一）背景评估

所谓背景评估，就是分析评估实施培训项目运行的基本条件，其主旨是在收集与分析培训项目的预期受益人信息、了解其培训需求的基础上，确认培训项目的必要性、可行性。

在这一过程中，需要评估三个层次的目标：最终目标（企业可以通过培训项目克服或消除的薄弱之处）、中间目标（员工通过培训项目可产生的行为改变）和直接目标（通过培训项目，员工可以获取的新知识、技能或态度）。

（二）输入评估

所谓输入培训，就是对企业的资源包括内部资源和外部资源进行分析评估，在可行性认证的基础上，为培训项目的开展进行合适的资源配置。

输入评估阶段，培训管理人员的主要任务是：其一，收集和汇总可利用的培训资源；其二，评估和选择培训资源——对可利用的培训资源进行利弊分析；其三，确定培训项目的实施战略与方法。

（三）反应评估

所谓反应评估，就是通过收集与评价培训项目参与人员在项目实施过程中的行为反应，并据此对培训项目中可能存在的问题进行调整。这个评估过程所依赖的数据，主要是受训人员的主观信息。

在开展反应评估时，培训管理人员的主要任务有：其一，收集和分析受训人员对培训项目的反馈信息；其二，调整与改进培训项目的运作流程；其三，综合运用观察法、访谈法、问卷调查等方法进行数据收集。

奥尔、伯德和莱克哈姆认为，如果能用客观、系统的方法对受训人员的反馈信息进行收集和利用，那么反应评估所提出的意见或观点将会对培训项目的改进产生非常大的作用。

（四）输出评估

所谓输出评估，就是通过收集、界定使用培训项目所学新知识、技能或态度之后企业及受训人员绩效的变化情况，以评估培训效果的一种方式。输出评估包括四个阶段：

界定趋势目标、选择或构建这些目标的测量方法、在合适的时间进行测量和评估结果以改善以后的培训。

奥尔、伯德和莱克哈姆认为，一个良好的培训项目会使受训人员在知识、技能或态度方面发生变化，而这些变化又将通过他们的行为反映出来，并改善其工作业绩，进而提高企业绩效。然而，这些变化及其结果因属于深层范畴的变化，其评估难度往往非常大，但仍然可以在培训之中或培训之后进行衡量。为此，输出评估可以分层次来进行，也就是说，可以对前述的培训目标的检验，评定培训结果是否真正有效或有益。

与此同时，CIRO 模型认为，要想使输出评估获得成功，还需在培训项目开始之前对培训的预期目标作出尽可能确切的定义和说明，并根据这些目标选择或构建好评估的标准，只有这样才能真正做好输出评估。

四、"五级六指标"培训效果评估模型

1996 年，杰克·菲力普斯（Jack Phillips）在柯氏模型的基础上，提出"五级六指标"模型。与其他评估模型相比，"五级六指标"模型不仅关注培训产生的效果，还关注培训投入是否合算。

（一）第一级评估：反应和组织实施评估

第一级评估主要分析受训人员的培训满意程度和培训项目计划实施情况，其目标是分析培训项目实施后，受训人员对培训项目的满意度和反应的程度。开展第一级评估，可实现以下作用：

第一，衡量受训人员对培训项目的主观看法，主要是受训人员对培训项目和对培训讲师的反应和满意度；

第二，指导受训人员遵守项目实施的要求、项目内容或流程，运用新知识或新技能；

第三，改善培训项目的内容、设计和实施流程；

第四，指导受训人员制定行动计划，促成培训成果的转化；

第五，对比培训方案的实际实施状况和实施前的计划情况。

（二）第二级评估：学习评估

第二级评估的目标是分析受训人员应从培训项目中获得的新知识、技能或态度的转变程度；主要是通过测试、技能实践、角色表演、情景模拟、小组评估和其他评估工具，检验受训人员在培训中所学的内容，评估受训人员知识、技能或态度的变化。第二级评估的主要功能有：

第一，促进受训人员加强培训内容的学习；

第二，分析受训人员对培训内容的理解和吸收程度；

第三，改进培训项目的内容设计和实施流程；

第四，建议培训讲师优化教学方法。

（三）第三级评估：工作应用评估

第三级评估的目标是分析培训结束后，受训人员学到的知识和技能被应用到工作环境中时，行为发生了怎样的变化。评估指标应具有以下特点：行为是可观察到的和可衡量的；以结果为导向，描述清楚、具体；能具体说明受训人员在培训之后应该做出哪些改变。第三级评估的主要作用有：

第一，分析受训人员将培训中所学知识和技术应用在实际工作中；

第二，评估培训内容在企业的应用条件；

第三，探寻培训内容有效的条件；

第四，分析阻碍培训内容应用有效性的原因，以便改进培训项目。

（四）第四级评估：业务结果评估

第四级评估的目标是分析培训项目结束后，企业业务指标发生了怎样的变化和改善：学员利用培训所得的新知识、技术或态度产生的实际结果，包括产量、质量、废品率、成本节约、人员流动等各种结果指标。开展第四级评估时，应注意以下几点：

第一，评估目的在于确定培训对于改进组织绩效所产生的影响或效果；

第二，评估产生的主观数据应包括顾客的满意度、员工的敬业度、顾客的保留率、员工对顾客反应时间等变化情况；

第三，评估产生的客观数据应包括成本、产出、时间或质量等的变化情况；

第四，获得业务结果评估数据的方法有：培训前后分别收集数据，对通过培训引起的业务绩效的改进情况（或没有改进）进行分析，将培训的结果和适当的业务指标联系起来等。

（五）第五级评估：投资回报评估

第五级评估的目标是分析比较培训成本和收益，掌握培训项目带来的投资回报率，其主要方法是将培训项目产生的结果进行货币价值的转换，计算培训产生的经济效益，以及培训所花费的成本，进行成本效益分析。实施第五级评估时，应注意以下要点：

第一，本级评估关注的是相对于培训成本，培训产生的业务效果带来的用货币形式体现的价值；

第二，投资回报率可以用投资回报的价值或成本收益的比例（%）来表示；

第三，投资回报率衡量的是培训项目对实现企业目标的贡献大小；

第四，由培训项目产生的业务指标的改进所带来的投资回报率不一定都是正值。

除前面五项指标外，菲力普斯还非常重视无形收益的分析与转化，认为开展培训项目评估时，应注意将顾客满意度、员工敬业度、客户保留率、员工保留率等以非货币形式体现培训的价值进行分析评估，只有这样才能更全面的评估培训效果。

相关链接

表 5-1　"销售技巧培训"项目的"五级六指标"评估模型（范例）

项目：销售技巧培训
责任人：
日期：

级别	广义的项目目标	衡量指标	数据收集	数据来源	时间	责任人
一	反应/满意度 ★肯定性反应 ★建议改进的内容 ★要采取的行动	*在1至5数值范围内，质量、实用性、培训目标完成状况的平均值至少要达到4.7 *行动计划的提交率达到100%	反映问卷	学员	第二天结束	培训讲师
二	学习结果 ★获得的技能 ★技能的选用	模拟角色演练场景，演示正确选用15个销售技巧和影响客户的6个步骤	技巧练习	学员	第三天结束	培训讲师
三	培训内容应用/实施 ——使用技能的程度 ——使用技能的频率 ——确认障碍	*报告技巧得到应用的频率和程度 *报告在访问客户过程和获取订单时遇到的障碍	调查问卷培训结束后跟进	学员	培训后三个月 培训后三个星期	培训协调员 培训讲师
四	培训对业务的影响 ——销售增长	每周的销售额	绩效监控	销售报表	培训后三个月	学员的直接上司
五	ROI 至少达到25% 备注：说服利益相关者安排、设立控制组并网其指定标准					

任务2　收集评估培训效果的信息

▶▶ 即时案例

A公司是一家历史悠久的钢铁生产企业，当前公司面临这样一个问题：未来5～10年内将有60%的高级管理者退休。为培养新一代企业领导人才，防止因高级管理人员退休而使企业丢失领导决策能力，企业与某知名管理咨询机构历时半年之久共同开发了"创新型领导力培训项目"。

鉴于培训投入巨大以及该项目对公司的重要性，企业高层领导非常想知道该项目是否有用，以及想从受训人员及其上司那里收集信息。为此，公司派出的专门人员通过观察、访谈、问卷调查等方法获知，许多受训人员在管理岗位上取得了很大进步：培训项目结束后，61%的受训人员被上司认为领导技巧更加有效；45%的受训人员在发展自己的下属方面更有成效；100%的受训人员认为自己从整体上得到提高……

这些有说服力的数据，使得"创新型领导力培训项目"得到延续并扩大了实施的范围。

即时问题

1. 你认为，哪些数据可用于评估一个培训项目的效果好坏？
2. 除观察、访谈、问卷调查之外，你还知道哪些收集培训效果评估数据的方法？

一、培训效果评估所需的数据类型

培训效果评估的前提是要准确收集与培训项目相关的数据。一般来说，培训评估需要的数据包括硬性数据和软性数据两类。

（一）硬性数据

1. 硬性数据的特征

所谓硬性数据是指那些客观的、理性的、无争论的事实，是培训评估中最希望掌握的数据类型。硬性数据一般具有以下特点：

第一，一般是定量化的数据；

第二，容易测量；

第三，是衡量企业绩效的常用标准；

第四，比较客观；

第五，比较容易转化为货币价值；

第六，衡量管理业绩的可信度较高。

2. 硬性数据的类型

可用于评估培训效果的企业硬性数据有企业产出、产品质量、生产成本、生产时间等四种。

第一，企业产出。为科学衡量培训之后，企业的绩效变化情况，评估者可收集员工、企业实施培训前后的产出数据进行对比，以此评估培训效果。可用于展示企业产出绩效的数据有生产的数量、制造的重量、装配的件数、售出的件数、销售金额、加工数量、存货的流动量、任务的完成量、订货量、发货量等。

第二，产品质量。产品质量方面的数据也能很好体现培训效果。具体的可收集数据包括废品率、次品率、退货率、出错率、返工率、缺货率、与标准的差距、生产故障率、事故数量、客户投诉数等。

第三，生产成本。对比培训前后的生产成本变化情况，也可反映培训的效果。可收集的具体数据：材料成本、单位成本、财务成本、流动成本、固定成本、运营成本、推广成本、管理成本、事故成本、销售费用等。

第四，生产时间。通过培训前后同量产品的生产时间变化情况，也可以评估培训效果。具体指标有生产效率、周转周期、加班时间、每日平均工时、开会时间、客服应答时间、设备停工时间、设备修理时间、工作中断时间等。

相关链接

表 5-2　企业常用的培训效果评估硬性数据

产出	成本	时间	质量
生产的单件产品数	预算变化	设备停机时间	废料的比例
制造完成的重量	单位成本	加班时间	废品率
组装的零件数	可变成本	出货时间周期	客户拒收率
回收的货款	固定成本	项目完工时间	订单出错率
出售的零件数	一般管理成本	监管的时间	返工率
完成的表格数	运营成本	新员工的试用期	顾客投诉率
放出的贷款额	成本减少	培训时间	缺料率
库存周转率	项目成本	会议日程	与标准的偏差
来访的病人数	项目成本节约	维修时间	生产故障率
处理完的申请数	事故成本	工作中断时间	事故数量
毕业的学生数	销售费用	订单响应时间	
完成的工作任务		报告延迟时间	
每小时的产出			
预定的工作量			
奖励分红金额			
出货量			
开发的新客户			

（二）软性数据

1. 软性数据的特征

由于培训效果具有一定的滞后性，硬性数据经常需要一段时间后才能统计出来，为此也需要借助"满意度"等软性数据进行培训效果评估。软性数据一般具有以下特点：

第一，有时难以量化；

第二，相对来讲不容易测量；

第三，作为绩效测评的指标，可信度较差；

第四，多数情况下是主观性的；

第五，不容易转化为货币价值；

第六，一般是行为导向的数据。

2. 软性数据的类型

衡量培训效果的软性数据，可从企业氛围、满意度、新技能运用、工作习惯改变、员工发展、员工创造性等方面收集。

第一，企业氛围。进行培训效果评估时，可从下列企业氛围的特征变化来衡量：顾客（同事）不满数量、歧视顾客（同事）次数、同事投诉数、员工离职率等。

第二，满意率。具体包括工作满意度、员工态度的变化、责任感、员工忠诚度、员工自信心、员工肯定性行为次数、员工对岗位职责的理解程度等。

第三，新技能运用。通过观察、调查受训人员培训后工作中运用新技能的情况，也可了解培训效果。具体指标有应用新技能的积极性、应用新技能的频次、应用新技能的成功率、解决问题的时间、处理冲突的方法等。

第四，工作习惯的改变。可反映培训效果的具体数据有旷工率、消极怠工数、病假数、违反劳动纪律数、沟通破裂数等。

第五，员工发展。受训人员与对照组相比，升迁人员的数量、工资增加的数量、岗位轮岗的请求数量、业绩自我评估的分数等也能较好评估培训效果。

第六，员工创造性。在新想法的实施数、项目的成功完成数、给企业的合理化建议数、个人目标的设置等方面，与对照组或培训前后的对比分析情况，也可以评估分析培训之效果。

相关链接

表5-3 企业常用的培训效果评估软性数据

工作习惯	感觉/态度	新技能	进步/改善	工作氛围	主动性
缺勤	工作主动性	倾听	工作效率的提高	不公平待遇的数量	新想法的实施
怠工	工作态度	阅读速度	加薪次数	员工抱怨	项目的圆满完成
超额休息	工作责任心	应用新技能的意向	参加培训次数	工作满意度	提交的建议数量

续表

工作习惯	感觉/态度	新技能	进步/改善	工作氛围	主动性
违反安全条例	积极工作行为	使用新技能的频率	业绩考评等级	员工流失	落实的建议数量
沟通故障	员工敬业度	做决定的次数	工作效率的提高	诉讼案件	工作成就
	员工士气	解决的问题 避免的冲突 心理咨询问题	故障改善或解决	员工满意度	明确工作目的和设计业绩指标

二、培训效果评估数据的收集方法

为提升培训效果评估的信度与效度，采用正确的数据收集方法非常重要，一般来说，根据评估数据的特性，可采用访谈法、问卷法、观察法、测验法、档案分析法等方法收集培训效果评估数据。

（一）访谈法

访谈法是指培训效果评估人员通过与受训人员面对面的交流，获取培训效果数据的一种工作分析方法。

1. 访谈法的特性

由于访谈法收集培训效果评估数据，主要是通过培训效果评估人员与受训人员面对面的交谈方式来实现，因此具有以下优点：

第一，灵活。访谈调查是培训效果评估人员根据调查数据的特性，以口头形式，向受训人员提出相关问题，通过他们的答复来收集培训效果软性数据，具有灵活多样，方便可行的特点。

第二，准确。访谈调查是培训效果评估人员与受训人员进行的直接交流，因此可通过培训效果评估人员的努力，使受训人员消除顾虑，放松心情，这样就提高了评估数据的真实性和可靠性。

第三，深入。在面对面的访谈过程中，培训效果评估人员不仅可收集受训人员回答的信息，还可以通过观察受训人员的动作、表情等非言语行为，来鉴别回答内容的真伪，及其对培训项目的真实看法。

访谈法除存在受培训效果评估人员的价值观、态度、谈话技巧等个人特征影响数据收集之外，还具有以下缺陷：

第一，成本较高。访谈法常采用面对面的个别访问的方法，有时路上往返的时间比访谈时间还多，并且还会遇到数访不遇或拒访等情况。与问卷调查法等相比，访谈法要付出更多的时间、人力和物力，因此难以大规模实施。

第二，缺乏隐秘。由于访谈法要求被访受训人员当面作答，这会使被访受训人员因感觉到缺乏隐秘性而产生顾虑，尤其对诸如培训讲师评估等敏感性问题，被访受训人员往往会回避或不作真实的回答。

第三，记录困难。访谈调查是访谈双方进行的语言交流，如果被访受训人员不同意现场录音，对培训效果评估人员的笔录速度的要求就很高，而培训效果评估人员一般没有进行专门速记训练，往往无法完整地将谈话内容记录下来。

2. 访谈法的运用要点

为提升访谈法收集培训效果评估数据的准确率，评估人员以访谈法开展工作时，一般应注意以下几点：

第一，精心设计提纲。开展培训效果评估数据访谈调查之前，一定要精心设计访谈提纲，明确访谈的目的和所要收集的评估数据，列出需要通过访谈获取的效果评估数据及可能需要提出的问题。

第二，适时进行提问。要想通过访谈获取培训效果评估所需数据，就需注重提问技巧，在表述上要求简单、清楚、明了、准确，并尽可能地适合受访人员的个性特点；注意开放型与封闭型、具体型与抽象型、清晰型与含混型提问形式的综合运用。

第三，准确捕捉信息。访谈法收集培训效果评估数据的主要形式是"倾听"：态度上，培训效果评估人员应"积极关注地听"，而不是"表面地或消极地听"；情感上，评估人员要"有感情地听"和"共情地听"，避免"无感情地听"；认知上，要随时将受训人员所说的话或信息迅速地纳入自己的认知结构中加以理解和同化，并进行准确记录。

第四，适当作出回应。培训效果评估人员不只是提问和倾听，还需要将自己的态度、意向和想法及时地传递给受训人员，以鼓励受训人员准确反馈自己对培训项目的看法。回应方式，既可以是诸如"对""是吗""很好"等言语行为，也可以是点头、微笑等非言语行为，还可以是重复、重组和总结。

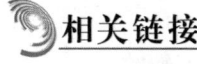
相关链接

表5-4 工作绩效评估表（范例）

绩效指标名称		培训前				培训后				总体评估
		优	良	中	差	优	良	中	差	
工作能力	操作能力									
	知识能力									
发展能力	学习能力									
	创新能力									

续表

绩效指标名称		培训前				培训后				总体评估
		优	良	中	差	优	良	中	差	
工作质量	任务完成情况									
	完成质量情况									
	工作效率									
沟通能力	人际交往能力									
	协调能力									
	组织能力									
	应急能力									
备注										

（二）问卷法

问卷法，指培训效果评估人员运用统一设计的问卷向受训人员了解对培训项目看法的调查方法。

1. 问卷法的特性

与访谈法相比，问卷法具有以下优点：

第一，广泛性。问卷法最大的优点是能突破时空限制，在不影响受训人员正常工作的情况下进行培训效果评估数据收集。

第二，量化性。由于问卷所进行的调查项目几乎一致，适合进行量化统计与分析，并能就某些需要重点掌握的培训效果数据进行深入调查，为此所收集的数据相对于访谈法而言更具有量化性。

第三，匿名性。问卷调查设计时，为保持被访人员的隐私，常常采用匿名的形式来进行。为此，被访受训人员提供的数据会更真实。

第四，经济性。一般来说，开展问卷调查工作时，常可采用预先、批量式的方式，为此更加节省人力、时间和经费。

当然，由于问卷调查不能兼顾每位受访人员的特性，因此也存在以下缺陷：

第一，只能获得书面的信息，而不能了解到生动、具体的培训效果评估信息。

第二，缺乏弹性，很难作深入的定性分析。

第三，难以了解被访受训人员是认真填写还是随便敷衍，是自己填写还是请人代写，因此数据失真的可能性较大。

第四，若被访受训人员对问题不了解或对回答方式不清楚，因得到进一步指导和说明的渠道不便，他们常常会敷衍了事。

第五，因填答问卷比较容易，被访人员常存在任意打钩、画圈，或在从众心理驱使下按照主流意识填答的情况，从而使得培训效果评估调查失真。

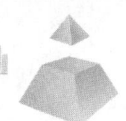

第六，问卷调查常存在回复率或有效率低的状况，这为培训效果评估数据收集量带来一定挑战。

2. 问卷法的运用要点

第一，规范问卷调查的流程。采用问卷调查收集培训效果评估数据，首先应根据希望评估的项目设计好调查问卷；其次，选择调查对象，即希望调查的受训人员；再次，分发问卷、回收问卷、审查问卷；最后，整理回收的问卷并进行分析和研究。需要注意的是，各个环节都应根据可能被调查的对象的特点，来设计培训效果评估工作，以防数据失真。

第二，做好调查人员的培训和督导工作。问卷调查工作虽然与被调查对象不建立面对面的联系，但问卷设计、问卷发放、问卷回收等工作都与调查人员的工作质量息息相关，若调查人员不专业、责任心不强，就可能导致调查数据缺失或失真。为此，调查工作开展前进行培训、开展中进行督导，就显得非常必要。

第三，提高问卷回复率。为使被访受训人员问卷回复率高，调查人员一方面应争取企业管理者或部门管理者的支持，以配合培训效果评估人员开展问卷发放和回收工作；另一方面，也要提高问卷设计质量，使填写问卷的被访受训人员清楚问题所要表达的意思，并有认真配合人力资源部门工作的意愿。

第四，加强对无回答和无效回答的研究。问卷调查时，总会出现无回答或无效回答的情况。一般来说，出现这两种情况，总有或问卷设计存在问题，或培训项目存在问题等状况，因此一定不能轻易放过，而应进行认真研究分析。

（三）观察法

观察法指培训效果评估人员根据评估目的、项目或评估观察表，用自己的感官或辅助工具直接观察受训人员，从而获得培训效果评估数据的一种方法。

1. 观察法的特性

由于观察法对培训受训人员的工作干扰较小，且不受培训受训人员回答能力影响，因此具有以下优点：

第一，真实性。观察法是通过观察受训人员学习或工作的状态，而直接获得培训效果评估数据，不需其他中间环节。因此，观察法所收集的数据比较真实。

第二，及时性。由于观察法能捕捉到受训人员正在发生的行为，因此所获数据具有及时性的优点。

第三，整体性。观察法与访谈法、问卷调查法不同，它不需要与被访受训人员进行互动，就能收集到相关评估数据，因此具有针对性和整体性的特点。

当然，观察法和其他数据收集方法一样，也有自身的局限性：

第一，受环境、时间、时机的限制，某些行为的发生具有一定的偶然性，因此观察法具有数据收集困难的问题。

第二，受培训效果评估人员能力的限制，受训人员某些培训所学习新技能的运用情况，并不能被评估人员感知。

第三，受观察感官的生理限制，培训效果评估人员只能观察表面现象和某些物质结构，难以直接观察到受训人员的行为本质和其思想意识。

第四，观察所需要的时间、精力、费用较多，因此不适合大范围评估数据的收集。

相关链接

表5-5 观察记录表（范例）

观察对象		培训时间		培训地点	
培训项目		观察对象职务		评估者	
培训前	1.				
	2.				
	……				
培训后	1.				
	2.				
	……				
观察结论					
备注说明					

2. 观察法的运用要点

要使通过观察法获取的培训效果评估数据真实有效，培训效果评估人员开展数据收集时应注意以下要点：

第一，开展评估数据收集前，应先与观察对象所在部门的领导取得联系，征取他的配合；与此同时，还需准备一个初步的观察任务清单，作为观察的框架。

第二，应尽量客观、多方面、多角度、不同层次地对受训人员行为进行观察，并及时收集数据。

第三，注意结合培训项目所学新知识、技能或态度，观察受训人员与此相关的行为变化情况，密切注意各种细节，并做好详细的观察记录。

第四，积极开动脑筋，分析受训人员变化与培训项目之间可能存在的联系。

（四）测验法

测验法即心理测验法，就是培训效果评估人员采用标准化的心理测验量表或精密的测验仪器，收集被访受训人员与培训项目相关心理品质，以评估培训项目效果的方法。

1. 测验法的特性

采用测验法进行培训效果评估数据收集时，具有以下优势：

第一，数据准确可靠。知识测验、模拟操作等测验法常用的手段，因量表编制严谨、实际操作直接，一般所获得的培训效果评估数据比较准确。

第二，定量化程度很高。对于培训效果评估而言，具有定量化的硬性数据非常重要，它可增加评估结果的说服力。

第三，容易开展对比研究。因测验法建立有完善的常用模板，进行前测、后测评估数据的收集，试验组、对照组数据的调查，都比较方便，因此可增加培训效果评估的有效性。

第四，与访谈法、观察法等相比，测验法因具有较好的规范性，为此所获数据更加真实。

当然，任何培训效果评估方法都存在一定的适应性，不可能"放之四海而皆准"，测验法也存在如下缺陷：

第一，由于测验法所收集的培训效果评估数据，大都与知识、技能相关，而对受训人员深层次的价值观、态度等难以进行定性分析。

第二，虽然通过测验法可以测得被访受训人员的知识、技能变化情况，但难以揭示变量之间的因果关系：是由于"培训而提升"，还是受训者本身"知识技能储备"而致。

第三，测验法对培训效果评估人员有较高要求，要求评估人员对培训内容在工作之中的运用范围与形式了如指掌，这样才能设计出科学的测验方案。

2. 测验法的运用要点

为提升测验法在收集培训效果评估数据中的有效性，使用测验法开展工作时，应注意以下几点：

第一，根据拟测项目的特性，选用合适的测量工具。如测量被访受训人员的技能变化情况，宜采用现场操作测验的方式；测量被访受训人员的知识掌握情况，宜采用试卷的方式。

第二，开展测验活动前，培训提升评估人员的测验能力。如了解测验的实施程序和指导语，有控制时间、按测量手册上载明的实施程序进行测验等的操作能力。

第三，避免首因效应、第一印象等心理偏差，严格按测验手册上载明的方法记分和处理结果。

第四，建立科学的测验结果分析模型，不随意更改培训效果数据的解释性。

任务3　分析培训效果评估数据

▶▶ 即时案例

某企业组织的一次培训活动，共花去培训讲师酬金、场地费、餐费等总计13456.78元；通过年终数据统计发现，相应的培训收益金额为876543.21元。请问，此培训项目的投资回报率为多少？

即时问题

1. 计算培训效果评估的投资回报率的计算公式是什么?
2. 除投资回报率外,你还知道哪些可用于评估培训效果的数据?

一、评估培训效果的主要数据

(一) 培训成本

培训成本是指企业在员工培训过程中发生的一切费用,包括培训之前的准备工作,培训的实施过程,以及培训结束之后的效果评估等各项活动的直接或间接费用。

1. 培训成本的类型

其一,直接培训成本。直接培训成本是指在培训组织实施过程之中,直接用于培训者与受训者的一切费用的总和,包括聘请培训讲师的费用,受训人员的往来交通、食宿费用,场地设备的租赁费用,教材印发、购置的费用,以及培训实施过程中的其他各项费用等。

相关链接

表 5-6 培训直接成本的分类

类别	内部培训成本	外包培训成本
直接成本	1. 培训讲师费(内请或外聘) 2. 培训场地租赁费(如果培训地点在企业内部,此项费用可免) 3. 培训设备、相关培训辅助材料费 4. 培训课程制作费、培训教材费、资料费 5. 培训课程制作费 6. 为参加培训所支出的交通费、餐费、住宿费及其他等	1. 外包项目合同约定费 2. 培训设备、相关培训辅助材料费 3. 为参加培训所支出的交通费、餐费、住宿费及其他等 4. 选择培训机构时所发生的费用,包括估价、询价、比价、议价费、通信联络费、事务用品费

其二,间接培训成本。间接培训成本是指在培训组织实施过程之外企业所支付的一切费用的总和,如培训项目设计费用,培训项目的管理费用,培训对象受训期间工资福利,以及培训项目的评估费用等。

相关链接

表5-7 培训的间接成本分类

类别	内部培训成本	外包培训成本
间接成本	1. 课程设计所花费的所有费用，包括工资支出、资料费支出及其他费用 2. 培训学员工资福利等 3. 参加培训而减少的日常所在岗位工作造成的机会成本 4. 培训管理人员及办事人员工资、交通费、通信费等 5. 一般培训设备的折旧和保养费	1. 培训学员、辅助培训人员工资等 2. 培训管理、监督费 3. 其他相关费用

2. 培训成本的构成

培训成本作为企业人力资源开发成本的支出，有助于员工知识、技能、态度及企业效益的提高；它主要包括人员定向成本、在职培训成本和脱产培训成本三个方面。

第一，人员定向成本。定向成本也称为岗前培训成本，它是企业对员工上岗前进行有关企业历史、企业文化、规章制度、业务知识、业务技能等方面的教育培训时支出的费用。它包括培训者和受训者的工资、教育管理费、学习资料费、教育设备的折旧费等。

第二，在职培训成本。在职培训成本是指在不脱离工作岗位的情况下对在职人员进行培训所支出的费用。它包括培训人员和受训人员的工资、培训工作中所消耗的材料费、让受训人员参加业余学习的图书资料费、学费等。

在职培训往往会涉及机会成本问题，它是指由于开展在职培训而使有关部门或人员受到影响导致工作效率下降，从而给企业带来的损失。如有关人员离开原来岗位造成的损失、由于受训人员的低效率或误操作给整条生产线乃至对整个生产过程的产量和质量造成的影响等。

第三，脱产培训成本。脱产培训成本是企业根据生产工作的需要，对在职员工进行脱产培训时所支出的费用。根据实际情况，脱产培训可以采取委托其他单位培训、委托有关教育部门培训或者企业自己组织培训等多种形式。

根据所采取的培训方式，脱产培训成本可分为企业内部脱产培训成本和企业外部脱产培训成本。企业内部脱产培训成本包括培训者和被培训者的工资、培训资料费、专设培训机构的管理费等；企业外部脱产培训成本包括培训机构收取的培训费、接受培训学员的工资、差旅费、补贴、住宿费、资料费等。

培训成本与参与培训的人员在企业中所担任的职务、所接受培训的层次、培训单位等有密切的关系。

(二) 培训收益

所谓培训收益，指企业及个人通过培训项目的实施后，所带来的经济及精神层面的效益。通过培训，对个人来说，能使受训人员充实知识、提高技能、转变态度、优化行为等，从而提高工作效率及报酬、改善社会认知及愉悦度；对企业而言，能提高企业效益，比如提高劳动生产率、改进产品质量、增加产品销售量、降低生产成本、减少事故频次、增长利润空间、提高服务质量，同时还可增强员工忠诚度，减少人才流失。

1. 培训收益的特点

培训投资价值的标准很难设立，培训收益的计算往往也比较难把握。与此同时，有些培训是无法具体计算培训收益的。一般来说，培训收益具有以下特点：

第一，间接性。即员工的培训投资不能直接从生产过程中得到补偿，是间接产生经济效益；

第二，滞后性。即培训收益要到培训完成后、员工自觉将培训获得的知识运用于工作后才能得到；

第三，高收益性。员工培训是一种回报率很高的人力资本投资；

第四，长效性。即培训投资收益期很长，培训的收益除了直接体现在一些业绩指标的提升上之外，还表现为员工知识、技能和工作态度的提升等隐性收益，这些收益需要一定的周期、在企业战略和企业文化以及培训系统协调建设下才能发挥作用。

由于上述特点，企业员工培训的收益很难量化，因此也给培训工作的深入开展带来一定的阻碍。

2. 培训收益的表现形式

对企业而言，培训的收益表现在：

第一，解决企业现有问题。培训项目往往是在培训需求分析中发现企业现状与企业目标之间的差距，而组织实施的。简而言之，培训项目的组织实施就是为解决企业现有的问题。因此，培训项目最直接的收益便是使企业或下降事故发生率、或改善顾客服务水平、或降低生产成本、或增加销售量、或提高生产效率、或改进产品质量、或扩大市场份额等，从而提升企业经济效益。

第二，减少员工流失率。企业为员工开展科学合理的培训，不仅能提高员工的工作满意度和对企业的忠诚度，还有利于吸引、激励、留住人才以减少员工的流失率，从而降低招聘的成本。

第三，提升与改善员工素质。无论是人职培训、老员工培训、理论性培训还是工艺技术培训，从本质上来讲都开发员工潜能，提高员工素质，培养适应企业发展的人才。

第四，营造更好的企业文化。通过培训，员工更加明晰企业的经营理念和规章制度，从而使企业的规章制度、价值观内化为员工的自觉行为；通过培训，可加强沟通、转变观念，树立更好的企业形象；通过培训，可激发员工对接受新思想、技术、知识的兴趣，提高员工的学习与团队合作能力。

第五，提高企业经济效益。培训给企业带来的经济效益，可从产出量、生产成本、产品质量等方面进行评估。分析时，应注意充分考虑评估周期，同时对培训前各项指标的原始增长率和培训后的增长率做对比分析，得出培训在各项显性业绩上的收益。

表5-8 培训对企业业绩指标影响统计表

项目	指标	培训前三个月	培训前两个月	培训前一个月	培训当月	培训后一个月	培训后两个月	培训后三个月
产出	总产出							
	人均产出							
	单位时间内的产出							
成本	总成本							
	单位产出成本							
	各项生产成本							
质量	废品率							
	次品率							
	返工率							
时间	单位产量生产用时							
	准时交货率							
	开工与停工期							
管理	骨干员工流失率							
	客户投诉							
	管理成本							
……								
备注								

从员工个人角度而言，参训员工的收益主要体现在工资增长、能力提升、机会拓展

等方面,具体包括工作能力的提高、交际范围的扩大、职业生涯的拓展、信息来源的增加、职位的晋升、职位转换机会的扩大、工资的上调等。

二、分析培训评估数据的主要方式

(一)数据对比分析

为使培训效果评估具有较高的信度和效度,能严谨、准确、有说服力地真实呈现培训效果,评估人员工作中常会采用以培训对象培训前后的数据对比、比照参照对象、时间序列对比等方式来进行效果评估。

1. 前测与后测数据的对比分析

为了解培训效果,可以在培训前后,采用试卷、观察、问卷等方法分两次对受训人员进行测验,通过数据对比的方式来分析培训项目开展后的效果。培训项目开展前所做的评估测验叫前测,培训项目开展之后进行的评估测验叫后测。

2. 有对照组的后测数据对比分析

除前测与后测进行数据对比外,还可以采用试验组与对照组在培训项目开展后,同时进行评估测验的方法,然后对两组的评估测验进行对比分析,以确定培训效果。一般来说,参加培训项目的人员叫试验组;未参与培训的人员叫对照组。为提高数据的准确性,两组人员最好培训前素质相当、工作岗位类似、年龄结构相同。

3. 有对照组的前测和后测数据对比分析

若本次培训项目的评估意义比较重大,对未来其他培训项目的开展具有重要的影响,为增加评估效度,还可以采用有对照组的前测和后测数据对比评估。它与"有对照组的后测断气对比分析"不同之处在于:增加了两组的前测数据,也就是试验组和对照组都同时进行前测与后测,然后进行纵向与横向的对比分析。

4. 时间序列对比分析

为增加培训效果评估的信度,开展培训效果评估时,可在培训项目开展前后每隔一段时间就进行一次评估,只要发现培训前变化与培训后变化差异显著,就可将差异作为培训项目的效果。

5. 有对照组的时间序列数据对比分析

在培训前后每隔一段时间对实验组和对照组进行一次评估,若对照组培训前后数据的差异不明显,而试验组培训前后数据的差异显著,则证明培训项目有成效。

(二)成本及收益分析

成本及收益分析法是通过成本和培训所带来的各种硬性指标的提高来计算出培训的投资回报率(ROI)。具体公式如下:

$$ROI = (培训收益 / 培训成本) \times 100\%$$

如果 ROI 小于 1,表明培训没有达到预期的效果,或者无法通过培训解决存在的问题。

在进行培训项目的 ROI 计算时，培训收益需要进行量化，如果企业能够找到量化的指标，则可参考如下公式：

$$培训收益 = [(E_2 - E_1) \times P \times Y \times V] - (C \times P)$$

式中，E_1 表示培训前每位受训者一年产生的效益；

E_2 表示培训后每位受训者一年产生的效益；

P 表示参加培训的人数；

Y 表示培训效益可以持续的年限；

V 表示工作价值，即所体现效益的货币表现；

C 表示每位参训人员花费的培训费用。

（三）加权分析

利用加权分析法对企业的培训效果进行评估之前，先要建立完整的评估指标体系，确定各个指标的权重，并且划分指标的等级，并对参与培训的每位人员进行全方位的调查和结果统计等内容。

单项指标得分 = 该项权重 × $\sum$（分值 × 百分比）

最终得分 = $\sum$（权重 × 单项指标得分）

相关链接

表 5-9　加权分析法评估培训效果（范例）

以某企业对某位员工培训效果的具体分析为例，评估指标权重及指标等级划分如下，评估结果用百分数表示，例如：40% 表示在总人数中有 40% 的人认为该项目该员工应得 5 分。

指标权重 \ 指标等级	5 分	4 分	3 分	2 分	1 分	单项得分
工作表现（0.2）	40%	25%	20%	10%	5%	3.85
工作技能（0.2）	30%	20%	25%	15%	10%	3.45
职业道德（0.2）	55%	20%	10%	8%	7%	4.08
团队合作（0.4）	10%	60%	20%	8%	2%	3.68
最终得分			3.74			

任务4　撰写培训效果评估报告

>> 即时案例

> 为使培训评估报告更具有"说服力",培训项目结束后,我主动与受训人员取得联系,广泛收集他们培训之后在工作中应用所学新技能后取得的成果。与此同时,通过财务部门的帮助,我还获得培训项目在成本、收益等方面的大量数据。
>
> 终于,我完成了培训效果评估报告的撰写工作,并最终由我向董事会呈现汇报。汇报过程中,我发现没多少人对我一系列看似有冲击力的图表、表格、数据感兴趣,他们都似乎想早点结束我的汇报工作。"为什么会这样",我错在哪里?

即时问题

1. 为什么"我"的培训效果评估报告,没得到公司董事会的认可?
2. 一份优秀的培训效果评估报告,具有哪些特点?
3. 一般来说,培训效果评估报告包含哪些内容?

一、培训效果评估报告撰写的要求

企业培训效果评估人员进行培训效果评估与反馈后,应按照要求撰写评估报告。培训效果评估报告应简明扼要、实事求是、语言平实,尽量通过数字、图表相结合的方式说明培训效果。总结起来,一般应具有以下特点。

（一）容易理解

一份可信赖的评估报告应容易被人们理解。一般来说,人们不会相信那些自己不理解的事物;也没有人愿意被花言巧语欺骗。如果阅读者不理解评估报告的方式或不明白培训部门对评估报告的解释说明,他们往往会对评估报告产生怀疑。当然,怎样叫"容易理解",先要明确的评估报告的"目标受众":阅读对象若是专业人士,评估报告出现的众多专业术语虽然对普遍员工来说"难以理解",但无妨碍,因评估报告的"目标受众"不是普通员工,而是专业人士。

一般来说,以下方式可确保评估报告"容易理解":

第一,用最简单明了的方式来回答问题;

第二,除非必要,尽量避免使用过于复杂的设计或晦涩难解的分析技术;

第三,使用商业环境中熟悉的术语和概念,避免学习领域术语或技术名词。

（二）富有逻辑

撰写培训效果评估报告时，常有人将"反应层级"的高分，当作培训项目成功的标准。如果培训项目的最终目标是让受训员工开心，那么可以将"高分"作为评估的标准。然而培训项目不仅仅是为了娱乐受训员工而开设的；投资培训项目的目的是解决企业真实的业务问题、发掘市场机遇、提高员工服务意识、改善工作效率。以柯式模型为例，撰写评估报告时应注意：

第一，应结合"四个层级"的评估数据进行分析；

第二，根据每个层级所针对的特定目标进行阐述；

第三，评估结论应与培训内容相关联系，不能是"两张皮"。

（三）表达严谨

培训效果评估报告要让人信服，与撰写者的表达方式也息息相关。试想一下，若一份培训评估报告，语句冗长、标点错误、语义贫乏、错字别字、排版紊乱等现象层出不穷，对于阅读者来说，不仅不能产生共鸣和接纳报告中的观点，更甚者导致得出与评估报告结论完全相反的结论。为此，在撰写培训评估报告时：

第一，端正态度，重视报告撰写环节；

第二，需要对比数据时，尽量采用最新数据；

第三，附上原始数据。

第四，反复校对，避免简单的语法错误。

（四）数据可靠

培训效果评估报告的可靠性受到信息来源的强烈影响。"如果你不相信信息发出者，那么你将不信任其所传达的信息"（库泽斯 & 波斯纳）。培训对象对培训讲师先入为主的印象将在很大程度上影响他们对培训的看法。同样的道理，当企业领导层评审培训评估报告时，在其他条件等同的情况下，那些令人信赖的报告者所做出的培训报告更令人信服。另外，要做到评估数据可靠，在撰写评估报告时还需做到以下几点：

第一，准确描述培训结果；

第二，采用目标受众容易理解的评估数值；

第三，没有明显的偏见或欺骗性的做法；

第四，根据评估标准推断结论；

第五，注明信息来源。

（五）使人难忘

如果想要说服企业领导层重视培训评估报告的行动建议，那么评估报告的重要结论必须令人难忘，并确保重要信息出现在决策者做出决定的关键时刻。人们在生活中经常受到成千上万条信息的连番轰炸，然而往往只有少数信息能够留在大脑中。下面几条策略，可帮助培训效果评估报告能够鹤立鸡群而不易被日理万机的企业领导们遗忘：

第一，简单化。确保分析后有一个简单、清晰、明确的建议方案；

第二，令人惊奇。如果可能，从一个意想不到的角度入手或寻找一个令人意外的元素，或者将信息以不同以往的方式呈现。当然，采用后者时，也要结合企业文化来撰写，以避免"哗众取宠"的印象。

第三，采用讲故事的方式。即使培训评估时采用的是定量测量方法，也即评估数据很多都是硬性的，如果在其中添加一些感性的故事，也将使评估报告更加令人难忘。

二、培训效果评估报告的内容

通常，实施完一个培训项目后，企业的管理层都希望了解培训的产出情况。为此，在认真进行数据收集、分析的基础上，用评估结论做出一份优秀的培训效果评估报告，就显得非常重要。一般来说，一份培训效果评估报告应包含以下内容：

（一）导言

导言部分包括的内容有：第一，培训项目基本概况，包括培训项目的缘由、项目的培训对象、培训项目的开展时间等；第二，评估目的，包括是评定受训人员的绩效，还是受训人员的参与度，或是评估企业绩效；第三，评估方式，确定是需求分析、过程分析，或是产出分析、成本效益分析等。

（二）评估实施过程

评估实施过程是培训效果评估报告的主要部分。在这一部分中，要交代清楚评估方案的设计方法、抽样及统计方法、资料收集方法和评估所用的量度指标，从而使目标受众对整个评估活动有一个大概的了解，为企业管理领导层对评估结论进行判断提供依据。

（三）评估结果

"评估结果"部分与"评估实施过程"部分是密切相关的，撰写过程必须保证两者之间的因果关系，不能出现牵强附会现象。

（四）参考建议

"参考建议"部分所撰写的内容可以较宽泛。其一，可根据评估数据提出赞成或反对继续培训的理由；其二，可根据评估数据提出改善培训项目的措施；其三，可根据评估数据建议可能更经济、合理的培训项目；其四，可根据评估数据提出完善促进培训成果转化的方法；等等。

（五）附录

"附录"的内容可包括收集所用的问卷、访谈提纲、测试试卷等，也可包括分析数据时所用的工具、模型等。除此之外，还可包括评估数据的来源、方式说明等。增加"附录"可增加培训效果报告的可信度，便于目标受众做出合理决策。

若培训效果评估报告内容较多，为方便目标受众阅读，也经常会将培训评估报告浓缩成"报告提要"。提要是对评估报告的概括，是为了帮助目标受众迅速掌握报告要点而写的。为此，在内容上要注意主次有别、详略得当，构成有机联系的整体。

相关链接

录井新技术培训项目评估报告（样本）

项目评估小组于××××年××月××日至××月××日对华东石油高级技能培训中心举办的录井新技术培训项目进行了评估。本项目属 B 类，代码 1022003，举办时间××××年××月××日至××月××日，培训学员 49 人，项目负责人吴××。评估过程严格按照评估流程进行，通过听取汇报、查阅资料、召开座谈会、现场参观，关键人物访谈等方式，对录井新技术培训项目进行了多维度评估。

一、典型做法

1. 设置课程有利于开阔学员视野

为了解各录井公司负责人、技术负责人对培训的需求，加强各录井公司负责人、技术负责人队伍建设，着力提升技术负责人的工作能力和技术管理水平，掌握现代录井新技术、新方法。项目组深入油田企业录井公司，通过问卷调查、电话访谈、座谈会等形式，对录井公司负责人、技术负责人开展需求调研。根据需求安排了体现当前录井技术发展的新趋势的课程，大大开阔了学员的视野，很受学员的欢迎。

2. 根据学员特点采用多种教学方法

针对成人学习目的明确、学习能力强、学习方式自主等特点，项目组一是聘请了国内多位名师、专家教授、录井主管对录井技术前沿理论、发展前景和新技术的应用进行讲解。二是以研讨的方式开展教学。围绕学员在录井工作中遇到的实际问题开展研讨，学员积极参与，师生双向交流，不仅使学员学到了新知识，而且提高了解决实际问题的能力。

3. 将规范、质量、服务摆在首位

项目组始终把"规范第一、质量第一、服务第一"的理念贯穿于培训过程始终。圆满完成了各项学习任务，效果良好，得到了主办方和学员的好评。教学质量满意率 95.7%，综合满意率 99%。

4. 拓宽了石油专业技术培训范围

本期录井新技术培训班虽然是华东石油高级技校举办的第一期，而且是××××年唯一的一期。但为今后该项目的培训奠定了基础，也为拓宽石油专业培训范围搭建了平台。

二、主要问题

1. 培训需求调研的资料较为薄弱，调研的内容也较为笼统、不够具体。
2. 新技术新理论讲座和实践应用活动相结合不够。

三、几点建议

1. 应继续加强培训需求调研，并进一步拓宽调研的深度和广度，进一步明确细化需求调研项目的内容和培训目标，以更好增强培训项目的针对性。
2. 要注意加强对该项目实施后的评估和总结，完善后期培训工作的措施研究，为进一步积累经验、增进后期发展奠定基础。
3. 要进一步研究理论讲座和实践活动相结合的问题。

评估组组长签字：×××
××××年××月××日

（改编自：http://www.doc88.com/p-8496098923320.html）

项目小结

1. 柯氏模型认为培训效果可从反应评估、学习评估、行为评估和成果评估等四方面进行评估。
2. CIPP评估模型认为可从背景评估、输入评估、过程评估、成果评估等四方面来进行培训效果评估。
3. CIRO模型较注重为培训项目的开展提供建议，该模型认为应从背景评估、输入评估、反应评估、输出评估等四方面对培训项目进行综合评估。
4. "五级六指标"模型不仅关注培训产生的效果，还关注培训投入是否合算。第一级评估为反应和组织实施评估，第二级评估为学习评估，第三级评估为工作应用评估，第四级评估为业务结果评估，第五级评估为投资回报评估。
5. 培训评估所需的数据分为硬性数据和软性数据两类。
6. 根据评估数据的特性，可采用访谈法、问卷法、观察法、测验法、档案分析法等方法收集培训效果评估数据。
7. 培训成本分为直接培训成本与间接培训成本两类。
8. 培训收益指企业从培训项目中所获得的价值，具体的衡量指标包括劳动生产率的提高、产品质量的改进、产品销售量的增加、成本的降低、事故的减少、利润的增长以及服务质量的提高。
9. 分析培训评估数据的主要方式有：数据对比分析、成本及收益分析、加权分析等。
10. 一般来说，一份培训效果评估报告应包含以下内容：导言、评估实施过程、评估结果、参考建议，附录等。

关键术语

柯氏模型　CIPP 模型　CIRO 模型　"五级六指标"模型　培训成本　培训收益

复习与讨论

1. 简述采用柯氏模型开展培训效果评估的方法。
2. 请分析 CIPP 评估模型与 CIRO 模型的优劣之处。
3. 什么叫硬性数据和软性数据？它们各具有什么特点？
4. 请简述采用访谈法开展培训评估数据时应注意的事项。
5. 间接培训成本包括哪些？
6. 培训收益有何特性？
7. 请简述数据对比分析分析培训评估数据的主要方式。
8. 一般来说，一份培训效果评估报告应包含哪些内容？

案例分析

案例一

下表是某企业的一个培训项目所支出的费用，请对该项目的培训成本进行分析。

表 5-10　某企业××培训项目费用支出明细表

类别	金额（元）
讲师课酬	3 000
学员差旅费用	10 000
培训资料打印费	2 000
讲师住宿费	800
场地及视听设备租赁费	2 500
学员培训期间的工资福利	50 000
培训管理人员的工资福利	4 000
培训期间的餐饮、点心费	2 000

思考题：
1. 请问该培训项目的直接成本是多少？间接成本是多少？
2. 为什么诸如学员培训期间的工资福利等也应算入培训成本？

案例二

C 公司是一家科技创新型企业，由于良好的外部市场环境和正确的领导决策，该企业在 2015 年取得了高速发展，员工由 100 多人发展到了 2016 年初的 500 多人。为此，企业领导层很快就认识到员工的学习速度必须得跟上企业的发展速度，这样才有利于企业持续健康发展。

为此，公司新增了培训专员，专门负责企业员工的培训学习工作。与此同时，在培训专员的努力下，公司完善了培训管理体系，组织开展了一系列有针对性的培训活动。年末，培训专员在员工培训方面提供了以下"令人振奋"的数据：全年培训次数达 50 次，受训人数 610 人次，年度培训计划完成率 95%，培训跟踪率 80%，跟踪反馈优良率 92%。从数字看，2015 年的培训工作似乎很有成效，但多数部门经理反馈培训并没有达到持续改善的效果。

思考题：
1. 为什么"数据"华丽，多数部门经理却认为培训效果欠佳？
2. 你认为在收集培训效果评估数据时应注意哪些问题才能避免此类现象出现？

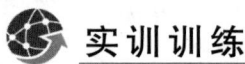

实训训练

1. 实训目的

通过本项目的实训训练，帮助学生熟练掌握开展培训效果评估的技巧，并学会独立撰写培训效果评估报告。

2. 实训内容与要求

下表是 A 企业开展一系列技能培训项目后，培训前后的相关数据对比情况。请根据调查数据，撰写一份简要的培训效果评估报告。

表 5-11　A 企业培训前后相关数据统计表

数据类型	评估方法（以月计）	培训前的状况	培训后的状况	差异
产品质量	退货率（%）	2.5	1.8	0.7
	退回数量（件）	2 000	1 200	800
满意度	投诉率（%）	2.1	1.4	0.7
	离职率（%）	3.5	2.1	1.4

续表

数据类型	评估方法（以月计）	培训前的状况	培训后的状况	差异
事故情况	事故数量（次）	12	7	5
	事故直接成本（元/次）	2 000	1 300	700

3. 实训组织方法及步骤

（1）将学生分成若干小组，以 4～6 人为一组；

（2）小组实施调查，收集数据；

（3）整理资料、分析数据，撰写评估报告；

（4）教师组织学生对评估报告进行分析、评议。

4. 实训时间

本实训的培训效果数据调查与报告撰写可让学生利用周末时间进行，课堂讲解与评析各占 2 个课时。

5. 研究报告的要求

评估报告主要侧重能充分反映培训项目实施后的效果，并且所撰写的培训效果评估报告具有良好的可读性。

6. 实训成绩评定

（1）实训成绩按优秀、良好、中等、及格、不及格 5 个等级评定；

（2）成绩评定参考标准：

①能否正确应用某种评估模型实施培训效果评估；

②评估数据调查与分析是否充分；

③所撰写的培训评估报告是否符合基本格式；

④文字表达是否流畅、逻辑性强；

⑤小组成员是否都能参与实训；

⑥课堂讲解、讨论、分析等实训环节占总成绩的 50%，实训报告占总成绩的 50%。

项目测验

不定项选择题

1. 柯氏培训效果评估模型认为，培训效果可从（　　）等方面进行评估。

　　A. 反应评估　　　B. 学习评估　　　C. 行为评估　　　D. 成果评估

2. 学习评估可通过（　　）等两种方式来评估培训效果。

　　A. 纵向对比　　　B. 横向对比　　　C. 国内对比　　　D. 国际对比

3. 行为评估，一般在培训结束后（　　），通过观察、访谈、调查问卷法等了解参与培训学员的新知识、技能或态度在实际工作中运用的状况，从而对培训效果进行分析与评估。

  A. 三个月至半年 B. 一年后 C. 两年后 D. 三年后

4. 1967 年，美国学者（　　）在对泰勒行为目标模式反思的基础上提出 CIPP 评估模型。

  A. 泰勒   B. 法约尔

  C. 舒尔茨   D. 斯塔弗尔比姆

5. CIPP 评估模型认为，在对培训项目进行评估时，可从（　　）等方面来进行。

  A. 背景评估 B. 输入评估 C. 过程评估 D. 成果评估

6. CIRO 评估模型认为，要评估一个培训项目的效果，应从（　　）等方面综合进行。

  A. 背景评估 B. 输入评估 C. 反应评估 D. 输出评估

7. 1996 年，杰克·菲力普斯在（　　）的基础上，提出"五级六指标"模型。

  A. 柯氏模型 B. CIPP 模型 C. CIRO 模型 D. 胜任力模型

8. 硬性数据一般具有（　　）等特点。

  A. 一般是定量化的数据   B. 容易测量

  C. 多数情况下是主观性的   D. 一般是行为导向的数据

9. 企业常用于评估培训效果的硬性数据有（　　）。

  A. 企业氛围 B. 满意度 C. 生产成本 D. 生产时间

10. 软性数据一般具有以下（　　）等特点。

  A. 有时难以量化   B. 相对来讲不容易测量

  C. 比较客观   D. 比较容易转化为货币价值

11. 衡量培训效果的软性数据有（　　）。

  A. 企业产出 B. 产品质量 C. 工作习惯改变 D. 员工创造性

12. 培训效果评估时，问卷法的运用要点有（　　）。

  A. 规范问卷调查的流程

  B. 做好调查人员的培训和督导工作

  C. 提高问卷回复率

  D. 加强对无回答和无效回答的研究

13. 直接培训成本包括（　　）等。

  A. 培训讲师的费用   B. 培训项目的管理费用

  C. 培训对象受训期间工资福利 D. 教材印发、购置的费用

14. 间接培训成本包括（　　）等。

  A. 培训项目设计费用   B. 参训人员的往来交通、食宿费用

  C. 场地设备的租赁费用   D. 培训项目的评估费用

15. 培训收益包括（　　）等。

A. 增强员工忠诚度 B. 改进产品质量
C. 增加产品销售量 D. 降低生产成本

16. 培训收益具有（　　）等特点。
A. 直接性 B. 滞后性 C. 高收益性 D. 长效性

17. 培训收益的表现形式有（　　）等。
A. 解决企业现有问题 B. 减少员工流失率
C. 提升与改善员工素质 D. 提高企业经济效益

18. 培训效果评估报告的内容一般包括（　　）等。
A. 导言 B. 评估实施过程 C. 评估结果 D. 参考建议

19. 访谈法除存在受培训效果评估人员的价值观、态度、谈话技巧等个人特征影响数据收集之外，还具有（　　）等缺陷。
A. 成本较高 B. 缺乏隐秘
C. 记录困难 D. 了解真实情况

20. 为提升访谈法收集培训效果评估数据的准确率，以访谈法开展工作时，一般应注意（　　）等。
A. 精心设计提纲 B. 适时进行提问
C. 准确捕捉信息 D. 适当作出回应

参考答案

补充材料

项目六　新员工入职培训

知识目标

1. 新员工入职培训的定义、类别
2. 新员工入职培训的培训层次及培训内容
3. 新员工入职培训方案的设计
4. 新员工入职培训方案的实施
5. 新员工入职培训的效果评估

能力目标

1. 能认知并运用新员工入职培训的方法
2. 能够熟练掌握新员工入职培训的方案设计及实施方法
3. 能够熟练掌握新员工入职培训的效果评估

情境任务设计

明天就要到 M 公司报到上班了。小蒋感到特别兴奋，因为 M 公司是行业内很有实力的后起之秀，"211 工程"、全国重点大学毕业的他要到此公司的网络中心开始自己人生的第一份工作。回想到面试时老板对他的赏识与肯定，小蒋认为公司肯定会重视他们这几个新招来的"211 工程"、全国重点大学应届毕业生入职安排，会让他们有被重视的感觉，例如高层领导的接见与祝贺，同事的欢迎，人力资源部对公司相关事项和整套的公司制度的详细讲解等。

他第一时间到公司人力资源部报到，人力资源部确认蒋贺伟已经报到后，即联系网络中心的王经理并让他安排这一批大学生的相关工作岗位及工作内容。等了好一会，王经理助手小陈才来接小蒋，见面时小陈客气地伸出手，说："欢迎你加入我们的大家庭！我们部门经理有急事不能来，所以由我来安排你的具体工作内容等相关事项。"到了网络中心后，小陈给小蒋分配了一张没经整理且乱糟糟的办公桌，并对他说："你的前任刚离职，我们这段时间比较忙，所以还没来得及收拾桌子，所以你自己先整理一下吧！"说完，小陈就忙自己的事去了。午饭时间，小陈带小蒋到员工餐厅用餐，用完餐后，小陈知会，下午他需单独去相关部门办理领用办公用品及日用品等入职手续。入职第一天就遇到这种待遇，且从办公事的同事那了解了公司的一些实际情况，小蒋感到很失望，认为公司并不重视他。

第二天，部门领导见到小蒋后就直接就给他分派任务。在分派任务过程中，小蒋刚想就自己的一些想法跟他谈一谈，但被王经理的一个来电打断了，没机会把自己想法往下谈，无奈之际小蒋只好回到自己的电脑前开始构思他的工作，他的工作是网络制作与维护。虽然他知道，他需要和相关人员联系，想去熟悉一下相关人员，但却又不知道相关人员有哪些。

还好，入职几天里，有两个同事对他还算热情，所以也不是那么孤独。但小蒋曾经问过他俩："公司是如何对待新员工的，他是不是属于特殊情况？"不料他们说："公司一直以来都是这样的，新员工入职后只能靠自己慢慢适应，逐渐融入同事当中。公司的创始人是工程博士，在他们的观念里什么的花样都没用，只有适应能力强的人才有留下来的意义，适应能力差的没必要留。为此很多员工留下来仅仅是因为公司的待遇比市场水平高！"

第一周过去了，小蒋望着窗外明媚的阳光感到有些茫然……

训练任务

1. 小蒋感到茫然的原因是什么？
2. 请简述企业对新员工进行培训的必要性。
3. 假设你是企业培训主管，请你对小蒋的岗位编制一个新员工培训方案。
4. 请搜集一个企业注重新员工培训的案例。

训练目标

理解新员工培训的必要性，熟悉新员工培训的内容，掌握新员工培训的主要方法。

训练要求

学生分组，每个小组收集一个典型的新员工培训案例，制作成PPT并派学生代表上台演示。

训练考核

每组派出一位代表与教师组成评委团，对各小组的PPT文件和演示进行综合评价，老师和各小组代表评分各占50%。

本项目学习任务

1. 根据所学的新员工入职培训的理论知识，分析企业在实际管理中实施的新员工入职培训是否合理。

2. 根据所需知识，分析企业在实际运营中采用的新员工培训方案设计是否符合企业的要求。

3. 能结合企业的实际情况独立撰写新员工入职培训方案。

4. 以学校周边企业为研讨对象，撰写一份新员工入职培训方案。

任务1 分析新员工入职培训需求状况

▶▶ 即时案例

康佳集团的新员工入职培训

新员工入职培训一直是康佳集团培训体系中的重要组成部分，为此公司还特意成立了康佳学院，康佳学院主要从事新员工的入职培训、规划及统筹安排等相关工作。

经过多年的新员工入职培训的组织实践，康佳学院形成了自己独特的企业用工的方法，同时也总结出了一套适合康佳集团的新员工入职培训体系，新员工培训的作用在此得到充分的体现。通过康佳学院的新员工入职培训的新员工，能够迅速了解康佳集团的企业文化特色，并成为具备康佳特色的康佳人，他们敬业爱岗，并为集团公司的发展做出了很大的贡献。

康佳集团新员工入职培训的成功之处在于它的新员工入职培训不是统一的，它具有非常强的针对性，对于不同类型的新员工，精心规划出不同的培训方案，而且，同时运用不同的培训手段和培训方式来开展新员工培训工作。

康佳集团针对新员工具体的情况进行分类，分类依据包括新员工的学历、职位、工作履历等，将新入职的员工分成一线员工入职培训、有经验的专业技术人员入职培训和应届毕业生入职培训三种类型。针对以上几种类型，设定相应的培训内容和培训关键点，但也有三种类型均需包含的培训内容，例如公司的企业文化、公司人事规章制度、安全基本常识、环境与质量体系等。

除了共同的培训内容以外，康佳学院对不同的类型给予不同的培训内容。针对一线员工的入职培训，增设了一线优秀员工座谈会、生产岗位介绍、生产流程讲解、消防安全演练等基础课程。除此之外，针对一线员工，康佳集团还采用以老带新的方式，指定专人对新入职一线人员进行工作指导和日常生活的关心。针对有经验的专业技术人员入职培训，公司增设环境与技术生产线参观、公司发展历程及实物陈列室讲解、公司的未来发展、团队建设与组织理解演练、团队与沟通技能训练、销售与开发介绍及公司产品销售实践等课程；而对于应届毕业生的入职培训，除了一些共同的课程外，公司还针对其特点，安排校友座谈、公司各部门负责人讨论、极限挑战、野外郊外等活动，同时，还规划有三个月生产线各岗位轮流实习、专业岗位技术实习等内容，采取导师制的方式，派资深员工辅导新员工进行个人生涯规划设计，并对整年的工作实习期进行工作指导与考核，使其能尽快熟悉企业，成为真正的康佳人。

另外，针对企业用工的特点，康佳学院还配合人力资源部，对不定期招聘的单个新员工采取报到教育的方式，每一个新招聘的员工，不管是何时进入企业，在办理入职手续之前，必须经过康佳学院的报到教育，由康佳学院指派专人进行个别的单独培训，培训时间安排为3小时，培训内容安排包含作为一个新入职的员工必须掌握的内容，如考勤、下班时间与规定、公司基本礼仪、办公室规定、公司基本组织架构等，只有等新员工人数达到康佳学院规定的培训人数后，才针对新员工的类型，组织实施新员工入职培训。

康佳集团通过不同形式、不同内容的新员工入职培训方案的实施，有效地贯彻了集团公司选才、用才、留住人才的人力资源宗旨，并且通过培训，缩短了新入职员工在公司实习时间，使部分有能力、有才干的人能够脱颖而出，成为公司的骨干，降低了招聘成本，规避了选才风险，成为公司人力资源管理中最为重要的一环。

即时问题

1. 新员工入职培训内容调查分析可从哪几个层面展开？
2. 康佳集团的新员工入职培训有哪些特色？

一、新员工入职培训的定义

新员工入职培训又称岗前培训、职前教育，是指针对新员工正式进入岗位角色前的一系列培训。入职培训是新员工融入一个新团队的过程，也是新员工逐渐熟悉、适应公司环境、自我定位、建立信心、展望自我在企业未来的一个过程。

良好的岗前培训能够使新员工改变或放弃某些理念、价值观念和行为方式，使他们适应企业的要求和目标，全身心投入新的工作准则和有效的工作行为学习中。岗前培训的主要工作是要帮助新员工与同事和工作团队建立融洽关系，建立符合实际的期望和积极的工作态度。

二、新员工入职培训的目的

有人认为新员工入职培训就是一个简单的入职仪式，也就是发文具、整理办公桌、泛读公司制度等内容，因此有些企业对新员工入职培训不重视，认为新员工入职培训是财力、物力的浪费。

殊不知新员工入职培训的过程是能解除新员工心理疑虑、给员工带来职业安全感的一个过程。同时可通过新员工入职培训来创造新员工养成良好的工作习惯的机会，提高工作效率。新员工入职培训的目的与作用主要有：

（1）新员工入职培训能增强员工归属感，降低新入职员工的流失率，从而增强企业的凝聚力及竞争力。

（2）新员工入职培训能使员工尽早熟悉企业相关制度，给予员工工作指引，从而减少工作失误，加快新员工适应工作的速度，提高工作效率。

（3）新员工入职培训能够向新员工展现工作内容及职位前景，提高员工对公司及职位平台的期望值。

（4）新员工入职培训能够帮助新员工更快地进入新角色。

（5）新员工入职培训有利于员工工作心态的调整，降低新环境给员工带来的焦虑和抱怨，提高员工的工作热情。

（6）新员工入职培训通过强化集训的形式迫使员工尽快适应公司的企业文化，提高员工对企业的认同感，提高员工的执行力。

三、新员工入职培训类别

新员工培训需求主要是基于新员工需要了解企业的制度、文化和岗位业务等信息，或者为了提高自身完成相应岗位所需要的技能和素质，从而能够胜任工作而产生的需求。

新员工入职培训类别，可按以下要素进行分类。

1. 按培训对象划分

按培训对象划分，可分为基层新员工入职培训需求、管理人员入职培训需求。此类培训需求差异主要是由培训对象及其培训对象职能不同而引起的。为此需要综合分析培训对象的知识结构、工作经验、工作技能、综合素质等相关因素并结合岗位要求进行培训需求分析，根据不同的培训对象设置不同的培训内容、采纳不同的培训方法进行培训。

本节内的基层新员工入职培训一般是指一线员工及一线管理人员的培训，这一群体的员工综合素质或工作经验相对欠缺，为此企业会更加注重安全教育、奖惩制度、员工手册、应知应会、上岗培训等相关内容的培训。

本节内的管理人员入职培训是指企业中的中高层管理人员的培训，这一类型人员综合素质较高、自律性较强，他们更加关注未来的发展及公司所能提供的平台，为此对他们的入职培训偏重于企业文化及企业规划的培训，有些企业甚至会增加本企业基层员工特点的相关培训，以便于管理人员迅速提高管理效率。

2. 按培训内容划分

按培训内容划分，可分为企业概况、公司管理制度、安全教育、上岗培训、职业生涯规划等。

企业概况：一般包括公司主营业务、公司发展历程、公司重大事件、经营宗旨、经营理念、企业定位、发展前景、组织架构、企业现状以及在行业中的地位、未来前景、部门职责、人员结构、薪资福利政策等内容。

公司管理制度：包括员工守则、考勤等相关人事管理制度、奖惩条例等相关管理制度。

安全教育：包括劳动防护、消防安全、用电安全、交通安全等。

上岗培训：包括部门职责、岗位职责、业务知识与技能、业务或工艺流程、部门周边关系、新员工面谈等。

职业生涯：岗位晋升渠道及晋升条件等相关信息。

四、新员工培训需求调查分析

新员工培训需求调查分析是编制新员工入职培训方案的重要依据和首要步骤。它是由培训负责人采用不同的方法和技术，对新员工成员的目标、知识、技能、岗位说明书、工作任务、企业情况等方面进行调查分析鉴别，从而确定新员工培训的内容。培训需求调查分析可从公司、工作岗位、员工个人等三个层面进行分析。

首先，进行企业分析。先确定企业在行业中的定位以及企业的人力资源政策等，选择合适的培训方法及培训渠道。在做企业层面分析时可以从企业的组织结构、企业文化、部门设置、产品、薪酬和福利、规章制度等方面进行。

其次，进行工作分析。通过工作分析可了解新员工达到理想的工作绩效所必须掌握的技能和能力。可以从岗位职责、岗位基本知识和技能要求等方面进行分析。

接着，进行个人分析。个人分析是将员工现有的水平与工作岗位对员工技能、态度的要求进行比照，研究两者之间存在的差距，研究需要进行哪方面的培训来提高能力，达到员工的职务与技能的一致。同时需结合企业对个人的培养和晋升计划来进行分析。

实训案例

频繁流失的宾客大使

A 酒店是一家五星级旅游度假温泉酒店,近一年以来前厅部的宾客大使岗位的员工流失率远远高于行业水平及本岗位的历史数据。此岗位编制为 10 人,但全年统计新入职员工人数 30 人,其中试用期内离职人数高达 25 人,现正处于试用期的 3 人,即本岗位新招入 30 人,但能通过试用期的仅 2 人。

对此前厅部和人力资源部互相埋怨,因为前厅部认为人力资源部总是不能及时为前厅部补充新员工,且补充的新员工要不就自行离职,要不就是综合素质差、上手慢,人员流动对前厅部的工作效率带来了较大的负面影响。招聘专员也憋了一肚子的委屈,好不容易招到合适人选,却老是留不下来,她认为这是因为前厅部经理管理有问题,管理方式不对所以留不住人。

鉴于这个亟须解决的问题,人力资源部决定对已离职人员及在职人员进行一次调查,分析试用期员工频繁流失的原因。

对于宾客大使这个岗位的新员工入职培训日程如下表:

日期	时间	课程	时长	主讲部门
9月20日	9:00–9:30	新员工自我介绍	30分钟	行政人力资源部
9月20日	9:30–11:00	企业文化	90分钟	行政人力资源部
9月20日	11:00–12:00	消防安全	60分钟	保安部
9月20日	15:00–17:00	酒店常识与员工日常行为规范	120分钟	行政人力资源部
9月21日	9:00–11:00	酒店员工礼仪礼貌	120分钟	行政人力资源部
9月21日	11:00–12:00	参观酒店	60分钟	行政人力资源部
9月21日	15:00–16:00	考试	60分钟	行政人力资源部

通过调查,大多数试用期离职人员均表示两天岗前培训后即需单独操作,若出错了还要扣款,太不人性化了。而两天的岗前培训是以老带新的形式进行,即由老员工在旁边指引着来操作,对当天没遇到的情况老员工也不会讲解。而他们单独操作时所遇到的情况有很多是那两天所没经历的,所以他们会经常出错,出错后不但被扣款还会被责骂。为此,他们认为在这工作压力大、没成就感,所以选择了离职。

也有一部分老员工反映有些新员工来了都快一个月了,连一些简单的事情都处理不了,能力太差了。新员工则说,这些事情又没有跟我说,又没有资料可以看,不要说一个月,做了一年我也是不知道的。

即时问题

1. 这些新员工流失率高的原因在哪里？可以加强哪方面的工作来降低新员工流失率？

2. 前厅部新员工入职培训需求分析是否到位？如果你是 A 酒店的培训专员，你将如何制定前厅部的新员工入职培训计划？制定培训计划前需准备那些工作？

相关链接

新员工入职培训调查问卷

您好：

为使您更快熟悉本岗位职责和工作内容，在最短时间融入公司，进入工作状态，请认真填写本调查问卷，我们将充分尊重您的意见和建议，致力于不断改善和提升培训质量和效果，实现员工和企业共同成长。感谢您对公司人力资源管理工作的支持。

请在符合您情况的选项上划"√"

个人信息：您来自_____部门，您的年龄：_____岁，性别：_____；填表日期：_____。

1. 您认为入职培训安排多长时间合适？
   A. 1～3天　　B. 3～5天　　C. 10天　　D. 10天以上
2. 您认为公司在开展新员工入职培训前主要需解决以下哪些的问题？
   A. 培训场地、设施、设备等改善　　B. 由专业性强和素质高的培训师主讲
   C. 培训课程要有针对性　　　　　　D. 着重对新员工进行全面的入职引导
   E. 强化对岗位知识、实操流程的培训　F. 其他
3. 您认为新入职员工培训应包含哪些内容（可多选）
   A. 企业文化、企业发展规划　　B. 工作流程　　　C. 员工心态调整
   D. 企业管理制度　　　E. 岗位职责　　　F. 专业技能技巧
   G. 公司专用办公软件操作　　　H. 其他
4. 通过入职培训你期望能有哪些收获？（可多选）
   A. 对公司文化有全面的了解　　B. 熟悉了解自己的岗位职责及工作流程
   C. 能够掌握更多的业务知识　　D. 管理技能、工作方法上有一定的提升
   E. 个人职业化素养有所提升　　F. 其他
5. 您对公司安排的入职培训有何意见和建议？

任务2　设计新员工入职培训方案

>> **即时案例**

沃尔玛新员工入职培训制度

（一）独特的入职培训

沃尔玛新员工的入职培训别具一格，采取的是时间长、重操作、内容全面的培训店培训模式。为了做好入职培训，沃尔玛在全球各地都设立了培训店。沃尔玛一般会在新店开业前半年开始招聘新员工，并组织新员工到邻近的培训店接受3到6个月的实习培训。新员工到培训店实习并不确定具体岗位，而是要在3到6个月内接受公司文化、信息系统、业务运营、管理政策等各方面的培训，以全面了解一个卖场是如何运作的。

实习培训期间最为重要的培训就是"1-30-60-90计划"，即在新员工入职培训的第1天、第30天、第60天、第90天分别会有四次侧重点不同的入职培训。沃尔玛认为，新员工入职培训的这4个日子都是非常关键的时期，培训一定要配合员工这个时期的心理变化和对公司、业务了解的变化。

新员工入职培训的第1天，要接受企业文化的培训，听培训师讲述沃尔玛的创建和发展历史，以培养员工的荣誉感和自豪感，另外还要知道如何运营，等等。沃尔玛的新员工在接受第一天的入职培训后，还将分别在第30天、第60天和第90天与管理层或人力资源部的负责人一起，进一步了解沃尔玛的企业文化和规章制度。这样，既可以了解新员工对企业文化的适应度和上下级之间的融合度，又能帮助其更快适应并融入沃尔玛团队。

（二）沃尔玛新员工培训指南

三项基本信仰：尊重个人、服务顾客、追求卓越

尊重个人：直呼其名　门户开放　机会均等　基层调查　公仆领导　接受差异　信息分享　同事参与

服务顾客：保证满意　天天平价　日落原则　超出顾客期望　社区服务

追求卓越：诚实正直　晋升和调职　损耗控制　评估　控制开销　培训点子大王

（三）新员工入职培训内容

沃尔玛超市运营的成功离不开对员工的培训，为了培训员工，公司还成立了沃尔玛研究院，尽可能给员工最佳的培训体验。公司发起了"给总经理写信"的运动，鼓励

员工给总经理写信。

公司规定每一位员工进店的第一天起就要举手宣誓，保证顾客在走到离售货员十英尺时，就要上前打招呼，笑脸相迎。既要遵守顾客至上，又要保持微笑。

公司还规定任何时候员工都应忠诚于自己的事业，努力培养自己对事业的勇气与决心，并确立一些必须坚持的信念规则：不断挑战、超越自己；先生存、后发展、再盈利。

资料来源：http://wenku.baidu.com/view/4263630d5727a5e9856a61

一、新员工入职培训方案设计的意义

著名的科学管理之父费雷德里克·温斯洛·泰勒早在其1911年出版的《科学管理原理》一书中，指出工人缺少培训方案设计又没有正确的操作方法和合理的工具极大地影响了劳动生产率的提高。培训方案设计随之作为一个研究内容在心理学和管理学中频频出现，在相关文献不断涌现。加里·德斯勒认为培训方案设计是给新员工和公司现有员工传授有利于他们完成本职工作的基本技能的过程。罗伯特·L.马希斯认为培训方案设计是企业与员工个人的共同投入，是人们获得有助于促进实现企业目标和个人目标的技术或者是学习训练过程。培训方案设计使员工获得既可以用于当前工作又可为未来职业生涯储备的知识和技能。基普认为员工培训方案设计与发展是人力资源管理的内在组成部分，是对人的一种投资。罗布·斯波特认为培训方案设计是一种投资。乔治·威斯特认为培训方案设计的实质是对学习过程的管理，即为保证员工和团体有效率地工作，对其工作、知识、技能、观点加以提高和丰富的过程。雷蒙德·A.诺伊认为培训方案设计是指公司有计划地实施有助于员工学习与工作相关的能力、知识、技能，创造工作绩效的行为的活动，是创造智力资本的途径。从各位学者的认识中可知，培训方案设计是一个提高员工能力的过程，其目的是适应组织需要。

二、新员工入职培训方案的设计

虽然不同的公司有不同的业务模式，有不同的岗位职能，但在新员工的问题上有很多共同之处。新员工入职培训方案一般是由培训目标、培训内容、培训资源、培训对象、培训日期与时间、培训方法、培训场所与设备、培训纪律等内容构成。

（一）新员工入职培训目标

1. 培训的总目标

培训总目标是宏观上的、较抽象的，它需要不断分层次细化，使其具有可操作性。

新员工入职培训计划就是要把因新员工知识、能力、态度等方面的差距所产生的机会成本的浪费控制在最小阶段，这就是企业新员工入职培训的总目标。

2. 培训的具体目标

（1）让新员工消除初进企业时的紧张焦虑情绪，尽快适应新的工作环境，以便减少错误、节省时间。

（2）培训新员工解决问题的能力，提供寻求帮助的方法，提供讨论的平台，帮助他们更快地胜任本职工作。

（3）帮助新员工与同事和团队建立和谐的关系，减少员工的抱怨。

总之，培训目标是新员工培训方案实施的导航灯。有了明确的总目标和各层次的具体目标，培训的组织者和接受培训的新员工才能少走弯路，取得事半功倍的效果。

（二）培训内容

新员工入职培训内容和培训周期等相关事项的设计要围绕培训目标及企业的实际条件及工作需要来开展。我们需要明确希望通过培训解决哪些问题，只有针对性地解决问题，才能达到培训的目的。

1. 从员工层面来考虑

对新员工来说既要适应新的工作环境又要适应新的人际关系，所以对于他们而言最先关心的不是工作流程，而是关心这个企业的平台、环境、工作关系和前景等相关因素，并对自我期望进行比较，初步比较后有些员工心里还会考虑这个企业是否值得留下。对此新员工经常会思考以下几个问题：

（1）这个企业如何？在这里能否实现我的个人求职意愿？

这个问题关系到新员工能否安心工作。无论新员工的求职意愿是什么，如果他感觉到实现求职意愿的可能性很低或者得到的答案模棱两可，他就会一直处在徘徊犹豫的状态中，无法全身心地投入工作当中，在后续的工作中只要有一点不尽人意的地方就会考虑离开。

（2）这个公司的产品是否有价值？

这个问题其实是员工对自身工作价值的认可问题，如果这个问题没有解决，新员工会一直怀疑自己是否在欺骗客户。也许他会努力为公司谋取利益，但仅仅是为了谋取个人工资，不会从解决问题的角度去处理工作中的矛盾，这不利于公司的持续发展。一旦出现更有利可图的机会，他会毫不犹豫地离开公司。

（3）我在这个公司有怎样的发展途径？

这个问题是新员工的职业发展规划问题，如果能得到很好地解决，即使在今后的工作中面临一些得失，他也会有一个很好的心态。

（4）我是否真的胜任这份工作？如果有问题怎么办？

这个问题是新员工对新环境的一种焦虑。对于已经入职的新员工而言，可以假设已经解决了他的能力素质与岗位要求相匹配的问题。如果有问题怎么办其实是在问工作中如果遇到问题他是否可以获得帮助，解决他的后顾之忧，让他知道在工作中遇到问题有哪些解决途径。

（5）我以及我的工作成果如何获得认可？

如果新员工在思考这个问题，可以确定他已经认可公司了。他在考虑如何取得好的发展以及在公司中怎样可以少犯错误。

（6）我是否可以顺利地融入新的环境中，或者我是否可以被老员工接纳？

这个问题关系到新员工是否能快乐工作。我们不能指望一个成天闷闷不乐的员工会有很好的工作成绩和想在企业扎根的工作心态。

（7）我的技能如何？能否满足岗位的要求？

同一岗位在不同的公司里会工作职能有所差异，工作程序、方法等也会有所不同。所以哪怕是有经验的新员工其工作技能也有可能满足不了岗位的需要。所以公司在制定培训方案时，要考虑员工个人技能、适应力等因素。

2. 从工作岗位层面来考虑

每一个岗位均有其特定的岗位职责，不同的岗位职责有着不同的工作要求。因此分析能否取得岗位高绩效，我们应该思考以下几个问题。

（1）本岗位是否有特殊要求？

法律法规规定或企业内部要求某些岗位必须经过一定课时的相关专项培训方能上岗。例如安监局对高危行业的五类人员培训就有一定的课时要求，否则不能上岗（表6-1）。

（2）岗位的工作职责是什么？工作流程及工作标准如何？

新入职员工只有明确了解本岗位的工作职责、工作标准、工作流程，才能清楚自己要做什么，要求做到什么程度以及怎么做。弄清楚这几个问题才能提高员工的责任心、工作积极性、工作信心及工作效率。

（3）本岗位的周边联系方式是什么？周边联系人的工作习惯如何？

向新入职员工介绍培训岗位工作所涉及的周边联系人、联系方式以及工作习惯等相关内容，有利于给新入职员工工作指引，帮助员工快速融入到公司人际关系中，并有利于提高员工的工作信心及工作效率。

一些企业有部分员工会有比较鲜明的性格特点，有些新入职员工会因不能接受他们的工作或沟通方式而离职，为此在新员工入职培训时可适当培训跟这些有鲜明性格特点的同事应该如何沟通交流，以便于调整员工的工作心态。

（4）本岗位的应知应会的内容有哪些？常见的紧急处理有哪些？

对新员工进行与本岗位通过相关的应知应会内容的培训，帮助员工快速掌握岗位的基本技能，避免靠员工自己摸索走弯路，以提高员工的工作效率。同时对一些常见的紧急处理或岗位注意事项要着重培训，避免因此给新员工带来挫败感或因此给企业带来损失。

表6-1 安监局和质监局关于安全教育培训学时的基本要求

五类人员	基本要求	首次安全培训学时/年	每年再安全培训学时/年
主要负责人	(1) 危险物品的生产、经营、储存单位以及矿山、冶金、烟花爆竹、建筑施工单位主要负责人必须进行安全资格培训，考核合格并取得安全资格证书后方可任职	≥48	≥16
	(2) 其他单位按规定进行培训	≥32	≥12
安全生产管理人员	(1) 危险物品的生产、经营、储存单位以及矿山、冶金、烟花爆竹、建筑施工单位主要负责人必须进行安全资格培训，考核合格并取得安全资格证书后方可任职	≥48	≥16
	(2) 其他单位按规定进行培训	≥32	≥12
新从业人员	(1) 危险物品的生产、经营、储存单位以及矿山、冶金、烟花爆竹、建筑施工单位主要负责人必须进行安全资格培训，考核合格并取得安全资格证书后方可任职	≥72	≥20
	(2) 其他单位按规定进行培训	≥24	≥8
转岗、复岗、四新人员培训	从业人员调整工作岗位、离岗一年以上重新上岗，应进行相应的车间（工段、区、队）级安全生产教育培训。采用新工艺、新技术、新设备、新材料的从业人员进行相应的培训	—	—
特种作业人员	安监局管理：有效期6年，三年一复审；连续工作10年，6年一复审；高压电工作业、低压电工作业、防爆电气作业、焊接与热切割作业、压力焊作业、高处作业、制冷与空调作业、煤矿安全作业、金属非金属矿山安全作业、石油天然气安全作业、冶金（有色）生产安全作业、危险化学品安全作业、烟花爆竹安全作业及其他作业	100	24
特种设备操作人员	(1) 压力容器作业 (2) 大型游乐设施作业 (3) 气瓶作业 (4) 锅炉作业 (5) 起重机械作业 (6) 客运索道作业：客运索道安装、客运索道维修、客运索道司机、客运索道编索 (7) 压力管道作业 (8) 安全附件维修作业 (9) 特种设备焊接作业	—	—

3. 从企业层面来考虑

在如今的知识经济时代，求职者已经不像以前那么单纯，他们已经明白"能够同优秀的人共事，自己也会更优秀"，所谓"人往高处走、水往低处流"，新员工的试用期企业会着重考察新员工是否能胜任岗位工作。同时试用也是新员工考察企业的一个过程，在这一过程里当员工了解到企业的文化、发展空间等与自己的期望有较大距离时，企业就比较容易流失这一类型的人才。为此在入职培训时，企业必须让新员工了解企业未来发展战略、员工发展路径以及企业所能提供的平台等相关信息，以降低员工的流失率。

人才是吸引来的，不是招来的。一家企业若没有吸引力则很容易引起人才流失。我们可以通过加强企业层面的相关培训，增强企业对新员工的吸引力，为此我们可以从以下几个方面考虑。

（1）企业的发展历程、组织架构、公司简介及未来的战略规划如何？

通过了解企业的发展历程、组织架构及未来的发展战略等相关信息，增强新员工对企业的信赖感和主人公意识。

（2）企业的经营理念、用人观等相关企业文化如何？

让新员工了解企业所提倡的文化是什么样的，哪些事情是提倡大家做的、哪些事情是可以做的、哪些事情是绝对不能做的。同时也让新员工了解在企业里付出劳动后会有哪些回报，以提高员工的工作积极性。

（3）企业的规章制度等相关信息

通过熟悉试用期管理制度等相关企业的规章制度、薪酬福利、人事政策等相关信息，提高企业对员工的吸引力，同时也便于新员工的日常行为的规范指引。

4. 新员工入职培训包含的内容

（1）企业环境。

①公司的平面图以及公司在全市的地理位置。如由专人负责引导新员工参观公司已有结构模型和宣传图片，并向他们解说，使新员工对公司的地理位置有一个大概的了解。

②员工的工作环境。包括办公室的设施、工作流水线、其他工作的辅助设施，如电脑、复印机、传真机、总经理办公室、主管办公室等。每位新员工工作的大环境和小环境，硬件和软件设备均需作详细的介绍。

（2）企业文化。企业文化是一个企业在长期发展过程中形成的价值观和其他有形与无形的内外影响力，其中价值观是企业文化的核心。新员工进入企业，首先会感受到企业文化氛围，进而认可企业的价值观，并最终融入这一团队中。

①企业的标志及由来，即企业的视觉识别系统（VIS）及由来。如麦当劳的颜色主

要由金黄色和红色构成,其标志"M"既是麦当劳的首写字母,又形似凯旋门,象征着吉利和成功。每个企业的 VIS 都是企业的骄傲,是每位员工均要能识别并了解它的特殊含义。

②企业的发展历程、企业重大事件和阶段性的英雄人物。每个企业的发展史都会和几个阶段性的标志人物紧密连在一起,他们都是企业的英雄人物,如法国酒白兰地系列,就有马爹利老爹和马爹利老屋的传奇故事、甜美葡萄的传说以及棕木桶传奇般的功能和传说。伴随企业发展的过程,有英雄人物、有转折阶段,还有传奇故事和美丽传说,把这些资源编成故事,讲给新员工听,能使他们更热爱自己的企业,更有归属感。

③企业具有重要标志和意义的纪念品的解说。例如美国有一个企业,它的大厅里有一个标志性的纪念品,用大玻璃罩罩着一根金色的香蕉。这个香蕉纪念品背后有一个美丽的故事。一个员工向董事长提出了非常出色的工艺改进建议,董事长很想立刻奖励这个年轻的小伙子,但此时董事长身边没有合适的奖品,于是他拿起桌子上的一根香蕉奖励给了这位员工。从此以后,这个公司提合理化建议成风。这个美丽的故事也广为流传,一个金色的美丽的香蕉被制作成纪念品摆设在公司的大厅里,成为这个公司的标志物。要使新员工对企业有归属感,这是一个很好的方法。

④企业的经营理念。每个企业的经营理念都是彼此不相同的,新员工一进入企业就要把本企业正确的经营理念传授给员工,让员工主动与企业协调工作。

(3) 企业简介

①企业的产品和服务。产品的名称、性能、原材料和原材料的来源,产品生产的流程,产品的售后服务等,有些企业的"产品"就是服务,如旅游业。旅游业新员工就必须了解企业售出的"服务"包含哪些内容、服务的性质、服务的对象、服务质量的检验以及服务错误的纠正等。

②企业的品牌地位和市场占有率。企业努力创造属于自己企业的品牌,创品牌是企业的一个长期奋斗的过程。企业的品牌,品牌的社会认可度,品牌定位在哪个层次,本企业有哪些竞争对手,彼此的市场占有率是多少。这是新员工培训中不可缺少的内容。

③企业的组织结构及主要领导。应该有一张组织结构图及主要领导的名录和联系方式,有的企业领导有员工接待日。随着办公自动化和因特网的普及,应有专设的信箱吸纳员工的合理化建议,员工也可以通过一定的渠道获得与总经理对话的机会。

④企业的战略和企业的发展前景。企业现时的战略定位和企业战略的发展阶段、发展目标、发展前景也是新员工十分关心的问题,因为只有企业的发展才能给个体带来发展空间,才能激发新员工内在的工作热情和创造激情,才能激发新员工为企业奉献自己的智慧和才干。

(4) 企业的规章制度和相关的法律文件

如薪酬管理制度、福利待遇政策、绩效考核制度、培训制度、试用期管理制度、员工手册、奖惩条例、行为规范等相关人事制度、费用报销程序及相关手续办理流程、办公设备的申领使用等相关财务制度。

（5）岗位说明书

如部门职能、岗位职责、任职要求、岗位沟通关系、工作目标、岗位考核关键要素、岗位晋升通道等相关内容。

（6）工作指南、操作说明书、工作流程、岗位关键控制点等相关岗位知识。

（7）消防安全知识、设备安全知识及紧急事件处理方法等安全知识。

（8）法定或企业针对岗位必须培训的相关内容。

（9）实地参观公司各部门工作及生活等公共场所。

（三）培训资源

培训资源广义上是指影响到企业培训效果的各种各样的因素，可分为硬件资源和软件资源两种。硬件资源一般包括培训场所、企业各职能部门、培训师、培训机构、培训教材、培训经费等相关因素。软件资源则比较难掌握，一般指企业的培训环境、企业对待培训的态度、企业的培训管理体系等。在培训方案制定过程中要充分利用企业的内部培训资源，节约成本。

（四）培训对象

因新入职员工的部门不同、岗位不同，所以他们的培训内容会有所区别，可采取先集中大培训，再分开培训的方法。一般涉及企业简介、企业文化、员工手册等企业层面的基础培训内容的培训对象为所有新入职员工。而涉及岗位层面的岗位知识培训针对性要强些，一般是以部门甚至以单个新员工为培训对象。

（五）培训日期与时间

一般新员工入职当天公司即开始安排涉及公司层面知识的基础培训，基础培训结束后再进行涉及岗位层面的岗位知识培训。具体的培训时长及安排可根据不同的企业、不同的岗位、不同的新员工背景来安排。

（六）培训方法

新员工入职培训可运用多种方法，以下介绍几种常用的方法。

（1）讲授法。以教师讲课为主，辅以教师学员间的问答。讲课可以预先试讲，精确地计算全程需要的时间。讲授法可以在短时间内传递大量的信息，但学员是被动听讲，参与机会有限，会导致缺席率增加，学员对新知识的应用有限。

（2）案例法。对用视听媒体描述的客观存在的真实情景进行评价分析。案例法帮助学员在没有实际问题和事件的压力下，了解问题的实质并获得身临其境的感受；它为学员提供机会，让他们互相交流思想，找出解决新员工进入企业过程中可能会面临的问题的办法；它还可以激发学员想了解更多问题的动机，提高分析决策能力。但案例法也有一些缺点，现实生活中的情况或事件可能与案例中描述的情况不一样，有可能会使

学员产生错觉，得到一个与实际情况不一样的答案。

（3）角色扮演法。由学员扮演有关角色去演绎创业和经营企业过程中可能出现的问题，目的是让学员演练如何处理实际问题。表演者必须设身处地地思考、快速地解决问题。角色扮演帮助学员增强应对企业中发生实际问题时的信心。但实际生活中的情况可能与角色扮演中的情况不同，学员可能对实际生活中的情况产生错误的印象。一些表演者可能会偏离角色，使表演闹出笑话，不能严肃处理情景中的问题。

（4）游戏法。游戏法是一种在培训员工过程中常用的辅助方法。在封闭的教室内模拟一个真实的企业经营情况，使学员在活跃的气氛中学习企业的经营知识。游戏法的缺点是必须在教师的指导下进行，比较费时间。

（5）网络视频法。即通过计算机网络等手段对学员进行知识传授，这种方法灵活方便，节省人力。

（6）任务法。根据新员工所欠缺的知识及能力，交付相应的任务，以带动新员工主动补充知识的不足。

（7）导师制法。导师制的方法来源于"师徒制"的培训方法，它除了强调具体技能和业务的传授和讲解之外，还在人际关系、职业规划、生活等多方面发挥作用。

（七）培训场所与设备

培训场所及设备要结合企业的培训费用预算、培训方法的需要及培训人员的多少等综合因素进行考虑。培训场地安排要确保人和人之间的距离不要太拥挤，也不能过于疏远，相互之间有更好的交流，这样才能保证我们的培训进行得更加顺利。

（八）培训纪律

没有规矩不成方圆，培训纪律要求是保证培训正常开展的前提，所以培训方案设计里必须明确培训纪律，培训纪律不仅是对培训对象的要求，同时也要包含对培训讲师及培训责任人等相关人员的要求。

相关链接

A集团新员工入职培训方案

一、培训目的

（1）使新员工全方位地了解企业环境，认同并融入A集团的企业文化中，坚定自己的职业选择，理解并接受公司的规章制度和行为规范。

（2）使新员工明确自己的工作目标和岗位职责，掌握工作程序和工作方法，尽快进入岗位角色。

二、培训周期及时间安排

新员工入职培训周期为每半个月一次（月中、月末各一次），将半个月以内新入职的员工进行集中培训。时间为周五下午1点至4点，共3个小时。

三、培训对象

A集团总部及下属各公司招聘的新入职员工。

四、培训讲师

公司内部选拔培训讲师，选拔范围是部门领导或有较丰富工作经验、品行兼优的骨干员工。

五、培训方式

脱岗培训，A集团组织人事部培训组制定培训计划和方案并组织实施，由企业内部培训师采用集中授课、讨论及参观的形式进行培训。

六、培训内容

（1）企业概况：公司创业历史、企业现状以及在行业中的地位、公司品牌与经营理念、公司企业文化、公司未来前景、组织机构、各部门的功能和业务范围、人员结构等；

（2）员工守则：企业规章制度、奖惩条例、行为规范等；

（3）入职须知：入职程序及相关手续办理流程；

（4）财务制度：费用报销程序及相关手续办理流程、办公设备的申领使用等；

（5）人事制度：薪酬体系、福利待遇政策（五险一金、休假等）、绩效考核培训等；

（6）职业生涯规划：将职务分为管理、技术、业务三个系列，建立三条通道；

（7）安全知识：消防安全知识、设备安全知识及紧急事件处理方法等；

（8）实地参观：参观各部门工作及生活等公共场所。

七、培训工作流程

（1）培训组根据新入职员工的规模情况确定培训时间，拟定具体培训方案，填写《新员工入职培训计划》报送相关部门；

（2）培训组负责与各部门协调，作好培训全过程的组织管理工作，包括人员协调组织、场地的安排布置、培训讲师的沟通安排、课程的调整及进度推进、培训质量的监控保证以及培训效果的考核评估等；

（3）培训组负责在每期培训结束当日对新员工进行反馈调查，填写《新员工入职培训效果反馈调查表》，并汇总分析新员工反馈的意见，总结出对培训课程及授课讲师的改进参考意见；

（4）培训组在新员工培训结束后一周内，提交该期培训的总结分析报告，报领导审阅。

八、培训课程具体安排

培训时间	培训方法	培训重点和目的	培训内容
	讲授法	让新员工了解企业，让企业雄厚的实力深入员工心中	企业概况
	讲授法	让新员工了解企业的管理条例，尽早融入文明规范的企业中	员工守则
	讲授法	让新员工了解员工入职的流程，使新员工能够顺利的完成入职前的准备工作	入职须知
	讲授法	让新员工了解企业的薪酬体系、福利待遇政策，绩效考核和相关培训制度等，达到企业让员工满意，员工让企业满意的目的	人事制度
	讲授法	让新员工了解费用报销和相关手续办理程序，及办公设备的申领使用等，方便员工顺利投入工作之中	财务制度
	讲授法	对新员工进行安全思想的灌输，以便日后在工作中能够一直保持着一颗对企业、对个人安全负责的心	安全知识
	讲授法	让新员工对自己的职业有一个很好的规划，使员工时刻对工作充满热情	员工职业生涯规划
	参观	让新员工了解企业的环境、各部门的工作地点、生活公共场所等，以方便员工的工作与生活，使新员工尽早融入企业	实地参观

任务3 组织实施新员工入职培训工作

>> **即时案例**

华为新员工入职180天详细培训计划

第1阶段：新人入职，让他知道自己是来干什么的（3～7天）

为了让新员工在7天内快速融入企业，管理者需要做到下面七点：

（1）给新人安排好座位及办公的桌子，使新人拥有自己的办公场所，并介绍位置周围的同事，使其相互认识（每人介绍的时间不少于1分钟）；

（2）开一个欢迎会或聚餐介绍部门里的每一个人，相互认识；

（3）直接上司与其单独沟通：让其了解公司文化、发展战略等，并让直接上司了解新人专业能力、家庭背景、职业规划与兴趣爱好。

（4）HR主管告诉新员工其工作职责及自身的发展空间及价值。

（5）直接上司明确安排第一周的工作任务，包括：每天要做什么、怎么做、与任务相关的同事、部门负责人是谁。

（6）对新入职员工日常工作中的问题及时发现及时纠正（不作批评），并给予及时肯定和表扬（反馈原则）；检查每天的工作量及工作难点在哪里。

（7）让老同事（工作1年以上）尽可能多的和新人接触，消除新人的陌生感，让其尽快融入团队。关键点：一起吃午饭，多聊天，不要在第一周过多地谈论工作目标及给予工作压力。

第2阶段：新人过渡，让他知道如何做好（8～30天）

转变往往是痛苦的，但又是必需的，管理者需要用较短的时间帮助新员工完成角色过渡，下面提供五个关键方法：

（1）带领新员工熟悉公司环境和各部门，让他知道怎么写规范的公司邮件，怎么发传真，电脑出现问题找哪个人，如何接内部电话等；

（2）最好将新员工安排在老同事附近，方便观察和指导；

（3）及时观察其情绪状态，做好及时调整，通过询问发现其是否存在压力；

（4）适时把自己的经验教给他，让其在实战中学习、学中干、干中学是新员工十分看重的；

（5）对其成长和进步给予肯定和赞扬，并提出更高的期望，要点：4C、反馈技巧。

第3阶段：让新员工接受挑战性任务（31～60天）

在适当的时候给予适当的压力，往往能促进新员工的成长，但大部分管理者却选了错误的方式施压。应注意以下几点：

（1）知道新员工的长处及掌握的技能，对其讲清工作的要求及考核的指标要求；

（2）多开展公司团队活动，观察其优点和能力，扬长避短；

（3）犯了错误时给其改善的机会，观察其处于逆境时的心态，观察其行为，看其的培养价值；

（4）如果实在无法胜任当前岗位，看看其是否适合其他部门，多给其机会，管理者应避免一刀切。

第4阶段：表扬与鼓励，建立互信关系（61～90天）

管理者很容易吝啬自己的赞美的语言，或者说缺乏表扬的技巧，而表扬一般遵循三个原则：及时性、多样性和开放性。

（1）当新员工完成挑战性任务，或者有进步的地方应及时给予表扬和奖励；

（2）多种形式的表扬和鼓励，是指要多给新员工惊喜，多创造不同的惊喜感；

（3）向公司同事展示下属的成绩，并分享成功的经验，这是表扬鼓励的开放性。

第5阶段：让新员工融入团队主动完成工作（91～120天）

对于新员工来说，他们不缺乏创造性，更多的时候管理者需要耐心地指导他们如何进行团队合作，如何融入团队。

（1）鼓励下属积极踊跃参与团队会议并在会议中发言，当他们发言之后给予表扬和鼓励；

（2）对于激励机制、团队建设、任务流程、成长、好的经验要多进行会议商讨、分享；

（3）与新员工探讨处理任务的方法与建议，当下属提出好的建议时要给予肯定；

（4）要及时处理新员工与旧同事间的矛盾。

第6阶段：赋予员工使命，适度授权（121～179天）

度过了前3个月，一般新员工会转正成为正式员工，随之而来的是新的挑战，当然也可以说是新员工真正成为公司的一分子，管理者的任务中心也要随之转入以下5点：

（1）帮助下属重新定位，让下属重新认识工作的价值、工作的意义、工作的责任、工作的使命、工作的高度，找到自己的目标和方向；

（2）时刻关注新下属，当下属有负面的情绪时，要及时帮其调整，要对下属的各个方面有敏感性；当下属问到负面的、幼稚的问题时，要转换方式，从积极的一面去解除他的问题，转换管理者的思维；

（3）让员工感受到企业的使命，放大公司的愿景和文化价值、放大战略决策和领导意图等，聚焦凝聚人心和文化落地、聚焦方向正确和高效沟通、聚焦绩效提升和职业素质；

（4）当公司有什么重大的事情或者振奋人心的消息时，要引导大家分享，要求管理者随时随地激励下属；

（5）开始适度放权让下属自行完成工作，使新下属发现工作的价值与享受成果带来的喜悦，放权不宜一步到位。

第7阶段：总结，制定发展计划（180天）

6个月过去了，是时候帮下属做一次正式的评估与发展计划，一次完整的绩效面谈一般包括下面的六个步骤：

（1）每个季度保证至少1～2次1个小时以上的正式绩效面谈，面谈之前做好充分的调查，谈话做到有理、有据、有法；

（2）绩效面谈要做到：目的明确、员工自评（做了哪些事情，有哪些成果，为成果做了什么努力、哪些方面做得不足、哪些方面和其他同事有差距）；

（3）领导的评价包括成果、能力、日常表现，要做到先肯定成果，再说不足，谈不足的时候要有真实的例子做支撑（依然是反馈技巧）；

（4）协助下属制定目标和实现措施，让下属做出承诺，监督检查下属目标的进度，协助他达成既定的目标；

（5）为下属争取发展提升的机会，多与他探讨未来的发展，至少每3～6个月给下属评估一次；

（6）给予下属参加培训的机会，鼓励他平时多学习、多看书，每个人制定出成长计划，分阶段去检查。

第8阶段：全方位关注下属成长（每一天）

（1）关注新下属的生活，当他受打击、生病、失恋、遭遇生活变故、心理产生迷茫时，多支持、多沟通、多关心、多帮助；

（2）记住部门每个同事生日，并在生日当天部门集体庆祝；记录部门大事记和同事的每次突破，对每次的进步给予表扬、奖励；

（3）每月举办一次各种形式的团队集体活动，增加团队的凝聚力，关键点：坦诚、赏识、感情、诚信。

即时问题

1. 华为公司新员工入职培训的内容包含了那些？
2. 华为公司新员工入职培训日程安排有什么优点？

新员工入职培训的流程

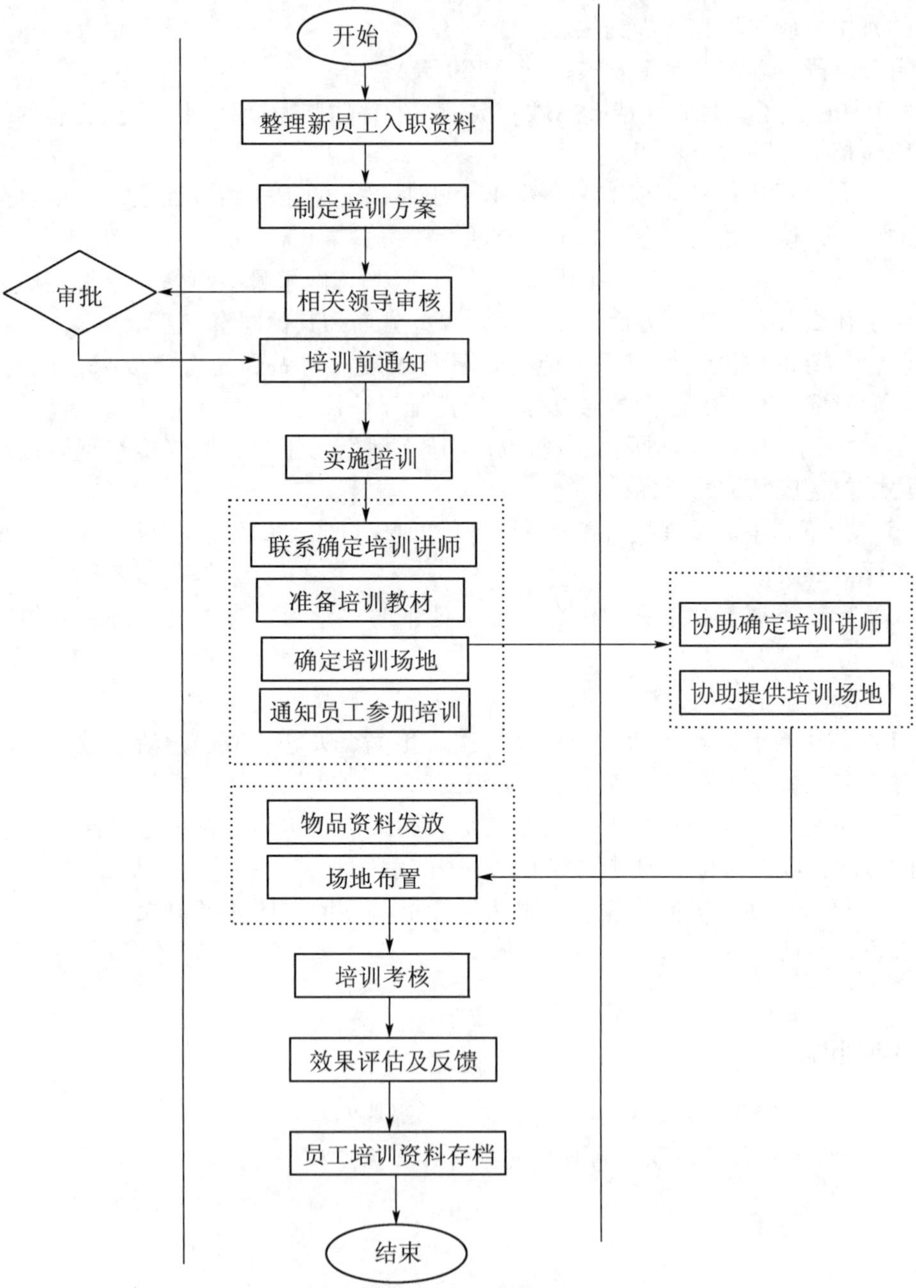

```
           开始
            ↓
      整理新员工入职资料
            ↓
        制定培训方案
            ↓
   审批 ← 相关领导审核
            ↓
        培训前通知
            ↓
         实施培训
            ↓
   ┌─────────────────┐
   │ 联系确定培训讲师  │      ┌─────────────────┐
   │ 准备培训教材     │ ───→ │ 协助确定培训讲师 │
   │ 确定培训场地     │      │ 协助提供培训场地 │
   │ 通知员工参加培训 │      └─────────────────┘
   └─────────────────┘
            ↓
   ┌─────────────────┐
   │ 物品资料发放     │
   │ 场地布置         │ ←───
   └─────────────────┘
            ↓
        培训考核
            ↓
      效果评估及反馈
            ↓
      员工培训资料存档
            ↓
          结束
```

图6-1 入职培训的流程

一、培训方案的制定

1. 新员工入职资料的整理

通过收集新员工的相关资料，了解培训实施前需提前整理的新员工入职申请表、报到清单等相关入职资料，统计参训人员名单，为培训需求分析、培训场地的选择、培训方案设定等提供依据。

2. 培训方案的制定

结合新员工的综合情况、根据公司的培训制度等相关信息制定公司新员工入职培训实施方案，并报批实施。

3. 培训通知的制定与发放

根据培训方案的内容等相关信息制定培训通知并发放。培训通知至少提前3个工作日发放，以便相关部门或人员做必要的准备工作。在培训前的1天，最好能就培训信息再次提醒相关人员准时参加培训。

二、培训开始前的准备工作

1. 培训讲师的确定

培训讲师可由相关部门推荐并经部门主管和人力资源部审核合格后担任，如果没有合适人选的，可申请外聘培训讲师。

2. 确定培训教材

培训教材及培训讲义可由培训讲师拟定，并于培训开始前3个工作日收集好培训讲义及教材，以便讲义及教材及时打印、装订，可将教材及讲义提前发放给参训员工，使其熟悉培训内容。

3. 场地确认

根据培训工作需要结合培训资源合理选择培训场地。培训场地必须提前预订确认，以确保培训场地的正常使用。

4. 场地布置

根据培训需要必须在培训开始前布置好培训场地，将相关设备的准备工作落实到位并检查相关设施、设备是否正常，以保证培训工作的正确进行。

三、培训实施

（1）培训正式开始前重申培训纪律及要相关要求，检查资料是否发放到位，人员出勤及讲师的到位情况等相关信息。

（2）入职培训实施过程中，需对学员进行考勤，并在培训开始前半个小时准备好培训考勤签到表等相关资料。

（3）根据考核方案，对学员进行考核。可根据培训考勤签到表及员工培训过程表现的记录情况、培训考核测试、学员调查反馈表等核算出员工的考核成绩，并如实填写员工培训考核表。

（4）对培训师进行考核。可根据学员培训调查反馈及部门反馈对培训师进行考核。

（5）入职培训效果评估、反馈及资料存档。为保证入职培训目标的实现，入职培训考核结束后，需对员工进行培训效果评估及反馈工作。

（6）员工培训档案的建立。根据实施的培训方案及考核结果，在培训结束后1个月内，建立完整的入职培训档案，并能体现在个人培训档案中。

（7）培训结束后3个月内应继续对新员工进行跟踪效果评估并记录归档。

 相关链接

员工培训纪律

参加培训的员工（以下简称学员）应严格遵守培训纪律，认真听课。为保证本次培训效果，现对培训期间学员的纪律作如下要求：

1. 培训期间，所有学员须服从人力资源部的统一安排和管理。

2. 所有学员应严格遵守培训时间安排，不得迟到早退，如确因特殊原因不能按规定时间参加培训的，应当填写《请假单》，报人力资源部批准、备案；迟到、早退及未请假缺席的，按考勤制度处理。

3. 授课前，学员应提前10分钟到达培训地点，按要求填写《培训签到表》，并将手机等通信设备调至振动或关机状态。

4. 授课时，学员应认真做好课堂笔记，保持课堂安静，不准窃窃私语、私下议论；如遇讲师提问，学员应积极主动回答。

5. 授课时，严禁学员抽烟、睡觉或阅读其他刊物；不准接听电话，如因特殊原因需接听电话的，须到培训室外接听，不得影响正常上课。

6. 不准在培训场所乱丢垃圾、纸屑，授课结束时应及时清理自己座位上的物品，保持培训场所整洁。

7. 培训结束后，应认真填写《培训有效性评估调查表》，参加培训测试，测试结果存入学员个人档案。

四、新员工入职培训的误区

（一）对新员工需求掌握不多

在新员工培训过程中几乎没有进行需求调查，认为新员工刚刚步入社会参加工作，对公司还不甚了解，只需被动接受就好，而没有站在新人的角度上去考虑他们想要得到哪些知识和技能的学习。

新员工的需求我们要从三个方面去挖掘：一是从往年的新员工培训反馈调查来提炼，进行需求的优化分析，如某一课程有超过80%的受训新员工表示在未来的工作中帮助较大，则把这一课程定性为优质课程；二是在新员工培训前做初步的需求调查，这些需求应该是全方位的；三是在培训的过程中进行观察分析，时刻关注新员工对培训课程的反应和想法。

（二）培训内容简单化

新员工的培训是为了满足岗位的需要，而不是为了满足员工的需要；新员工培训内容偏向于制度化，缺乏完整的体系。有的公司培训只是简单地发份员工手册，要求员工看完后考试；有的则是对公司的管理制度进行罗列讲解；稍微正规的公司有新员工培训的规划，准备几天的培训内容，但也只是关注讲什么，而没有关注新人想要学什么，缺乏针对性。很多新员工在培训后对公司所处的行业环境、公司背景、企业文化、工作中需承担的责任和义务能有基本的了解，但这些90后的年轻人在社交上、生活上多数是短板，才开始脱离父母、步入社会，面对独立的生活环境，一遇到困难，就会间接影响在试用期的稳定性。

（三）培训形式过于机械式

新员工培训流于形式的例子比比皆是，缘于企业对培训的不重视。培训形式缺乏创新，培训过程中互动、交流较少。大多的培训形式，是以授课填鸭式为主，知识点缺乏针对性、指导性，甚至没有感染力，台上连篇累牍，台下昏昏欲睡。

新员工入职培训不仅包括课堂教学，还包括角色演练、现场辅导、拓展训练等多种形式，不同的形式适用于不同的个人；不同的问题，产生的效果、花费的成本也各不相同。

提升培训课堂活力可考虑多种形式结合，如引入案例式、研讨式，培训过程中穿插游戏寓教于乐，摆脱枯燥的说教。

（四）不注重讲师层级

内部讲师资源的优劣是决定培训效果的关键，培训的目的是知识与经验传承，在知识管理体系没有健全之前，培训效果只能因讲师而异，并受限于讲师资源。

企业要选择具备扎实专业知识、较丰富实践经验和较高培训技巧的培训讲师。专业知识的丰富与否直接影响培训的内容，培训技巧和实践经验的丰富与否会影响培训的效果。同时可进行分级培训，特定层级的讲师只负责特定层面的培训，这样可以保证初级讲师队伍的建设和成长，也可以使培训更加有效。

（五）对新员工的持续关注不够

新员工培训贯穿于整个新员工试用期，有时甚至更久，而非简单的一两天培训可以解决的。多数情况下企业完成新员工的集中培训后，就把新员工丢给用人部门，奉行实践出真知的理念。而新员工往往还不具备工作技能或不适应新环境的工作风格，期间发生的摩擦无法及时反馈和处理，很容易导致新员工的离职。

我们不是否认工作中学习的重要性，也鼓励传、帮、带的师傅制度，但是，要考虑到新员工在融入公司企业价值观与工作环境的过程中，所面临的困惑与期望。在整个培训过程中，人力资源管理部门的引导和润滑剂作用，是不可被忽视的。

（六）培训过程短期化

培训不能简单认为是一个特定短期内完成的工作，不能想着一劳永逸，一次集中培训就可以解决所有的问题，而要持续地跟进。新员工培训有各种特有的方式可以持续，并将其贯穿到某一段时间内，不断优化。如定期举办座谈会，或者针对某一课题的研讨会来进行回顾，也可以采用新员工轮流担任特定课程的讲师，来分享他们的心得，这些做法对于提高他们的工作能力与技能都有好处。

（七）不重视培训效果反馈及评估体系

对于培训，领导关心的就是培训效果。培训效果的评价通常包括四个方面的内容：学员的反应、学员的学习成效、学员的行为有没有明显的变化、企业的绩效有没有提高。新员工整个培训效果评价可分为三个阶段：第一阶段，侧重于对培训课程内容是否合适进行评定，可以组织受训者进行讨论，从中了解受训者对课程的看法；第二阶段，主要评价受训者的学习效果和学习成绩，可以采用考试的形式进行；第三阶段，在培训结束后，通过考核受训者的工作表现来评价培训的效果。同时，可以找受训者的上级主管了解受训者的工作表现，从而对培训工作的效果加以评定。

任务4　评估新员工入职培训效果

一、新员工入职培训效果评估的意义

企业希望通过入职培训，能让新员工认同企业的价值观，促进新员工融入公司，加快新员工进入工作角色的速度。但在实践过程中，一些公司的新员工培训效果却差强人意，却又找不到问题出在哪里。对此可通过培训效果评估来找出问题，总结培训过程中哪些地方是可以改进的、哪些地方是做得比较好的。

二、新员工入职培训效果评估的内容

新员工入职培训包括整个培训过程,从培训前的培训需求调查开始直至培训实施后的考核及跟进均需进行评估,因为培训的任一环节的设计或实施均和培训效果有着密切的联系。

(1)新员工培训需求的评估:通过对新员工的学历背景、入职人数、新员工素质、工作背景、岗位情况及培训内容等相关信息进行综合评价分析,从而评估新员工培训的培训内容是否科学、合理。

(2)培训计划的评估:对培训计划可行性、适用性、合理性、科学性进行分析评估。

(3)培训资源的评估:对企业的相关资源进行分析,评估本次培训资源利用是否充分、是否既能有效控制培训成本又能取得相应的培训结果。

(4)培训方法的评估:对培训方法进行分析,评估培训方法与培训内容、场地、人员素质等相关因素是否匹配。

(5)培训过程的实施评估:对培训的实施过程进行调查,分析相关人员是否足够重视本项培训工作、是否有进行实施过程监控、遇突发事件时能否及时应变处理等相关实施过程。

(6)培训考核机制的评估:没有考核、没有淘汰机制的培训,会使新员工没有学习压力,容易得过且过,甚至滥竽充数。为此,可以让新员工自我评估,也可以进行上下级及平级同事之间的评估。

三、新员工入职培训效果评估的信息收集

(一)通过观察的方式进行评估信息的收集

(1)培训组织准备工作观察;
(2)培训实施现场观察;
(3)培训对象参加情况观察;
(4)培训对象反映情况观察;
(5)新员工入职后的变化观察。

(二)通过调查问卷的方式进行评估信息的收集

(1)对新员工进行信息收集;
(2)对新员工的领导进行信息收集;
(3)对新员工的下属进行信息收集;
(4)对新员工的其他关联同事进行信息收集。

(三) 通过面谈或访问的方式进行评估信息的收集

（1）对新员工进行面谈或访问的方式进行评估信息的收集；

（2）对培训组织者进行面谈或访问的方式进行评估信息的收集；

（3）对新员工的领导和下属进行面谈或访问的方式进行评估信息的收集；

（4）对与新员工相关的同事进行面谈或访问的方式进行评估信息的收集。

(四) 通过对新员工考试的方式进行收集培训效果的评估信息

（1）对培训知识进行笔试的方式进行收集培训效果的评估信息；

（2）对新员工进行实操考试的方式进行收集培训效果的评估信息；

（3）对新员工进行模拟演示的方式进行收集培训效果的评估信息。

(五) 通过培训调查分析的方式进行收集培训效果的评估信息

（1）通过对培训需求合理性的调查分析的方式进行收集培训效果的评估信息；

（2）通过对培训组织的调查分析的方式进行收集培训效果的评估信息；

（3）通过对培训内容及形式的调查分析的方式进行收集培训效果的评估信息；

（4）通过对培训讲师调查分析的方式进行收集培训效果的评估信息。

相关链接

新员工培训效果评估调查表

培训时间：_____   部门/岗位：_____   姓名：_____

公司新员工的入职培训到此告一个段落，现就此次培训，作一个培训效果问卷调查。请各位员工根据培训的课程以及其自身的实际效果，结合自身工作需求，对培训效果的问卷认真、如实地进行回答。人力资源部将根据培训效果调查表的反馈，合理调整培训内容，使培训内容能与实际工作结合，从而改进公司的培训管理工作。

1. 您对新员工入职培训的总体满意程度

□非常满意   □比较满意   □不太满意   □非常不满意

2. 结合您的岗位，您认为新员工培训课程时长安排的合理程度

□非常合理 □比较合理   □不太合理   □非常不合理（请给建议_____）

3. 您认为最有效的培训方式是什么，请从大到小予以排列：_____

①在岗培训   ②集中授课   ③观摩学习   ④案例分析（座谈研讨）

⑤培训游戏   ⑥引导式自学（课题、报告）   ⑦演练操作

⑧其他方式

4. 您认为自己最需要的培训课程是（可选3~5项）

□公司基本管理制度   □与岗位相关的专业技术知识   □商务礼仪与沟通技巧

□职业生涯规划   □公司文化（业务流程和组织架构）□其他

5. 您觉得本次培训的各项内容安排是否满意？需要改进的地方有哪些？

培训内容	主讲部门	是否满意	需要改进的地方
公司制度培训	人力资源部		
服务规范及会员管理	营销部		
ERP 系统操作及费用报销流程	财务部		
商品管理及规范	采购部		
门店销售技巧及卖场管理	营销部		
门店问题处理及药品常识	销售部		
GSP 管理	质管部		

6. 您在日常学习/工作中碰到哪些问题使您感到困惑并希望通过培训或讨论来提出解决方案？（请用文字说明）

7. 请您就公司的现状，结合您的岗位，认为培训中应增加、减少哪方面的培训内容，以便让公司发展得更好？（请用文字说明）

8. 您对新员工整体培训工作的开展有何意见或建议？（请用文字说明）

谢谢您的反馈与建议！

相关链接

A 酒店有限责任公司新入职员工培训知识测试

（考试时间为 60 分钟）

姓名：　　　　　　　工号：　　　　　　　部门：

一、判断题（对的请打√，错的请打×，每题 2 分，共 30 分）

1. A 酒店是 B 山顶别墅小区的配套项目，该小区位于海拔 156 米山顶之上。（　　）
2. 酒店员工可以佩戴各式各样的耳环上班。（　　）
3. 酒店共有客房 500 间。（　　）
4. 拒不服从上级领导合理的工作安排，将给予严重违纪处分。（　　）
5. 为客人指引时，不可用手指指指点点，而应使用手掌，四指并拢，掌心向上。（　　）
6. 酒店任何区域都可以吸烟。（　　）
7. 酒店员工可在未经得相关部门领导同意的情况下带亲属参观酒店。（　　）
8. 酒店全名：A 酒店有限公司。（　　）
9. 酒店员工不得乘坐客用电梯。（　　）
10. 酒店的服务宗旨念是：宾客至上、细微服务。（　　）

11. 在酒店宿舍内可以追逐打闹。（   ）
12. 宿舍晾晒区可以吸烟。（   ）
13. 请病假需要提供当天本人病历、药费单、医生休假建议单。（   ）
14. 员工申请辞职只需口头告诉本部门主管后就可以不用上班了。（   ）
15. 在接听电话时，必须使用礼貌用语，比如："您好""服务呼叫中心""有什么可以帮到您的"。（   ）

二、单项选择题（每题2分，共30分）

1. 酒店赏景公寓为（   ）楼、品景公寓为（   ）楼、聚景公寓为（   ）楼、酒店主楼为（   ）楼。
   A. 5；1；2；3   B. 5；2；3；1
   C. 5；3；2；1   D. 1；2；3；5
2. 酒店企业文化包括主人翁精神、（   ）、责任感、职业道德。
   A. 个人主义   B. 团队精神   C. 服从命令   D. 客人是上帝
3. 灭火的四个基本原理是：隔离法、冷却法、抑制法和（   ）。
   A. 扑打法   B. 窒息法   C. 缺氧法   D. 降温法
4. B项目共有（   ）栋别墅。
   A. 79   B. 80   C. 88   D. 99
5. 三楼西餐吧房的名称（   ）。
   A. 宵云阁   B. 清风阁   C. 凌云阁   D. 唐宫阁
6. 标准工作时是每天工作（   ）小时。
   A. 5   B. 6   C. 7   D. 8
7. 员工服务满（   ）年，才能开始享受有薪年假。
   A. 三个月   B. 半年   C. 一年   D. 两年
8. 员工入职后，签订的劳动合同期限为2年，试用期（   ）。
   A. 1个月   B. 2个月   C. 3个月   D. 6个月
9. A酒店董事总经理是（   ）。
   A. 张小项   B. 袁龙文   C. 刘程   D. 邓冰洪
10. 试用期内员工若因个人原因需申请辞职，须提前（   ）提交书面申请。
    A. 3天   B. 15天   C. 20天   D. 30天
11. 餐饮部有中餐厅、西餐厅和（   ）。
    A. 厨房部   B. 后勤部   C. 出品部   D. 职厨部
12. 西餐厅位于会所（   ）。
    A. 一楼   B. 二楼   C. 负一楼   D. 负二楼
13. 中餐厅位于（   ）。
    A. 一楼   B. 二楼   C. 负一楼   D. 负二楼

14. 康乐部位于（　　　）。
   A. 一楼　　　　B. 二楼　　　　C. 负一楼　　　　D. 负二楼
15. 负一楼康乐中心，有（　　　）、瑜伽房、健身房、SPA、温泉泡池等。
   A. 标准游泳池　　B. 恒温游泳池　　C. 乒乓球馆　　　D. 棋牌室

三、问答题（共40分）

1. 请问酒店为客人提供的服务场所有哪些？（必须写出5个以上）（10分）
2. 酒店消防知识中"三懂""三会"是什么？（10分）
3. 当你发现火灾时应做些什么？（10分）
4. 请叙述您入职后对酒店的整体印象及对酒店的发展建设有什么好的建议或意见？（10分）

关键术语

新员工入职培训需求调查　新员入职培训的内容　撰写新员工入职培训的方案　进行新员工入职培训的评估

复习与讨论

1. 新员工入职培训的目的是什么？
2. 新员工入职培训需求可以从哪几个方面进行分析？
3. 新员工入职培训方案的误区有哪些？
4. 如何撰写新员工入职培训方案？
5. 如何进行新员工入职培训的效果评估？

案例分析

美的公司新员工培训案例分析

一、尊重新员工从高层做起

能够感受到来自企业的充分尊重，是新员工愿意融入团队、继而认真投入到新员工培训中来的前提，而这种尊重越是来自公司高层，越会给人留下深刻的印象和积极影响。

在美的公司，对于基层以上管理者，在其入职时必须由事业部总经理亲自给他们致欢迎信；当然，由于一般职员的人数太多，在他们入职时，事业部总经理没有精力照顾到每个人，所以会委托下属产品公司的总经理为他们致欢迎信。这件事对笔者影响很大，继而在参加后面的新员工培训乃至转正工作后都干劲十足，因为自己信任这家公司。

二、不断优化新员工入职指引程序

新员工进入公司后，做得相对规范的公司通常都会给员工做入职指引，在这一环节，很多公司都倾向于给员工发一本"员工手册"（美的公司曾经也是这样）。手册上会有公司发展历史、组织结构、企业文化、人力资源规章制度、产品知识、生活指南（包括吃、穿、住、用、行，甚至看病、洗衣等生活大全）。这样看起来就比较全了，已经能够帮助新员工快速熟悉周边环境、了解公司情况。但美中不足的是，长篇大论的文字让很多新员工失去了细看的耐心，更何况有些新来的一线工人本身学历不高，更不爱看这些东西。

最好的办法是从一个新员工的角度出发，把其应该关注的所有信息编制成Flash，然后利用动画、声音来加深大家对一些基本信息的了解；当然内容也作了一些改进，比如把公司总经理、部门经理的照片及管理风格等作了简要概述并增加到了入职指引里面，也把大家日常工作中会共同涉及的岗位及人名、照片作了公布，比如财务报销的岗位、管宿舍的岗位、提供电脑故障解决的岗位等，这更方便了新员工日常工作的开展。

三、新员工岗前培训精细化

在新员工培训中，岗前脱产的入职课堂培训是必需的。但很多公司都倾向于讲解一下公司文化、产品、制度、管理常识就完事。这样做就把岗前培训简单化了，实际上入职培训还需要进一步精细化，要考虑不同岗位所需要掌握的专业知识技能与工作信息等。比如，一个制造类的公司，岗位可分成人力行政、供应链、品质、生产制造、财务等职位；而对应的入职课堂培训则要分成两块：一块是公共的课程培训，一块是专业的课程培训。

四、岗前实习加深对业务的了解

课堂培训之后，就需要走进工作现场。为了保证工作现场的参观与实习质量，就必须让受训员工深刻理解工作流程，通过观察或试操作去发现工作流程中的疑点；如果有些工作因比较关键或者周期较长等因素无法试操作，那么只能通过观察、提问、理解并总结记录下来，以形成高质量的实习报告。当然考虑到有些新员工没有相应的工作经历及经验，即使是试操作一些工作，也必须对工作进行简化，这一点很多公司都考虑到了：在岗位设计时，会特意安排新员工工作岗位，以帮助其由易到难地逐步适应岗位。

五、岗中导师指导细节标准化

新员工正式上岗后，对于很多操作性岗位，必须通过OJT（On – Job – Training，在岗培训）式的工作现场教导，来保证员工能够独立操作。OJT培训的关键步骤如下：

首先，要指定能够指导他人的员工作为工作导师。

其次,导师要亲自做示范动作 3 次。第一次是一次性展示并解释每项工作及其主要步骤,第二次示范则强调每项工作每个步骤的每个关键点,第三次示范需要解释每个关键步骤以及成因。在整个示范过程中,工作导师都要保证清楚、完整、耐心地给新员工做讲解。

最后,学员进行独立操作 4 次。第一次是让学员静静地操作并纠正自己的错误,第二次让学员在操作的过程中向导师解释每项工作及对应的步骤,第三次让学员解释每项工作每个步骤的每个关键点,第四次则让学员解释每个关键点的成因。然后,新员工继续操作练习,直到完全掌握操作要领为止。

六、切勿忽视跟踪指导和改善

新员工对于公司相关情况已经有了较深的了解,对于工作岗位的流程及操作要领也已掌握,那么新员工培训工作是否就此结束了呢?其实还没结束,随着时间的推移,新员工对公司的了解和认识还会有变化,对于岗位操作的熟练程度还会有反复,所以,新员工还需要进一步地跟踪指导和改善。这个环节可以帮助新员工积极主动地去发现问题,并从更深的层次上认识问题,体会企业的文化,体会工作的要领,这是一次知识的总结与经验的沉淀,同时也是新一轮工作改善的起点,其意义非常重大,必须给予高度关注。

新员工培训是使新员工融入企业、胜任工作的第一步,其设计和有效实施,使新员工更快更好地融入企业是非常关键的一环,因此,作为 HR 管理者不要把它流于形式,年复一年地保持一个模板,所有员工都学习同样的内容,而是要给予充分重视,并根据不同岗位员工的特点,设计不同的培训流程和内容,并不断更新培训的内容与步骤,不断优化培训的形式和方法。只有这样才能真正提升新员工的胜任能力和胜任速度。

资料来源:总裁学习网

思考题:
1. 以上案例表明要做好新员工入职培训需要哪些人的参与配合?
2. 美的公司的新员工入职培训特色有哪些?
3. 美的公司的新员工入职培训上做了哪些细节性的工作?

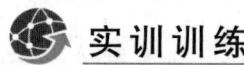

实训任务一:设计一份新员工培训需求调查问卷。
实训任务二:设计一份新员工培训效果评估调查问卷。
实训任务三:撰写一份新员工入职培训方案。
1. 实训内容与要求
调查当地的一家企业的新员工培训需求并进行分析。对该企业的企业情况、岗位情

况、人员情况及过往的新员工入职培训情况进行调查分析。

根据实地调查收集到的数据和信息，每一个小组撰写一份新员工入职培训方案。

2. 实训组织方法及步骤

（1）全班制定一份企业的新员工入职培训方案制定的行动计划。

（2）将学生分成若干小组，以四到六个人为一组，每个小组做好准备工作。搜集要调研的企业的相关资料、了解分配到的需要调查的员工基本情况。

（3）小组根据实际情况，选择合适的调查方法，并设计一份员工培训需求调查问卷。

（4）实施调查，收集数据并分析数据。

（5）编制新员工入职培训方案。

（6）各个小组展示自己设计的新员工入职培训方案，并进行分析讲解。比较各个小组设计的方案的可行性、有效性，比比哪个组的方案更加合理、科学，存在哪些不足之处。

（7）各个小组汇报所写的培训方案，老师和其他小组的学生一起对培训方案进行分析、比较、点评，并选出优秀的新员工培训方案。

3. 实训时间

本实训资料查阅与企业调查实施可在周末进行，课堂展示问卷和方案报告、讲解与评析占 2～4 个课时。

4. 实训报告

一是设计一份新员工入职培训需求调查表，二是撰写一份新员工入职培训方案。在方案设计时要结合企业的实际情况，充分考虑它的可行性。

5. 实训成绩评定

（1）实训成绩按优秀、良好、中等、及格、不及格 5 个等级评定。

（2）成绩评定参考准则

①是否熟悉新员工入职培训需求调查的程序，并能够设计一份合理、科学的调查问卷。

②是否能根据的企业实际情况判断培训方案的可行性与有效性。

③学生是否积极参与实训，实训准备是否充分、实训态度如何、小组内部成员分工是否合理、团队合作是否协调。

④现场调查表现占总成绩的 20%，课堂讲解、讨论、分析等环节占总成绩的 30%，调查问卷占总成绩的 20%，新员工入职培训方案占总成绩的 30%。

项目测验

不定项选择题

1. 新员工入职培训，又称（   ），是指针对新员工正式进入岗位角色前的一系列培训。
    A. 岗前培训   B. 上岗培训
    C. 职前教育   D. 企业文化培训
2. 新员工入职培训内容一般包含（   ）。
    A. 企业概况   B. 公司管理制度
    C. 上岗培训   D. 职业生涯规划
3. 新员工企业概况的培训一般包含（   ）等内容。
    A. 公司主营业务   B. 公司发展历程
    C. 公司企业文化   D. 岗位职责
4. 新员工入职培训需求调查分析可从（   ）等层面进行分析。
    A. 员工   B. 部门领导   C. 工作岗位   D. 公司
5. 通过工作分析可了解新员工达到理想的工作绩效所必须掌握的技能和能力，可以从（   ）等方面进行。
    A. 新员工技能   B. 岗位职责
    C. 岗位基本知识   D. 岗位技能要求
6. 新员工入职培训的周期一般为（   ）。
    A. 三天   B. 一周
    C. 一个月   D. 整个试用期间
7. 新员工入职培训前的工作有（   ）。
    A. 整理新员工入职资料   B. 制定培训方案
    C. 培训考核   D. 培训资料的归档
8. 新员工入职培训的误区有（   ）。
    A. 培训周期短   B. 培训形式过于机械式
    C. 讲师层级不注重   D. 对新员工需求掌握不多
9. 新员工入职培训效果评估的方法有（   ）。
    A. 调查问卷法   B. 观察法   C. 面谈法   D. 笔试
10. 通过观察的方式进行新员工培训评估信息的收集，观察对象有（   ）。
    A. 新员工入职后的变化观察   B. 培训组织准备工作观察
    C. 培训实施现场观察   D. 培训对象参加情况观察
11. 入职培训一般可分为（   ）。

A. 岗前培训 B. 企业文化培训
C. 公共的课程培训 D. 专业的课程培训

12. 为让新员工深刻理解工作流程，可通过（　　）的培训方法发现工作流程中的疑点。
　　A. 讲授法　　　B. 观察法　　　C. 网络视频法　　D. 导师制

13. 新员工入职培训方案包含（　　）的内容。
　　A. 培训目的　　B. 培训对象　　C. 培训内容　　　D. 培训方式

14. 新员工入职培训评估内容包含（　　）的内容。
　　A. 培训计划的评估　　　　　　B. 培训资源的评估
　　C. 培训方法的评估　　　　　　D. 培训考核机制评估

15. 下面的新员工入职培训方法中，哪一种方法更能提高员工的融入速度（　　）。
　　A. 游戏法　　　B. 讲授法　　　C. 观察法　　　　D. 面谈法

16. 新员工进入一个企业心理上一般会经历（　　）时期。
　　A. 陌生期　　　B. 信心增长期　C. 增进期　　　　D. 目标树立期

17. 下面那个时期是员工最脆弱的时期（　　）。
　　A. 陌生期　　　B. 信心增长期　C. 增进期　　　　D. 目标树立期

18. 新员工拓展培训的优势有（　　）。
　　A. 能快速掌握岗位知识　　　　B. 使新员工之间的沟通更和谐
　　C. 能减少员工的流失率　　　　D. 能提升新员工的战斗力和士气

19. 新员工入职培训需求分析，包括新员工（　　）分析。
　　A. 学历　　　　B. 家庭成员　　C. 工作经历　　　D. 生活圈子

20. OJT培训是上司和技能娴熟的老员工对下属、普通员工和新员工们通过日常的工作，对必要（　　）等进行教育的一种培训方法。
　　A. 知识　　　　B. 技能　　　　C. 工作方法　　　D. 常识

参考答案　　　　　　补充材料

项目七　E化培训

知识目标

1. 理解 E-Learning 的定义
2. E-Learning 培训体系建设
3. E-Learning 培训课程的开发
4. E-Learning 培训管理制度的制定

能力目标

1. 能理解 E-Learning 培训的特点及优势
2. 了解 E-Learning 培训的课程开发
3. 能掌握 E-Learning 培训的评估程序及方法

情境任务设计

京东怎样培训6万员工

京东目前有6万多名员工，有上千名中高层，仅培训800名经理层员工就用了4个月的时间，费时费力，有时大家还没空参加，而这个定式现在要被颠覆，我们需要重新思考：第一，是不是一定要培养人？第二，一定要开发课程吗？第三，一定要上课培训吗？第四，如何让学习变得简单、快乐？

创新学习平台：京东培训新革命

"全国经理轮训班一场才30人，如果3万多人的公司只用线下培训手段，是非常低效的。"马成功指出线上培训能够更好地调动资源。2013年年初，京东大学搭建了基于 KM 的 E 化学习平台，这个知识管理平台包含了 E-Learning、京东 TV、Know how、京东 Talk 等多种丰富的学习创新技术。

京东 TV：碎片化的创意

要将刘强东的演讲内容丝毫不差地传递给每位员工，仅靠传送演讲视频并不能保证每位员工都愿意听完一个半小时，但是把视频剪辑成九段十分钟的小视频，并配上一个吸引人的标题后，效果截然不同。这就是京东 TV 诞生的初衷。然而，京东 TV 不过是

这次培训革命的起点。

当刘强东演讲的第一集上线后，一个月的点击量突破了10000次，京东大学的小伙伴们Hold不住了，在各部门的配合下，设计了针对公司全体员工的Know how项目，并为牛人提供了一个全新的舞台——京东talk。

用手机拍Know how：全员秀起来

Know how，即用手机拍know how。京东鼓励全体员工用手机拍摄自己或他人的工作技巧并上传到京东TV上，供大家学习、参考，比如华南区一位配送员用手机拍让货物不丢的方法，还有箱子打包法等。"通过这种方法能让不同岗位的人了解其他岗位的牛人是怎么做的。"马成功说这对于员工既是一种学习，也是一种激励。

京东Talk：京东版TED演讲

京东Talk，线下线上相结合的项目。线下邀请公司内外各路牛人与京东人分享行业知识与经验，在"认知·创新·变革"的知识共享文化下形成了每月一期的京东分享大本营。京东talk邀请牛人俱乐部的牛人们来到摄影棚，用八分钟、十八分钟或者半个小时，完整地讲述自己工作的一个案例或经验感悟，录制后上传至京东TV。前期是总部每月推送一期，从2013年12月开始，各区域每月也需推送一期。

"随着Know how和京东Talk的内容越来越多，京东TV可能渐渐变成京东的一个鲜活的知识体系。如果某天员工离开京东，他也就离开了一个庞大的知识体系，这样也许他就会舍不得离开。"马成功表示包括E-Learning和京东TV在内的"大学习平台"将是京东大学未来工作的重心，也将掀起京东培训的新革命。

资料来源：百度文库

训练任务

京东的培训新革命与传统的培训有什么不同？

训练目标

了解E-Learning的定义、认知E-Learning培训的优点。

训练要求

学生分组，每个小组收集一个典型的E-Learning培训案例，制作成PPT并派学生代表上台演示。

训练考核

每组派出一位代表与教师组成评委团，对各小组的 PPT 文件和演示进行综合评价，老师和各小组代表评分各占 50%。

本项目学习任务

1. 根据所学知识，搜集时下成熟的 E-Learning 培训企业或课程有哪些。
2. 能结合企业实际情况的独立撰写 E-Learning 培训方案。

任务 1　认知 E-Learning

即时案例

联想 E-Learning 实施全程解密

在 E-Learning 实施以前，联想的培训形式主要是传统的面授，讲师在教室里对学员等进行面对面的培训。公司培训中心承担着对几千名员工以及合作伙伴、部分客户的培训重任。随着公司业务的成长，传统培训方式渐渐显得力不从心。培训人员发现，这主要是由传统面授培训本身的缺陷带来的问题：员工在离岗充电和工作之间难以取舍；培训中心做了不少工作，但对培训效果却难以准确地把握；培训投入过大，员工绩效提高却不对应。培训手段的落后与公司的快速发展显然不相适应。

E-Learning 无疑是改变企业培训概念的解决之道。

企业实施 E-Learning，首先要明确：公司需要吗？联想集团是一家规模较大的企业，员工上万人且分布全国乃至欧洲、美洲一些地方。作为知识更新飞快的 IT 企业，培训量相当大，员工需要经常获取新知识，但少有时间在教室里接受面授培训。针对联想的这些特征，公司明确：联想需要 E-Learning。

其次，公司适合实施 E-Learning 吗？企业要想成功地实施 E-Learning，必不可少的是硬件保障——畅通的网络、员工拥有学习用的 pc 或笔记本、性能稳定的服务器。对于联想来说，硬件是具备的。

经过仔细的市场调研和论证工作，联想采取了比较谨慎和稳健的做法，没有在企业内大张旗鼓地开展 E-Learning，而是定位在资源建设、氛围营造这两方面。

资源建设：如果说一个功能完善、界面友善的管理平台是 E-Learning 的骨架的话，那么丰富、实用、设计生动的课件则是其血肉。平台的架构要和企业内的组织结构、工作流程、制度规范等紧密相关，才能真正体现 E 化的效果，国外的平台如 saba、learning space 等功能固然强大，但未必适合中国的企业，国内的一些平台更多的带有学院色彩，而且也没有专业的认证资质。平台建设需要一次性较大的投入，建好之后再修改也比较困难。因此，联想把重点放在了课件建设上面，这是一个长期的、不断改善的过程。在课件建设方面，联想采取了三种方式：自行开发、与专门机构合作定制、直接从 E-Learning 课件供应商处引进。

对于一些涉及联想机密内容的课程或需求迫切的课程，公司自行开发，课件主要以网页为表现形式，供学员自行上网阅读；对于具有联想特色的课程，公司提供课程内容，请专业的 E-Learning 服务商制作课件；对于通用性、专业基础课，直接从 E-Learning 课件供应商处引进。

目前，联想主要从 smart force、skill soft、netg 等全球著名 E-Learning 服务商引入了一些 E-Learning 课件，包括面向技术人员的 IT 认证类，面向销售人员的专业基础课程等。这些课程都带有简易好用的管理平台，通过平台，实施人员可以看到每个学员的学习进展。

另外，在硬件资源建设方面，联想建设了专门用于培训的电子教室和电子化学习中心，投入使用一年多以来，供不应求。

氛围营造：一方面联想通过企业内部杂志和内部网，向员工介绍和推广 E-Learning 的学习方式。另一方面，向学员提供学习支持服务。学员的技术背景不一样，对系统、对课件使用的了解程度也不同，培训中心有专人负责提供支持服务，解答学员在学习过程中的疑惑，保证学员顺利学习课件。另一个很现实的问题是：学员有学习意愿，可是由于工作太忙，就会把网上学习的事情放在第二位，时间一长就忘了，这就靠 E-Learning 实施人员定期提醒学员。

自始至终，联想培训中心人员清醒地抱着一个观念，那就是：E-Learning 不是目的，它是应用新技术使培训内容的传送更为方便快捷，E 化的中心是"学习（Learning）"。

资料来源：百度文库

即时问题

1. E-Learning 培训是不是适用于所有企业或所有员工？
2. 实施 E-Learning 培训需从哪几个方面入手？

一、E-Learning 的定义

E-Learning：英文全称为 Electronic Learning，中文译作"数字（化）学习""电子（化）学习""网络（化）学习"等。不同的译法代表了不同的观点：一是强调基于因特网的学习；二是强调电子化；三是强调在 E-Learning 中要把数字化内容与网络资源结合起来。三者强调的都是数字技术，强调用技术来改造和引导教育。在网络学习环境中，汇集了大量数据、档案资料、程序、教学软件、兴趣讨论组、新闻组等学习资源，形成了一个高度综合集成的资源库。

肖刚将 E-Learning 定义为：通过应用信息科技和互联网技术进行内容传播和快速学习的方法。E-Learning 的"E"代表电子化的学习、有效率的学习、探索的学习、经验的学习、拓展的学习、延伸的学习、易使用的学习、增强的学习。

美国教育部 2000 年度《教育技术白皮书》里对"E-Learning"进行了阐述，具体有如下几个方面：

E-Learning 指的是通过因特网进行的教育及相关服务；

E-Learning 提供给学习者一种全新的学习方式，实现了学习的随时随地性，从而为终身学习提供了可能；E-Learning 改变教学者的作用和教与学之间的关系，从而改变教育的本质；

E-Learning 能很好地实现某些教育目标，但不能代替传统的课堂教学，不会取代学校教育。

二、E-Learning 的发展

1. E-Learning 行业起源

传统企业培训耗时长、覆盖面小、成本高、培训成效不明显、缺乏延续性、管理和学习跟踪难。而在"互联网+"时代，E-Learning 在线学习平台以学习内容系统化、学习方式社区化、学习渠道开放化、学习动力游戏化、学习管理数据化的优势完美解决了传统企业培训的痛点，当前 E-Learning 正以势不可挡的力量，掀起一场深刻影响培训学习领域的伟大变革，颠覆了传统的企业培训行业。

2. 国外 E-Learning 行业现状

欧洲知名 E-Learning 公司 Docebo 于近期发布了最新的全球 E-Learning 市场趋势展望与预测——《2014—2016 年 E-Learning 市场趋势》，全球 E-Learning 市场规模于 2011 年达到了 356 亿美元，接下来五年内的年均复合增长率约为 7.6%，2016 年全球 E-Learning 销售额将达到 515 亿美元。而某些地区远超全球平均水平，根据区域研究，年增长率最高的是亚太地区，达 17.3%，增长最快的是印度、中国和澳大利亚，中国的

年增长率达30%；其次是东欧、非洲和拉丁美洲。

世界各地区E-Learning增长因素各不相同。欧美市场最为成熟，其中美国在自主学习（Self-paced learning）的支出上位居世界第一，西欧排行第二，但到2016年，亚洲预计要超过西欧，成为E-Learning市场上支出第二大的地区。

在E-Learning的发源地美国，目前通过网络进行学习的人数正以每年300%的速度增长，并且有60%的企业通过网络的形式进行员工培训；依据IDC的估计，电子化学习正以每年83%的速度飞快跃升，将达到占企业总训练量的40%，而使得传统的教室训练由占总训练量的80%下降至60%；美国培训与发展协会（ASTD）预测，到2016年，雇员人数超过500人的公司中95%都将采用E-Learning进行培训。

3. 国内E-Learning行业现状和前景

在中国，该领域目前尚处于起步阶段，根据《中国远程教育（资讯版）》中对中国培训市场所做的分析统计，在参加调研的69家公司中有97%企业都进行了企业培训，但只有29%采用网络方式进行培训，从总体看，企业培训市场还主要以传统培训为主，企业E-Learning服务市场的空间很大。

在培训行业内，E-Learning的市场份额连年上涨，所有的E-Learning产品（课件内容、平台和课件制作工具）均显出积极的增长态势。市场对在线教育反应良好，规模各异的企业纷纷开始涉足E-Learning。企业的HR部门逐渐看到了应用E-Learning能为企业带来的优势，不但节省培训经费，更是企业内部知识在网络上的快速传播和更新。在看得见的未来，企业E-Learning将成为培训领域中的新秀。

三、企业实施E-Learning作用与意义

（1）通过配置E-Learning系统使学习成为一项关键性的企业业务，而不是一次性的活动，从而实现了企业内部知识的沉淀、管理、传播和创新，E-Learning中大量的经典课程，使企业员工以更低成本了解更多知识、更快地进行学习，进而提高了生产效率和工作效率。

E-Learning培训技术诞生，并迅速席卷全球。据相关机构研究显示：在美国已经有92%的大型企业开始使用E-Learning，而60%左右的大型企业已经将E-Learning作为培训的主要辅助工具，并节约了大约30%～60%的培训费用。例如：PNC银行（金融业），面临上千名员工需要更深入的培训，替代已使用20年的旧模式的挑战。解决方案是在六周内利用E-Learning培训3000名分散在六个城市的员工。取得的效益是不需要新的培训设备，节省数十万经费。

（2）企业E-Learning系统后可以通过学习范围的扩大，提高部门之间的沟通和理解，提高协作能力，并且可以在E-Learning系统运作成熟之际，将合作伙伴和终端客户纳入企业学习的范畴，缩短与合作伙伴和终端客户的距离，最终促进企业向学习型企业

的转变，增强企业的核心竞争力。例如：Motorola、IBM 公司的 E-Learning，他们除了建立自己的网上管理学院，还建立了学习中心 Learning Resource/ Learning Center，可以帮助自己的员工、客户、经销商、供应商进行同步异地学习、异步学习、终身学习，以提高公司在市场上的竞争力。

（3）企业通过配置 E-Learning 系统，可以使企业的培训管理者丰富教学手段，提高管理水平，大幅减轻培训管理者的工作负担；并且可以通过系统中课程分配、学习跟踪、统计分析等功能实现因人、因岗设置课程，动态调整课程安排，以及量化评估企业培训效果和对于整个培训过程跟踪监控的管理机制等，从而保证高质量的企业培训和企业学习。例如：日本三菱（制造业），面临在短期提供全日本 2500 名业务人员营销培训课程的挑战时，利用网上培训 2500 名分散在日本各城市的业务人员，课程形式包括自学、CD 及 VCD 和 E-Learning 方式，在短期（五个月）完成 2500 名业务人员培训，提高了生产力，下一步将该模式推广至全球 13000 名员工。

（4）企业通过配置 E-Learning 系统，可以使企业员工实现任何时间、任何地点、任何人学习任何课程的个性化四 A 培训（Anytime、Anywhere、Anyone、Anything），可以使员工自主地调剂时间，在工作中安排学习，并通过 E-Learning 系统特有的互动交流模块加强教师与学员、学员与学员之间的交流与协作，从而实现员工全面发展，价值提升和自我超越的目标。例如：西门子（电子业），面临让生产线上员工永远能得到最新培训的挑战时，解决方案是完成西门子培训 E-Learning，提供分散在各地的员工培训课程。培训效益是投资回报率增加，节省大量经费；生产线上员工不必长时间离线；连续学习可维持学习记忆；在六周内增加员工生产效率，而非六个月；建立网上社区及大学，增进沟通。更不用谈 Cisco 公司的 E-Learning，所有员工都可以通过电脑进行网上学习，培训方式以异步学习为主，可以进行同步教学，员工可以在线提问，不能参加培训的员工可以事后在线学习。

四、E-Learning 培训的特点

（一）E-Learning 培训的优点

（1）不受时空限制，方便员工学习。
（2）灵活的学习方式，满足员工不同的学习需求。
（3）多媒体培训资源，适应不同学习风格员工的学习。
（4）不脱产培训减少了因员工培训而带来的企业利益损失。与传统培训相比，采用 E-Learning 所能节省费用的主要构成如下：

(5) 学习与实践结合的协作训练减少工作中的磨合期。
(6) 培训投入的高效回报。

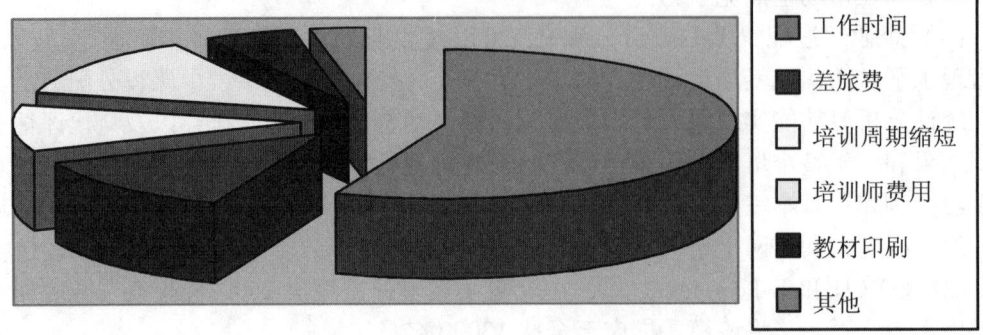

图 7-1　E-Learning 节省费用构成要素

表 7-1　与传统培训相比，E-Learning 的优势

其他实施 E-Learning 相对于传统培训所体现的好处	
●培训总时间缩减了 70%	●学习曲线加快 60%
●差旅的费用下降了 50%	●内容保持力提高 25%～60%
●不得已的销售总结会下降了 50%	●学习收获增加 56%
●企业的生产率增加了 40%	●连贯性增强 50%～60%
●培训的完成率增加了 2 倍	●培训过程压缩 70%
●员工培训总数增加了 25%	●更高传递中的偏差减少了教学过程中偏差

（二）E-Learning 培训的缺点

（1）建设 E-Learning 系统，需要大量的启动资金，包括网络开发与建设，设备购置、电子课件开发等。一般小企业很难负担这笔庞大的费用。

（2）E-Learning 实际功能薄弱，主要适合知识方面的培训，不适用于一些技术、技能方面的培训，如人际沟通能力，操作性技术等。

（3）缺乏面对面的沟通与交流，拉大了人与人之间的距离。

（4）网络时代的课件版权无法得到保护。

由于 E-Learning 具有传统员工培训方式所没有的优势和特点，使它日益成为企业人员培训的首选形式。

任务 2 构建 E-Learning 培训体系建设

相关链接

××科技公司 E-Learning 系统规划方案

为了适应××科技公司快速发展的需要，以结果为导向提升组织的绩效，根据公司各层级对于培训学习的需求，在原有知识管理系统的基础上，优化公司的 E-Learning 在线学习系统，从 E 化到 M 化，实现知识管理和学习培训的有机结合，提升管理人员和员工的综合素质以及公司的整体竞争力。

一、构建 E-Learning 系统的步骤

（1）制定公司发展战略与发展规划；
（2）确定需求，根据需求做架构；
（3）设计、开发或引进系统与课程内容；
（4）在公司推广 E-Learning 学习模式；
（5）选择试点项目进行 E-Learning 实践；
（6）全面开展 E-Learning；
（7）测定评估 E-Learning 实施成效。

二、E-Learning 系统的组成和功能模块

1）知识管理系统（内容）：功能上基于任职资格体系和能力素质模型进行开发设计。

这方面的内容可以参照公司原有的知识库，并进行分类整理，可分为：

（1）基础知识，可包括知识库中的公司知识、行业知识、产品知识；
（2）能力素质和技能类知识，包括知识库中的岗位知识、营销知识，培训知识里面的各项实操方面的培训内容，以及待开发的各类职业素养方面的培训知识等；
（3）管理类知识，可包括知识库中的管理类知识，以及待开发的涉及提升管理人员知识和技能方面的课程内容等。

2）学习管理系统（培训）：功能上基于实现对学习与培训的管理。包括需求调查、学习计划、过程管理、在线学习以及分析评估的支持工作等。

开发设计上可以充分考虑对学习者的激励和督促功能。

（1）学习内容要求上，把内容分为必学课程和选学课程，必学课程包括公司知识、产品知识及针对不同岗位所要求的知识和课程；选学课程包括行业知识、非自身岗位所要求的其他知识和课程。

（2）学员要求上，必学课程是从新员工到每一个公司员工都必须学习的；针对不同岗位的员工设定不同的知识和课程并要求必修；管理人员设定相应的管理知识和技能必修课程，而且和升职、升级、奖励相关联。

（3）进程管理上，根据入职时间的不同设定不同的要求和期限，由易到难，由浅及深，不同阶段的标准可促进员工的学习和成长，并且让他们自己感受到自己的进步。

（4）激励机制上，结合××公司现有的积分机制，把学习培训和在线作业、测试结果与激励机制挂钩。对于在规定时间学习完成必修课程的学员，可给予固定的积分进行激励；对于作业评价或测试分数高的学员给予高积分奖励，对于作业完成不好或测试不及格的可以让他们重修。

三、课程规划和培训形式

课程规划

（1）课程目标上，以符合公司的发展和员工的成长需要为依托，希望能够增强员工学习培训的兴趣，促进员工能力素质的提高，以及提高公司的工作效率，促进业务推进，提升组织绩效。

（2）课程内容上，从以下几点着手准备：

①对知识库中的原有内容进行筛选分类，列入知识管理系统和学习管理系统；

②根据在公司内部进行的需求调查结果，开发相应的学习内容和培训课程；

③对于无法内部开发制作的课程，可根据需要引进（从网上搜集整理或购买）适合公司需要的精品课程；

④课程分类明细。（见附件）

2. 培训形式

（1）学习培训统一为线上学习形式。

（2）部分线下课程可提前通知学员在线实时收看，并事后制作成视频课程线上学习。

四、具体实施措施：

1. ××公司 E-Learning 系统的构建由总经理协调，由总经办配合人力资源部和技术部门共同完成。

2. 培训需求调查和课程设计开发由总经办和人力资源部配合完成。

3. 系统的技术支持由技术部门根据设计进行优化和开发。

4. 方案草案不完善的地方再修改调整。

——百度文库

E-Learning 体系建设一般是指企业 E-Learning 系统的规划与建设，即课件库、媒体素材库、题库、案例库和网卡课程等学习资源的规划与建设。

一、企业 E-Learning 培训体系设计思想

（1）全体员工共同学习平台。E-Learning 成为企业全体员工的共同学习平台，将有助于对全体员工知识、观念、技能、行为的统一管理，从而形成统一的企业文化与共同的职业行为，形成最大的人才合力，大大提升整体工作效能。

（2）管理资源、技术资源、知识资源的高度集成。三大核心资源的高度集成，是企业有效实施 E-Learning 的根本保障，就像交通中路政管理、道路与车辆的关系一样，三者有效匹配，才能构成真正的现代化交通。

（3）与企业现有培训管理体系高度契合。E-Learning 不应该成为指挥棒，而应该成为企业实现培训管理意图的有效工具，帮助企业管理当局或培训管理部门更加轻松地实现员工培训的整体意图，减轻人力负担。E 化的培训管理界面将支持培训需求调查、培训计划制定、培训个性化区分、培训实施、学习交流、培训考核、统计分析等各个培训管理环节。

（4）开放性知识资源环境，支持个性化培训需求。除企业统一采购的知识资源外，系统将支持企业对知识资源的个性化定制，如企业文化、规章制度、个性化课程的导入并提供相关工具，使企业 E-Learning 系统中的培训真正做到普遍性与个性结合、管理共性与企业个性的结合，产生灵动的培训效果。

（5）知识资源的保有、传承与共享。可以肯定地说，培训不是"一锤子买卖"，培训活动中（包括传统培训中）所承载的知识、信息要通过 E-Learning 进行保留、管理和传承，一方面使企业的知识得以积累，另一方面，对新的员工，又可以利用这些保留的资源实施培训，可以大大节约培训成本。

二、企业需要增加的行业个性 E-Learning 内容

企业在制定 E-Learning 培训计划时，必须规划培训的内容，内容对企业培训效果有重要影响，根据自身实际需要有选择地进行 E-Learning 课程组合。

（1）企业文化组。培训过程中首先要向新入职员工介绍企业的历史与现状、规划与前景、特色与优势、文化传统、经营理念、经典营销案例、公司持续发展的保证等，最主要的目的是树立起员工的信心，提高企业的吸引力，这是培训的基础。特别是企业文化方面的内容，应作为一项长期的培训内容，如向企业员工不断的灌输企业的管理理念、行为习惯等企业文化方面的内容，让他们不断受企业文化的熏陶，提高其认同度和忠诚度，为发展长期的合作打下感情基础。

（2）产品和技术组。企业的产品和技术是培训的核心内容，如果没有产品和技术支持，那么企业将会是无源之水。要详细介绍产品研制的技术依托、产品的技术原理、

产品的独到之处和产品的特点等，让员工了解产品，更好地为企业的客户提供优质的产品和服务。

（3）销售技能和管理知识组。目前由于企业销售自身素质良莠不齐，管理上往往是经验式、习惯式，管理模式往往被忽视，或者无法执行。培训计划上也往往侧重于技术培训而忽视管理培训，这应该引起企业高度警觉。企业在培训中应运用先进的管理思想和方法，把企业的经营管理、市场拓展、采购管理、生产与研究发展、物流与配送管理、企业信息化工作等提高到一个新的管理高度。

（4）政策、制度等组。培训内容不能缺少企业的政策和制度，并要强调政策制度带来的收益。涉及企业经营业务有关方面的法律条文，培训中也要予以强调。

三、E-Learning 系统的设计

（一）识别需求，制定规划

首先是对企业商业模式和发展战略的理解，这样的理解有助于我们发现哪些人才是企业实现战略目标的关键人才，哪些培训内容能够有效支撑战略发展。比如，在连锁型的企业中，能否快速培养出优秀的店长决定了扩张速度，更加决定了企业经营目标能否完成，对店长进行有效培训成为连锁型企业培训的重点。

迅速建立对企业培训需求的理解，关键绩效指标是非常重要的因素，对关键绩效指标的分析和研究有助于发现影响企业业绩表现的关键因素，这些关键因素往往能够向我们清晰地展示与企业业绩表现密切相关的知识、行为或者技能，做好这样的工作可以使对员工的培养更加具有针对性，可以集中精力改善影响员工绩效表现的行为。研究发现，致力于对影响员工的关键绩效行为的培训行为——同时确保员工在实际工作中对这些培训内容的反复实践，将改变通常意义上的学习递减曲线——一般认为学习的效果将随着时间的推移逐渐减少。

在识别出企业需求的基础上，我们需要对企业的学习与培训工作制定规划，这其中包括了培训的方式、课程体系、不同培训项目的参与人员等。

（二）选择合适的软件平台

毫无疑问，一款优秀的在线学习软件平台是实现有效培训的重要载体，需要注意的是这里的"优秀"并非从技术和功能角度而言。任何一款具有生命力的软件产品都是有"思想"的，这样的思想或来源于理论知识的模型化，或来源于企业实际运作的经验工具化，而决不仅仅是功能模块的堆积。对于企业应用而言，技术的先进性永远不是最关键的，关键的是技术背后蕴含的思想，所以复杂的功能一定不是选择的第一准则。

如果仅仅为了对企业少数人员提供在线学习的平台，可选择购买个性化需求不多但又有着丰富的通用课程资源、成熟的网络学习平台和完善的服务系统。但是如果需要面向大多数员工提供在线学习平台，同时需要更多的个性化服务，那么企业则需要购买一

项目七 E化培训

款独立在线学习平台，并且往往需要对平台进行二次开发以适应企业的实际需求。这样的方式更加有利于将企业的大部分员工纳入到电子化学习与培训中来，同时实现企业无形知识、经验的积累与管理。当然，软件平台的交互性、便捷性也是选择的一个重要因素，这有利于员工更快地接受并有效使用软件平台。

（三）开发源于企业自身的课程

已经引入 E-Learning 培训项目的 HR 经理往往发现，在线进行学习已经成为鸡肋——食之无味、弃之可惜，尽管企业在引进 E-Learning 项目时再三强调课程的重要性，也引进了大批的课程，但实际情况是员工面对众多名师的视频讲座和制作精良的 Flash 课件昏昏欲睡。内容供应商往往强调课程内容的权威性、专业性以及课程形式的趣味性、互动性——内容供应商聘请大学教授建立课程理论体系，并通过专业人员开发课程脚本，最后由精通技术的人员实现课程的标准化，然而这种从制作技术角度出发的商业模式，忽视了学习者和企业的实际需求。面对这样的课程内容，员工往往失去了学习的动力，效果就更加无从谈起。除非能够实现某种长尾效应——尽管提供的是通用类课程，但由于内容足够的多，总有适合企业实际需求的，就像你总能在互联网上找到你所喜欢的歌曲，尽管提供者并不知道你的喜好。事实上，国外大型企业 E-Learning 成功实施经验告诉我们，把学习的内容与企业的实际需求紧密联系在一起，才是解决学习动力和学习效果的根本方法，通常的比例是 80%：20%，也就是企业自身相关的课程占到 80% 的比例，而通用型的课程则占到 20%。

如果把 E-Learning 服务供应商看作一家解决方案服务机构，那么项目成功与否并不仅仅在于软件平台是否运作正常，更重要的是开发内部课程经验实现双向流动，这需要双方的长期深入的合作。从某种角度而言，这是一项咨询服务工作而并非简单的知识和软件产品销售，技术只是实现的一种手段。

（四）制定有效的运作机制

当企业制定了学习与培训规划、购买了软件平台以及选择了合适的内容后，E-Learning 项目要想获得成功，还需要一个独特的运作机制的支撑。这样的机制符合培训产生价值的流程：获得知识→改变行为→养成习惯→改善绩效。更重要的是，通过这样的机制可以实现企业内部的知识管理和经验共享，促使企业成长为学习型组织。

建立有效的运作机制的另一个目的在于将传统的 Training 转变为真正的 Learning。Training 更多带有强制性，而 Learning 则强调主动性。如何将"要我学"转变为"我要学"是需要精心设计的，通过各种以激励为主、约束为辅的手段，鼓励员工主动获取知识，改变行为，同时通过一定的硬性要求加以约束。这些鼓励和约束的措施同样是构成有效运作机制的重要组成部分。

更加重要的是通过机制运作从而打造一种文化氛围，在这样的氛围里，共享与分享是一种主流的意识，每个员工愿意将自己的知识和经验贡献出来，形成组织的整体经验，员工因为这样的行为受到了鼓励——无论是精神上的还是物质上的，这有助于强化并肯定员工的分享精神。对于企业而言，则实现了隐性知识显性化、系统化以及最终固化成为企业的核心竞争力之一，这将帮助企业在这个充满快速复制的商业社会里获得更大的竞争优势。

四、E-Learning 的推行

（1）要获得公司管理层的支持。E-Learning 学习需要公司领导人的支持及资金投入，推行者必须向他们推销，而且要不断地进行沟通，以赢得他们的认同及长期支持。了解公司领导人在意的是什么，然后向他们提供相关的信息，例如，有多少员工使用在线学习、使用的成效如何等。

（2）收集所有资料。E-Learning 可以成为公司的智能宝库，在大企业中尤其能充当信息中心的角色，因为公司拥有许多专业员工、大量的规定和程序。利用在线学习的机会，可以统一公司的信息，增加员工的生产力。

（3）专门设计培训内容。设计有针对性的课程，让员工为用致学，提升岗位技能。

（4）公司不仅应该鼓励员工使用，还必须要求员工使用。传统的课堂式培训，强迫员工必须放下手上的工作，来教室接受培训，但 E-Learning 学习通常没安排固定的培训时间，当员工工作忙碌时，很容易被忽略。要让在线学习发挥功能，最好的方法是由公司规定员工使用，并监督员工的使用情况。

五、E-Learning 系统构建的误区

（1）在引入 E-Learning 系统时由 IT 部门主导，HR 或培训部门的参与度非常低，导致在供应商选择上出现偏差。因为如果由 IT 部门主导，在需求分析、项目实施、上线运营、售后支持等环节上也会出现由于 HR 或培训专家参加度不足而导致脱节的问题。而在需求分析、项目实施、上线运营、售后支持等环节，应建立科学的组织结构，明确分工和责任，应由培训负责人、项目负责人、HR、培训专家、关键用户、各级管理员、客服、IT 工程师各司其职，团队作战方可建立一个科学、合理、适用性强的 E-Learning 的系统。

（2）有人错误地认为 E-Learning 是对传统培训的替代，上了系统以后，培训工作就高大上了，就万事大吉了。其实，E-Learning 并不是对传统培训的颠覆与终结，而是对传统培训的补充与完善。E-Learning 和传统培训一起，构成了一个组织实施培训的整体。

（3）为了促进学员使用 E-Learning 系统，很多企业硬性地规定了每个学员在线学习课时或学分的要求，如果达不到要求，将依规定进行惩罚。这种"强制性"措施会有一定的效果，但容易引起学员的反感。因此，必须"推拉结合"，在硬性"推"的同

时，改善系统的用户体验，加强内容建设，使系统对其工作和成长有实实在在的帮助；在整个学习过程中，除了学分要求，还可对关键学习行为设立积分规则，按照时段统计积分及其排名，并可兑换奖品，有效地增强系统的粘性和学员登录系统学习、互动的积极性。

（4）不少引入 E-Learning 系统的企业往往以登录系统的人次、学习总时长等指标来衡量系统的使用效果，这样做，很容易导致该项目变成形象工程、面子工程。因为，这两个指标可能是部分学员利用网络视频课程的弱点，采用挂网累计学时的做法蒙混出来的。

所以我们应通过构建 E-Learning 系统，把在线学习行为、学习记录、教务管理、线下学习情况等管理起来，实现混合式、一体化管理。

任务3　开发 E-Learning 培训课程

>> **即时案例**

关注课件制作与教学资源

东航总部设在上海，是我国三大骨干航空运输集团之一。自 1988 年至今，在国内先后成立了 14 家分公司。去年年底通过"东上重组"，将上航收纳为第 15 家子公司。截止 2010 年上半年的统计数据，公司员工总人数超过 6 万。

由于员工人数较多，且分散在全国各地，长期以来，传统培训的压力以及培训经费一直居高不下，组织培训较为困难。公司领导层意识到问题的严峻性，在 2004 年引进了 E-Learning 项目，但当时只针对小部分专业人员开放。

2008 年 4 月起，东航培训中心决定将原有的 E-Learning 进行全面升级改版，且更名为"东航 e 学网"，以全新的面貌向公司全员开放。对此，金慧青分析到，除了考虑到航空人员的分散、培训成本投入大外，公司还着重从解决地区教学资源不平衡的角度来发展"东航 e 学网"。她说："由于地域关系，各地分公司发展的整体状况不平衡，教学资源同样面临不平衡的问题，这就客观上限制了员工的自我发展。"

如今，通过"东航 e 学网"的学习平台，不同地区分公司新员工可以通过网上专业课程进行岗前自主学习；老员工可以从 e 学网上学到更多的管理类的课程；培训教员可以通过网络与学员们进行沟通交流。对于那些经常飞来飞去的空勤人员，只需鼠标轻轻一点，即可在任何一个国家和地区登陆"东航 e 学网"，使学习达到更加轻松便捷的效果。

而在东方航空公司培训中心 E-Learning 项目组，你会了解到这样一个现象，项目组的工作人员全部都是兼职。他们本身都有自己的工作，但出于对 E-Learning 项目的热爱，他们利用业余时间为"东航 e 学网"的建设默默付出着，但这并不影响他们在 E-Learning 上的专业性。在与她们对话过程中，记者看不出他们的兼职身份带来的非职业化，相反却感受到他们的严谨与专业。这种严谨与专业，首先表现在他们对培训方式的认识上。线上线下的混合式培训，是最流行的培训方式。

东航有一套自己的网上培训系统，针对不同人群有不同的要求。如对新员工进行岗前培训就是在网上进行的。当进入不同岗位的业务培训流程后，大多数培训会选择通过线上线下混搭的教学方式进行。比如已经在飞的乘务员进入工作岗位一年后，若需要进入下一阶段的晋级培训课程的话，必须要进行网上规定时间的晋级课程中规定课程的学习，通过考试后才可进行下一阶段的培训。还有些民航总局要求每年复审的证书考试，很多也是通过网上进行。公司内部竞聘选拔中层管理干部时，也要求参选人员必须完成在线规定课程后，才能进入下一轮的面试阶段。

其次表现在他们对教学资源的重视程度。课件制作与教学资源对"东航 e 学网"的长期运营来说至关重要。通过购买通用类课程、量身定做部分专业课件等，目前"东航 e 学网"上的总课件数已达到近 200 门。在谈到通用课件与定制课件的关系时，金慧青说："我们很欢迎航空方面的课程定制厂商，也很愿意与他们合作，但是目前在航空业，还没有很专业的课程定制厂商。为解决这一问题，我们的运控部门、营销 E-Learning 委、乘务培训部、地面服务保障部等各业务部门都自主开发课件。我们不但要努力深挖自己的潜能，也要逐步建立一支航空公司自己的课件制作团队。这是我们今后重点发展的方向之一。"

资料来源：南京时代光华有限公司

即时问题

1. 东方航空公司 e 网课件来源方式有哪几种？
2. 东方航空公司 e 网课件有哪些类型？

一、适合 E-Learning 的课程

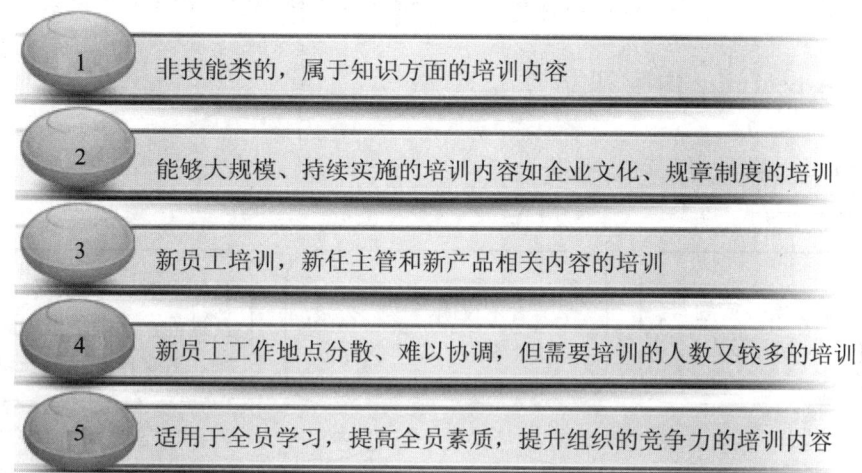

图 7－2　适合 E-Learning 的课程

二、E-Learning 课程体系建设

1. E-Learning 课程体系建设须考虑的因素

（1）态度，指员工的内心想法，并因此表现出来的行为。

（2）行为，包括个人行为和组织行为。

（3）岗位，指岗位所需要的知识、经验、技巧等方面。

（4）能力，指员工所需要的如学习、管理、沟通、协调、计算机操作等能力。

（5）发展，包括个人职业发展与组织的发展。

2. E-Learning 课程体系的开发方式

（1）自主开发。由企业内部组织员工自行开发在线课程。自主开发课程有利于企业培训成本控制，可根据企业的实际需要，将企业内大量的内部专业或隐性知识制作成课件，开发可行的在线课程。这一类型的课程比较适合生命周期短、制作容易、制作成本低的课程。

（2）直接采购。直接向供应商购买在线课程。采购的课程主要是通用性的课程，这类课程适用于不同行业、不同类型的企业。即直接采购比较适合岗位、行业等差别都不大，且要求不高的基础课程。

（3）委托开发。企业内部相关责任人和外聘的教学设计师、多媒体设计师和技术

工程师共同组建课程开发小组,完成在线课程的开发。这种开发方法适用于生命周期长、使用频率高、重点规划的专业知识课程。

(4)免费资源。企业可利用网络资源,选择一些免费的网络在线资源作为组织课程体系建设的补充。一般课程相关的素材、资料等可用该途径获取。

三、E-Learning 内容开发

1. E-Learning 课程内容建设标准

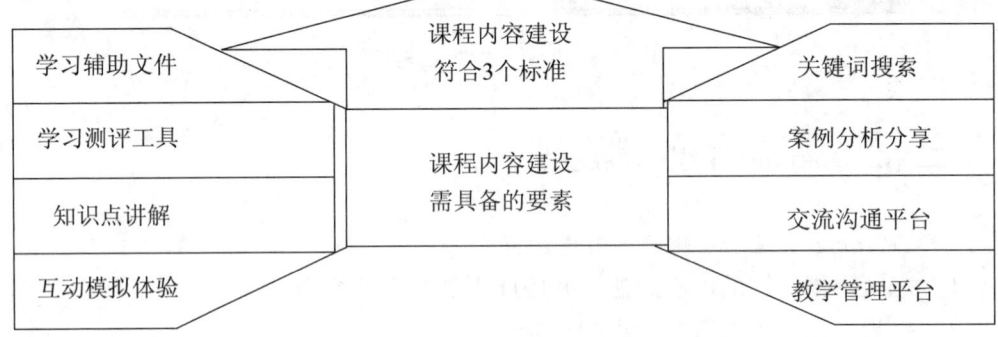

图7-3 E-Learning课程内容建设标准

2. E-Learning 课程内容建设要素

表7-2 E-Learning课程内容建设要素

要素名称	要素说明
学习辅助文件	包括教学大纲、课程目录、思维导图、教学计划、学习安排、教学手册、学生手册、PPT课件等文件内容
学习测评工具	包括课前评估试题库、课中练习、课后作业等内容
知识点讲解	指采用多种表现形式,全面、准确地将课程中的知识点描述出来,知识点讲解的关键在于让学习者能够理解、牢记并能运用相关的知识点

续表

要素名称	要素说明
互动模拟体验	通过让学习者对学习内容进行模拟体验和人机互动,能够使学习者加深对学习内容的理解,并增强改进的主动性
关键词搜索	通过关键词搜索,能够使学习者迅速定位自己所需学习的资源和内容,从而提高学习效率和效果
案例分析分享	包括授课老师提交的案例分析材料和学习者上传的供探讨、分析的案例资料
交流沟通平台	包括课程学习疑问解答、课程学习效果反馈等内容,目的在于通过不断的交流、沟通,持续改进课程内容和运用课程所学内容解决实际问题的能力
教学管理平台	包括课后作业提交、课程学习的考核等内容,目的在于对课程学习效果进行管理

四、E-Learning 课程制作管理

1. 常见的 E-Learning 课件表现形式

表7-3 常见的 E-Learning 课件表现形式

表现形式	说明
HTML 多媒体类	基于 Web 浏览器学习的超文本形式课件,课件由以 HTML/XML 为标记语言的多种类型素材构成,如文本、图片、声音、动画等
音、视频类	以适合网络传输的音、视频为课件主要表现形式。音、视频类课件是将传统课堂、讲座等内容移植到网络上的最简单和最有效的方式
三分屏类	三分屏类课件指视频窗口、PPT 白板和章节导航同时出现在屏幕之中的课件形式。三分屏课件较音、视频课件表现内容更为丰富,是主流的课件模式之一
Flash 动画类	以 Flash 技术为表现形式的多媒体课件,内容呈现上多以动画形式为主。Flash 课件具有表现形式好、占用带宽小等特点,但开发成本较高
3D 仿真模拟类	3D 仿真模拟类课件主要用于讲解、展示复杂结构以及仿真模拟各种操作类的培训,例如,机械构造、建筑构造讲解,汽车、飞机的模拟驾驶等
游戏类	以单机或网络游戏的形式表现学习的内容,特点是寓教于乐,可大大提升学习者的兴趣,游戏化学习是在线学习领域的发展趋势之一

2. E-Learning 培训课件制作时需要考虑以下因素：

（1）培训需求；

（2）课件内容的规范性；

（3）课件的界面；

（4）技术规范。

五、E-Learning 培训课件制作流程

1. 准备阶段

① 项目组的组建；

② 进行相关知识储备。

2. 前期策划阶段

① 教学设计；

② 技术方案设计；

③ 素材准备；

④ 样稿的开发。

3. 开发制作阶段

① 工作分工；

② 统一制作规范和制作模板；

③ 沟通交流和信息反馈。

4. 测试收尾阶段

① 内容审定校对；

② 性能及兼容性测试；

③ 资料编制归档。

任务4　实施并评估 E-Learning 培训

▶▶ 即时案例

如何有效评估 E-Learning

作者：*Steve Yacovelli*（研发部编译）

想象一下，假如你的领导需要你评估一下现有的在线学习方案（这个方案可能是从外部购买的，也可能是公司自有学习管理系统的一部分）。你的目标是确定它是否对你的企业"有用"，那么你该如何开始、以什么样的标准做判断、如何定义"有用"？

《2011 年美国行业发展报告》发现，2010 年，美国在员工培训上的花费是 1 715 亿美元，在 2009 年的基础上增加了 26%，此外，依靠技术手段的学习（尤其是移动学习）增长迅猛，世界 500 强企业平均将 40% 的正规学习用在依靠技术手段的学习上。

由于对网上信息有了更多的需求，在线的学习模式得到了快速的发展，"迅速！及时！依据故有的模式提出解决方案"变成大多数人的追求，虽然快速开发和部署很重要，但如何平衡质量和成本的关系仍然是一个问题，目前，研发领域还没有准确定义构建一个成功的网上学习方案到底需要哪些要素。

我们把太多注意力集中在"事后"，我们通常会说："上线使用后再做出改善方案吧，速度第一，完美第二。"但我认为，在线学习的评估要点应该放在"事前"的部署和评估上。

以上观点基于两个原因：首先，不管我们在内部还是外部的在线学习方面投入了大量的资金，我们都需要了解投资回报率。其次，一旦学习者认为我们提供的在线学习"没有用处"，那么他们肯定会对在线学习这种方式产生排斥。

试想一下，如果你发现你在在线学习系统上学到的是一些设计非常拙劣的课程，那么，你是不是接下来会排斥在线学习这种方式？我们调查过很多职场人士和高校学生，大家都认为网上在线学习不如面对面的学习，为什么？在线学习真的错了吗？

为了解决这个问题，这里有八个要素需要我们考虑，它们将有助于确定这个项目是否值得你投入时间和精力来做。

一、课程设计（Instructional design）

我们需要考虑的第一个因素是课程设计，撇开学习方式不说，好的学习设计会规划教学过程以及学习模型，如 ADDIE 模型、Dick and Carey 模型，或者 ASSURE 模型。

不管是哪种模型，最关键也是必不可少的要素是定义学习的目标、设定学习目标，然后依据目标进行评估，E-Learning 的目标是什么，它能给学习者带来什么，它是否可行？判断教学设计模型能否继续的最好办法是评估学习目标的强度。我们可以用 1～10 来给在线学习进行评分，1 代表"糟糕的教学设计"，10 代表"超乎想象的课程设计"，你会给你的在线学习项目打几分？

二、互动程度（Level of interactivity）

另一个因素是它的互动水平，指学习者在学习中使用的各种方法，从被动使用到主动选择。

虽然没有固定的模式或者最低的要求，但是，一个好的在线学习方案应该包括许多教学策略，教学策略使用越多，学习者的交互性会越强，同样，学习者投入学习的内容越多，学习经验就越好，获得程度就越高。互动策略越多就越会赢得更多的人对在线学习的偏好，但同样，这也意味着开发系统需要投入更多的时间和成本。

三、视觉冲击（Visual impact）

我们不会因为一本书的封面不够吸引人而放弃阅读这本书，但我们不能保证学习者会和我们一样。21世纪的今天，太多的信息冲击着我们的视线，所以，我们的学习内容必须要从第一眼看去就吸引学习者的注意，否则，他们看都不会看，你可能会觉得不公平，但这就是现实。在培训领域，无论是在线学习还是教师辅导，即使是再震撼的消息，如果视觉效果不好，他们很可能会看都不看一眼。通过对外观和感觉的评估，判断学习设计是否专业。另外，即便是放一些图形，也要确认一下它们是否适合学习者的口味，是否反应学习项目的追求，是否适合企业使用，图标和文字是否有联系等。

四、语言（Language）

跟所有的学习一样，明确的语言非常关键，但在面对面的情形下，教学者可以清楚地看到学员是否理解特定的词汇，是否对某些概念有所混淆，进而进行相应的阐述。

在线学习的情况则不一样，必须要非常谨慎地选择各种信息和词汇的使用。我们可以从目标学员的知识理解水平和所在的地域情况这两个方面来理解学员的语言及表述习惯。

五、技术功能（Technical functions）

技术在在线学习中可以拆解为五个方面：

课程界面和导航。我们所做的导航是否可以带领学习者到他们想进入的界面，各种图标按钮是否醒目，意义是否明确，是否在整体风格上体现一致性，是否可以让新的学习者快速上手使用，如果不能，它是否包含有"使用帮助"这样的指导文件。

内容显示和声音效果。单个字体、文本以及图像看起来是否令人满意，如果内容显示不理想，是否需要加入一个插件或者设置下载及刷新的功能；声音是否能传到公司的设备上，是否有破音或者快进的情况。

无障碍。不同能力背景的人员是否都可以公平地访问网站，此外，在线学习技术是否方便所有的潜在学习者学习，如果学习者不能上网怎么办？还能继续学习吗？

超链接和文件。链接是否可以带领学习者到他们想到的页面上，如果链接一个文件，文件是否存在，外部超链接是否能满足期望。

学习管理系统和帮助。如果在线学习链接到组织的学习管理系统，数据是否是共享的，对学习者是否有用，这样的学习是否能帮学习者解决问题，是否能根据学员的需求提供相应的资料。

六、时间（Time）

另一个重点的领域与学习模块的长度有关。首先，学习者需要多长时间完成学习？有的专家根据主题涉及范围来判断在线系统的好坏，研究表明，每个主题的时间保持在 15～30 分钟是最有效。

七、成本（Cost）

如果上述的标准评估中，在线学习都非常不错，那么接下来就要考虑它的成本问题了。如果它的采购成本和维护成本很高怎么办？有很多方法实行培训计划，但最好的方式是保持一致，你的企业是否已经计算了每个学习者的培训投入，是否有其他方法，在线或者其他，如果没有，那么，你需要做一个。

首先，计算教学设计成本、时间、交通成本、采购成本和每年的维护成本、场地租用、年度审计等所有的综合成本，进而确定实施费用，然后除以学习者的数量，算出每个学习者的年度培训成本。计算出现有的学习计划在每个学习者身上的成本后，再计算一下评估后的在线学习项目的成本，你需要估算一下：在你所有的计划中，在线学习计划在什么位置，就现有的学习计划成本与在线学习成本比较能给出你更有说法力的方案。

此外，所有 E-Learning 学习形式还有一个好处，它可以重复运用。所以，它的前期开发成本可能会高于教师的培训成本，但随着使用频率的增加，投资回报率会慢慢显现。所以，我们在考虑成本核算时，还应该考虑到它的重复利用价值。

八、排名（Rankings）

最后考虑的因素是排名。"在以上的七个方面中，哪个对我及我们公司是重要的"，这有助于帮助我们重新思考方案改善的重点。例如，如果图形设计、外观感受对学习者是重要的，学习的需求也很高，那么我们就要重点考虑学员的主动性问题，我们可以对以上七个方面的内容进行打分，1 分表示"不是特别重要"，5 分表示"对企业来说非常重要"。

当然，这些只是评价在线学习质量的一种方法，你可能还有其他的方法。不管使用什么方法。最好能在团队中有一个统一的标准，因为，通过小组讨论的方式可以帮助你减少评分偏见，获得关于在线学习更好的整体观。亚里士多德说，"质量不是一种行为，它是一种习惯。"所以，评价你的学习吧，不管它是在线还是其他方式。

即时问题

E-Learning 评估可以从哪些方面进行？

一、培训需求调查

1. 培训需求分析

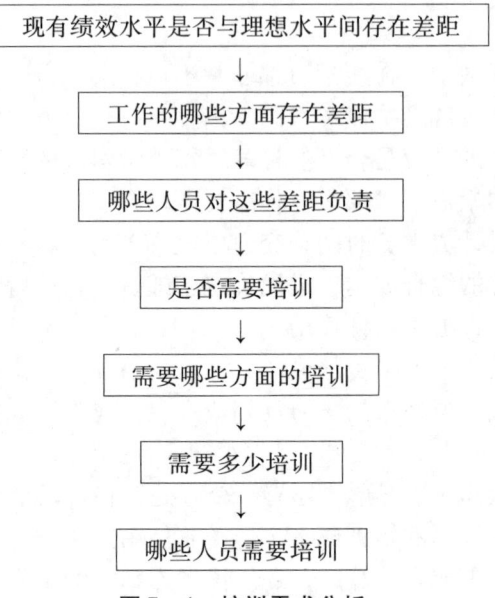

图 7-4　培训需求分析

2. 培训需求评价

评估分析材料的几种来源有：工作分析、绩效考核、培训需求具体项目调查和部门或个人培训需求报告等。对培训需求的评估通常要从以下几个方面出发：

（1）培训需求是否和企业的战略目标相一致；
（2）培训需求是否和企业文化一致；
（3）培训需求所涉及的员工数目；
（4）培训需求对组织目标的重要性；
（5）通过培训业务水平可以提高的程度。

二、培训计划制定

1. 培训机构确定

企业培训的机构有两类：外部培训机构和企业内部培训机构。外部培训机构包括专业培训公司、大学以及跨公司的合作。企业内部培训机构则包括专门的培训实体，或由人力资源部履行其职责。

2. 培训对象确定

根据参加培训的人员不同，可分为：高层管理人员培训、中层管理人员培训、普通职员培训和工人培训。应根据不同的受训对象，设计相应的培训方式和内容。

3. 培训方式确定

可以分为以培训者为中心的方式和以学习者为中心的方式。

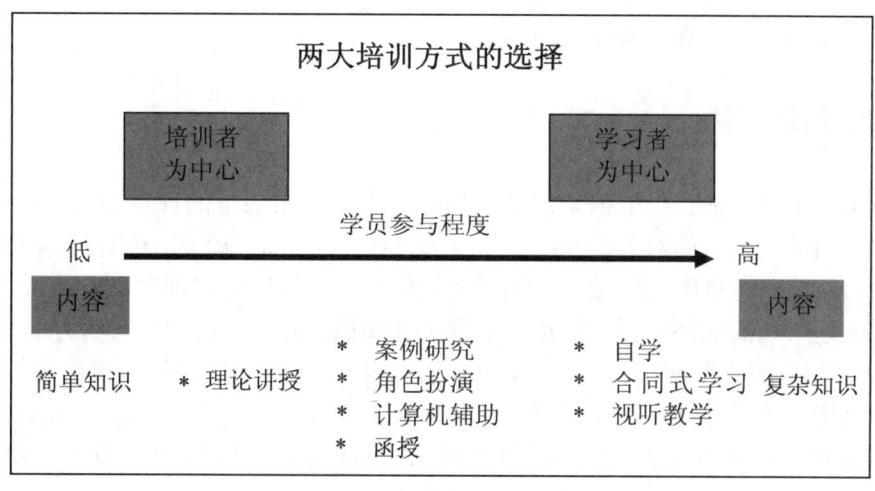

图 7-5 两大培训方式的选择

4. 培训目标确定

开展培训就像企业里开展任何事情一样，都需要确定目标，对于培训目标的确定而言，我们首先要确认问题是什么，找到问题或现象背后的根本原因。

确定培训目标，要定位在培训内容落实的目标层面上，看学员的接受程度、意愿以及培训内容落实后的实际绩效。例如，我们组织一次客服人员的商务礼仪培训，目标要落在"企业产品售后服务投诉中的投诉率为零"之类，而不应该是"礼仪培训知识和技巧评分满分率"之类，前者强调的是培训内容的落实转化，后者则单纯看中培训现场的活动，对于企业组织培训而言，现场的感受和收获固然重要，但对于真正意义上的培训目标而言，我们更应该看重培训后的落实。

5. 培训内容确定

培训内容应根据受训人员的层次来制定。因为不同层次的人员工作层面是不同的，所需学习和训练的内容也应有所侧重。我们认为不同层次的人员所应具有的技能要求是不同的。

三、培训的实施

对于企业来说，E-Learning 的实施是一项系统工程，它和企业的学习需求、组织文化、企业流程和企业管理模式等要素联系紧密。实施的过程中，不仅需要企业关键领导的重视，还需要几乎企业全部部门的支持和参与，随着 E-Learning 的进一步实施，员工的学习观念和学习习惯都应该随之而改变。

四、培训评估

企业培训中的评估，会依据培训的目的和要求，运用一定的评估指标和评估方法，检查和评定培训效果。而对 E-Learning 项目的评估，主要是为了检查项目有效性，并需要了解项目实施究竟有哪些好处。①通过培训效果评估可以对培训项目的效果进行合理判断。②通过培训效果评估可了解培训后学员在知识、技术、能力或行为方面是否有所改变。③通过培训效果评估可以提高学员及培训组织人员参与培训活动的积极性和创造性。④通过培训效果评估可以发现培训项目的优势和不足，总结经验，提出改进方案。⑤通过培训效果评估发现新培训项目的需要，从而为下一阶段的项目开展提供重要依据。

1. E-Learning 培训课件评估

对制作好的培训课件进行评估是保证课程制作质量的重要手段。

培训课件评估的内容主要包括培训需求分析、课程设计、课程内容、课程制作形式、界面设计及技术规范六个方面。

2. E-Learning 评估周期

E-Learning 项目评估周期是一个周而复始的过程。也就是说，可以针对需要评估的对象和层面，在不同的时期和阶段进行评估。因此，评估时间是一个不确定的因素，当然，实施者可以在确立 E-Learning 整理项目计划的同时，设定评估的目标和时间周期，用于对每个不同时期、不同需要评估的对象进行细致的评估工作。

3. E-Learning 评估模型

（1）技术层面评估。在此层面的评估中，实施者需要分析整个系统运行情况，主要涉及如下几个方面：

①系统功能满足程度如何；

②系统是否存在缺陷；

③提供的数据报告是否达到预期；

④其他。

（2）内容层面的评估。在内容层面的评估工作中，实施者需要评估的是内容本身

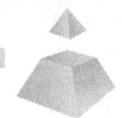

而不是对培训效果的评估。很多企业都在使用 Kirkpatrick（柯克帕特里克四级评估方法）模式进行培训工作的评估，但对 E-Learning 来讲，内容是否在"分享"层面上保证了预期的效果还不确定。

（3）实施层面的评估。在此层面的评估，主要需要实施者从组织各种教学活动及规划的有效性方面检查项目的效果是否达到预期。如：

①项目实施时间是否和预期相同；
②上线预期人数和目标量是否吻合；
③采用的各种激励手段是否有效；
④其他。

实施层面的评估视最初设计此阶段的实施计划具体而定评估指标，企业需要落实此阶段企业或者 E-Learning 项目阶段性目标到底是什么。

（4）组织层面的评估。组织层面的评估对于实施者而言，是开始进入 E-Learning 评估的重点和难点工作。我们也会经常在评估时考虑到如下因素：

①用户在日常沟通和使用系统方面是否有所改变；
②E-Learning 可以在合适的时候提供给需要的学员吗；
③E-Learning 项目是否适用于组织的需求。

任务 5　制定 E-Learning 培训管理制度

一、制定培训管理制度的重要性

制定科学的 E-Learning 培训管理制度是有序高效地开展 E-Learning 培训管理工作的前提条件，使 E-Learning 培训工作专业化、规范化、制度化，能提高培训效率。

二、培训管理制度的内容

企业制定 E-Learning 培训管理制度内容，主要从 11 个方面进行：
1. 适用培训对象的界定
2. 实施 E-Learning 培训的目的
3. E-Learning 培训的管理机构及相关职责
4. E-Learning 学员及培训师等相关人员的账号管理
5. 培训学员的管理
6. E-Learning 课程资源管理
7. E-Learning 平台管理

8. E-Learning 培训计划的制定
9. E-Learning 培训计划的实施
10. E-Learning 培训结果的应用
11. E-Learning 培训效果的评估

相关链接

E-Learning 实施管理办法

第一章 总则

第一条 适用范围：参加 ELN 学习的所有员工，以骨干员工为主。

第二条 目的

塑造组织学习氛围，提高组织学习能力，增强员工知识技能，打造系统的培训管理体系。

第三条 管理机构及职责

培训主管：负责 ELN 平台实施管理办法的制定；负责 ELN 平台的系统维护和管理；负责事业部层面与 ELN 结合的重点培训工作的规划、推进和开展。

各单位营运管理中心：负责本单位具体 ELN 实施办法的制定；负责本单位日常 ELN 系统的维护和管理；负责本单位学员 ELN 培训管理，包括培训需求调查、培训计划的制定、监控和考核等工作。

业务部门：根据业务需要与人力资源部门共同制定学习计划，选取学习课程；严格按照学习计划，进行课程学习；支持 ELN 各项培训管理工作。

第四条 设立 ELN 管理委员会

常委会：由事业部管委会成员组成。主要职责：把控学习的战略和方向，倡导和营造学习的氛围。

教务处：由教务主任和教务员组成，教务主任为各单位 HR 经理，教务员为各单位培训专员。主要职责：ELN 日常培训管理，课程体系搭建、培训项目实施。

学务处：由各部门和模块经理组成。主要职责：确定本部门/模块基础必修课程，指导下属制定学习课程和目标，监督和评估下属的学习效果；重视本部门通过 ELN 学习的绩效，带动部门充分利用该系统，并有义务成为内部讲师。

第二章 账号管理

第五条 账号分配

结合 ELN 特点和培训目的，账号分为固定账号和流动账号两种。

1. 固定账号分配

（1）权限：可不限时间任意学习所有的课程。

（2）分配对象：管委会成员、内销总监。

2. 流动账号分配

（1）权限：限定时间内学习规定的课程。

（2）激励性分配方式：与员工个人绩效挂钩，对于获高绩效的员工经教务处审批，可分配学习账号。

（3）计划性分配方式：与具体培训项目或计划结合。

● 由单位统一组织的培训（如关键人才训练营），参加学员分配账号；

● 由员工个人提案，上级领导确认的个人培训计划，经教务处审批后分配账号。

第六条　账号管理

1. 管理原则

（1）除事业部统筹培训项目外，各单位自主进行账号管理并承担相应费用。

（2）账号充分利用：全月闲置率不得超过5%，半月闲置率不得超过10%。

2. 固定账号管理

学员在账号使用期限内，可自主安排课程的学习，教务处不做统一管理，仅提供相关资源的支持。

3. 流动账号管理

（1）激励性账号：使用期限为3个月，到期由教务处冻结账号。

（2）计划性账号：培训项目结束或个人培训计划到期后，3日内由教务处冻结账号，个人提交的培训计划时间不能超过2个月。

第三章　学员管理

第七条　学员资格

符合下列情况之一，可申请进行ELN学习：

1. 管委会成员、内销总监。

2. 参与具体培训项目的员工（例如关键人才培训等）。

3. 获得S、A级绩效的员工。

4. 学习意愿强烈，并与上级制定明确学习计划且通过教务处审批的员工。

5. 经过事业部认证且参与课程研发的内部讲师。

6. 其他经教务处审批允许的情况。

第八条　学员责任

1. 根据相应的学习计划，积极参与ELN各项课程的学习，达到学习的要求。

2. 积极参与ELN建设，主动依据学习实施过程中的实际情况，就完善ELN学习系统提出改善建议。

第九条 学员注册

具备学员资格的员工,可通过两种途径获取学习账号,取得学习权限:

1. 教务处系统内直接添加为学员。

2. 员工通过ELN主页进行注册,通过教务处审批后成为学员。

第十条 学员变更

1. 学期中,员工调动部门或个人信息发生变化,经教务主任批准,由教务员负责其网上资料的变更。

2. 学员离职,必须于向上级主管提交书面离职申请的同时知照本单位教务处,由教务员负责将该学员的学习账户冻结。

第四章 课程资源管理

第十一条 外部课程资源

教务处会根据事业部生产经营发展实际,适时购买新的课程资源,不断满足公司和学员发展的学习需求。

第十二条 内部课程资源

1. 课件类别管理:由教务处负责与服务商保持沟通、联系,根据公司内部课程学习的需求和ELN系统的情况,进行课件分类管理。

2. 课件内容上传管理:由教务处组织人员编写内部课程和相应的考试题目,经相关教务主任审批后由教务员负责上传、设置。

第五章 培训计划制定

第十三条 培训计划制定原则

教务处根据培训项目的要求和课程的设置,采用混合式培训方式(即ELN与面授培训方式结合),对参与培训项目的每位学员制定学习计划(包含课程选取、学习时间、学习要求)。

第十四条 课程选取

除固定账号学员外,其他使用流动账号的学员,必须向教务处提交学习申请表(见附件),并制定学习计划,具体如下:

1. 由教务处推荐"课程包"给各学务处(即部门经理),由部门经理与员工共同确定课程,并上报教务处,由各单位教务员(培训专员)负责启动学习计划并进行学习进度的管理。

2. 由个人或部门向教务处提出课程学习申请,由教务处审批后实施。

3. 课程分为必修课和选修课,学员可根据自身需要对选修课进行选择性学习。

4. 不允许学员外出再参加ELN中已有课程的培训。

第十五条 学习时间安排

ELN 采用自主灵活的学习方式，学员需在学习计划要求时间内完成课程。ELN 系统全天开放，原则上不允许上班时间进行学习。

第六章　学习实施

第十六条　学习步骤

系统自动设定学习六步骤：即课前自评、在线学习、在线考试、360 度改进计划、360 度改进评估、360 度改进实施报告，学员只有执行完前一步骤才能执行后一步骤。

1. 课前思考

是学习态度评估的内容之一，需认真回答，不得随意填写与题目无关的内容。

2. 在线学习

学员必须完成所有课程模块后才标志着该课程全部学完。

3. 在线考试

系统标准考试时间为 45 分钟，题目以客观题为主，学员需达到规定的分数线。

4. 360 度改进计划、评估和实施报告

改进计划到实施评估的间隔时间为 60 天，改进评估完毕，学员可填写改进实施报告。

第十七条　学分制管理

1. 采用培训项目学分制管理，学员需修够培训项目所规定的学分，方可结业。

2. 初次考试不合格可给予一次补考机会，补考合格后，学分减半。

3. 参加"人才梯队培训项目"的学员必须顺利结业，才能进入更高一级的培训项目。

第十八条　学习达标要求

1. 学员必须在计划时间内完成前三步学习，即"课前自评—学习课程—参加考试"。

2. 考试成绩必须达到规定的分数。

3. 每门课程的完成后学员必须在 ELN 平台上撰写并提交不少于 300 字课后总结和学习体会。

4. 对于特定的课程（由教务处指定），在课程完成后，学员在平台上需至少提交三个合理可行的改进点，提交给下列至少两位考核人给予打分：直接上级、直接下级（无直接下级者找同部门任一同事）、同部门内任一同事，即进行后三步学习"360 度绩效计划—绩效评估—绩效改进报告"。

第七章　考核与激励

第十九条　考核办法

教务处依据学员学习计划实行"日常监控、月度通报"的管理办法：每月 10 日前

通报上月ELN学习情况，未按照计划学习的学员给予通报批评，被通报三次及以上的学员取消学习资格，且账号费用由学员自己承担。

第二十条　激励措施

1. 对于按期完成学习计划的学员，颁发结业证书，作为职业发展的重要凭证。
2. 每年年底进行"ELN学习之星"评选，事业部对于成绩优异的学员给予奖励和通报表扬。

第八章　附则

第二十一条　本办法自发文之日起开始执行。

第二十二条　本办法未详尽之处，由经营管理部行政与人力资源中心负责解释。

——资料来源：百度文库

关键术语

E-Learning　　E-Learning培训课程的开发　　E-Learning培训管理制度的编制　　E-Learning培训课程的评估

复习与讨论

1. E-Learning培训与传统培训有什么不同？
2. E-Learning培训课程的适用范围有哪些？
3. E-Learning培训的误区有哪些？
4. 如何撰写E-Learning培训制度？
5. 如何进行E-Learning培训的效果评估？

案例分析

北京某某建设集团，注册资本金40亿元，在中国各大区域分别设有17个全资企业和10个控股企业，在"中国企业500强"中排名第84位，在全球最大225家国际工程承包商排名第32位。直属的地产集团以房地产开发与经营为核心业务，大力实施跨地域发展战略，成为面向全国市场，集土地开发、房地产开发、物业管理为一体，产品覆盖住宅、写字楼、零售物业、酒店等多种物业的房地产品牌资产综合运营商。目前公司已先后在北京、贵阳、成都、绵阳、昆明、长沙、武汉等城市进行房地产开发，品牌实力日渐彰显，中国水电地产公司及旗下项目多次获得各级政府及相关机构的高度评价。

一、该集团企业培训现状及分析

高层非常重视学习培训，每年对培训投入也很大，但一直无法解决员工个性化、岗位差异化培训的难题。

每一年投入近百万，培训形式几乎是"请起来，送出去"，但公司的学习氛围一直无法建立，很多中层干部都认为培训是人力资源部的事情，与己无关，每次参加培训都抱着"交差了事"的心态，没有学习意识。

由于外地有分公司，总部在开展培训需求调查工作都非常困难，而且都是以年为单位，培训需求无法与时俱进，需求的误差直接导致员工参与的积极性不高，培训对员工来说变成了应付差事。

各地分公司的人员不断增加，需要对各分公司进行统一的培训，组织起来非常困难，每次实施培训不但费时费力，还无法接受统一的学习课程。

房地产政策日新月异，总部对各地员工进行相关政策培训，此外由于员工素质参差不齐，部分员工需要长时间地进行系统化的重复培训。

企业面授费用较多，每年约近百万的费用，但仍然只能解决部分员工的培训，并且经过培训的优秀员工流失后培训价值荡然无存。

二、解决方案

针对该集团企业的经营情况和培训现状，第三方公司成立了专门的 E-Learning 项目实施团队，和该企业的人力资源以及相关部门主管一起参与方案的需求分析，提供科学实用的解决方案，具体如下：

过去人力资源部在开展培训需求调查时，需要通过原始的表单或邮件统计各部门的培训需求，调研过程费时费力，针对此种情况，我们推荐系统的培训需求功能，通过电子化的功能收集需求，有效地改善了工作效率。

该企业对新加入和新晋升的员工在基本职业技能的提高和在新环境中迅速定位进入角色等能力方面的需求比较强烈，因此，在培训内容方面，我们侧重选择了职业素养、项目管理、沟通交流以及团队建设等方面的课程，而且注重课程的专业性和系统性，针对不同学习程度和职位层次的员工设置相应的课程，给予培训管理者细致的支持辅导。

此外，由于该企业非常重视每一个员工的长期发展，因此，在培训管理方面，针对该企业实际情况，配合人力资源管理部门，为各部门制定了一个中长期的学习计划。并且，结合 E-Learning 企业学习管理系统的统计功能，管理层可以直接通过详细跟踪和记录学员的全部学习过程，并生成详细报告来检查学员的学习进度以及了解学员对培训内容的掌握程度。从而和整个绩效考核挂钩，与实际工作中的业绩相结合，确保培训效果成功落地。

特别需要提出的是由于该企业各地分布若干子公司，需要实时地把近期的工作思路对各地企业员工进行统一培训，一些新员工的企业文化、规章制度等培训又非常耗时，鉴于此企业及时地利用了地产通 E-Learning 的自主上传功能，对一些简单的培训直接通过系统操作，既节约了出差费用，又快速有效实施了培训，取得了良好的学习效果。

企业利用地产通 E-Learning 互动学习系统，如查看同事学习动态，小组讨论系统等，既提高了员工与员工的互动又增强了学习气氛，推动学习型组织和高效率团队的建设。

三、价值体现

成功解决了该企业对分支公司的培训管理、使总部的工作思路能够迅速地传达到各分支公司，使整个公司的工作思路一致，达成良好的工作配合。

通过需求管理系统改进了培训工作效率，使以前需要两周才能完成的培训调研在一天内就能完成。

由于系统提供丰富、专业的房地产课程，满足了各部门员工的培训需求，得到了全体员工认同和支持。

部分员工学习不达标的，可以重复学习课程，有效保障培训效果。

采用管理系统和个人绩效挂钩的办法，有力地促进了系统的成功实施，并保障了培训成效。

思考题：

1. 该集团企业是如何解决每年在培训投入很大，但一直无法解决员工个性化、岗位差异化的培训难题？
2. 该集团企业是如何推动学习型组织的？

实训训练

实训任务一：对 E-Learning 培训的应用现状进行调查，并撰写一份调查报告。

实训任务二：撰写一份 E-Learning 培训管理制度。

1. 实训内容与要求

调查 E-Learning 培训的应用现状；搜集现阶段 E-Learning 培训应用较成功的企业的案例。

根据以上的调查搜集到的数据和信息，每一个小组撰写一份 E-Learning 培训应用现状调查报告。

2. 实训组织方法及步骤

（1）全班制定一份企业的 E-Learning 培训的应用现状调查的行动计划。

（2）将学生分成若干小组，以四到六个人为一组，每个小组需做好准备工作，搜集要调研的企业的相关资料、了解分配到的需要调查的员工基本情况。

（3）小组根据实际情况，选择合适的调查方法。

（4）实施调查，搜集数据并分析数据。

（5）编制 E-Learning 培训的应用现状调查报告。

（6）各个小组展示自己的调查报告，并进行分析讲解。

3. 实训时间

本实训资料查阅与企业调查实施可于周末进行，课堂展示调查报告、讲解与评析占 2~4 个课时。

4. 实训报告：

一是设计 E-Learning 培训管理制度，二是撰写一份 E-Learning 培训的应用现状的调查报告。

5. 实训成绩评定

（1）实训成绩按优秀、良好、中等、及格、不及格 5 个等级评定。

（2）成绩评定参考准则

①学生是否积极参与实训，实训准备是否充分、实训态度如何、小组内部成员分工是否合理、团队合作是否协调；②现场调查表现占总成绩的 20%，课堂讲解、讨论、分析等环节占总成绩的 30%，E-Learning 培训管理制度占总成绩的 20%，E-Learning 培训的应用现状调查报告占总成绩的 30%。

项目测验

不定项选择题

1. E-learning 培训体系由（　　）组成。
   A. 培训需求分析　　　　　　B. 培训设计与采购
   C. 培训的实施　　　　　　　D. 培训评估四个部分
2. E-learning 的培训特点有（　　）。
   A. 开发成本低　　　　　　　B. 可以取代传统教育
   C. 拉大了人与人之间的距离　D. 小企业应用的比较多
3. E-learning 课程体系建设须考虑的因素有（　　）。
   A. 态度，指员工的内心想法，并因此表现出来的行为
   B. 行为，包括个人行为和组织行为
   C. 岗位，指岗位所需要的知识、经验、技巧等方面
   D. 能力，指员工所需要的如学习、管理、沟通、协调、计算机操作等能力
4. E-learning 课程体系建设的方式包含（　　）。
   A. 自主开发　　B. 借用　　C. 直接采购　　D. 免费资源
5. 常见的 E-learning 课件表现形式有（　　）。
   A. HTML 多媒体类　　　　　B. 音、视频类
   C. 3D 仿真模拟类　　　　　　D. 文件类
6. E-learning 培训课件制作时需要考虑以下因素。
   A. 培训需求　　　　　　　　B. 课件内容的规范性

C. 课件的界面　　　　　　　　　　　　D. 技术规范
　7. E-learning 培训课件评估的内容不包括（　　）。
　　　A. 培训需求分析　　B. 课程设计　　C. 课程制作形式　　D. 费用预算
　8. E-learning 项目评估周期一般是（　　）。
　　　A. 一个月　　　　　　　　　　　　　B. 半年
　　　C. 一个周而复始的过程　　　　　　　D. 培训完当月
　9. E-learning 评估模型包括（　　）。
　　　A. 技术层面　　　B. 个人层面　　　C. 组织层面　　　D. 内容层面
　10. 组织层面的评估通常考虑（　　）。
　　　A. 用户在日常沟通和使用系统方面是否有所改变
　　　B. 项目实施时间是否和预期相同
　　　C. 上线预期人数和目标量是否吻合
　　　D. 采用的各种激励手段是否有效
　11. E-learning 课程内容的学习辅件包括（　　）。
　　　A. 教学大纲　　　B. 课后作业　　　C. 课程目录　　　D. 思维导图
　12. E-learning 课程内容的教学管理平台包括（　　）。
　　　A. 课后作业提交　B. 课程学习的考核　C. 课程目录　　D. 思维导图
　13. E-learning 课件表现形式中三分屏类课件（　　）同时出现在屏幕之中的课件形式。
　　　A. FLASH　　　　B. 视频窗口　　　C. PPT 白板　　　D. 章节导航
　14. 下面那类型的知识在 E-learning 培训中主用于 3D 仿真模拟类课件讲解（　　）。
　　　A. 机械构造　　　　　　　　　　　　B. 建筑构造讲解
　　　C. 汽车、飞机的模拟驾驶　　　　　　D. 企业文化
　15. E-learning 系统构建的误区有（　　）。
　　　A. 在引入 E-learning 系统时由 IT 部门主导
　　　B. E-learning 不是对传统培训的替代
　　　C. 需要强制性才能带来效果
　　　D. 学习时长仅可作为评价效果的参考因素
　16. 通过构建 E-learning 系统，可把（　　）等管理起来，实现混合式、一体化管理。
　　　A. 在线学习行为　　　　　　　　　　B. 学习记录
　　　C. 教务管理　　　　　　　　　　　　D. 线下学习情况
　17. 下面那种情况适合 E-learning 的课程（　　）
　　　A. 新员工工作地点集中　　　　　　　B. 新员工工作地点分散
　　　C. 需要培训的人数少　　　　　　　　D. 需要培训的人数多

18. E-learning 学习通常（　　）。

　　A．没安排固定的培训时间

　　B．当员工工作忙碌时，很容易被忽略

　　C．强迫员工必须放下手上的工作，来教室接受培训

　　D．由员工自愿自主学习

19．通常制作容易、生命周期短、成本低的课程通常用（　　）的课程体系的建设方式。

　　A．自主开发　　　B．借用　　　C．直接采购　　　D．免费资源

20．E-learning 系统培训的个性化 4A 培训是指（　　）。

　　A．Anytime　　　B．Anywhere　　　C．Anyone　　　D．Anything

参考答案　　　补充材料

参考文献

[1] 肖传亮. 员工培训管理 [M]. 北京：中国劳动社会保障出版社，2012.
[2] 孙宗虎，姚小风. 员工培训管理实务手册 [M]. 北京：人民邮电出版社，2012.
[3] 甘斌. 员工培训与塑造 [M]. 北京：电子工业出版社，2011.
[4] 赵曙明. 人员培训与开发：理论、方法、工具、实务 [M]. 北京：人民邮电出版社，2014.
[5] 韩斌. 培训管理工作手册 [M]. 北京：人民邮电出版社，2013.
[6] 卡尔霍恩·威克，等. 将培训转化为商业结果：学习发展项目的6D法则 [M]. 2版. 周涛，等，译. 北京：电子工业出版社，2013.
[7] 徐芳. 培训与开发理论及技术 [M]. 上海：复旦大学出版社，2010.
[8] 杨毅宏，等. 员工培训实务手册 [M]. 北京：电子工业出版社，2012.
[9] 阿兰·梅涅昂. 管理培训 [M]. 姚纪恩，译. 北京：清华大学出版社，2012.
[10] 王光伟. 员工培训管理实务手册 [M]. 北京：清华大学出版社，2013.
[11] 陶永进. 员工培训管理实训、实战、实务 [M]. 北京：人民邮电出版社，2015.
[12] 黄维德，刘燕. 人力资源管理实务 [M]. 上海：立信会计出版社，2004.
[13] 付亚和，许玉林. 绩效管理 [M]. 上海：复旦大学出版社，2001.
[14] 张翼. 国有企业的家族化 [M]. 北京：社会科学文献出版社，2002.
[15] 黛安娜·阿瑟. 员工招募、面试甄选和岗前引导 [M]. 王丽娟，译. 北京：中国人民大学出版社，1995.
[16] 王先庆. 现代零售丛书-零售企业员工培训 [M]. 广州：广东经济出版社，2004.
[17] 湛新民. 人力资源管理概论 [M]. 北京：清华大学出版社，2005.
[18] 王化丰. 人力资源：从管理走向经营—也谈战略性人力资源管理 [J]. 科技智囊，2006（2）：68-69.
[19] [日] 桅原丰. 人才开发论 [M]. 袁娟，等，译. 北京：中央编译出版社，2001.
[20] 刘再煊，杨清，李俊. 员工培训管理 [M]. 北京：对外经济贸易大学出版社，2003.
[21] 堪新明，徐旺奇. 员工培训方案 [M]. 广州：广东经济出版社，2002.
[22] 加里·德斯勒. 人力资源管理 [M]. 北京：中国人民大学出版社，2002.
[23] 杨静. 对我国国有企业员工培训体系的研究 [J]. 北京机械工业学院学报，2000（3）：76-80.
[24] 张德. 人力资源开发与管理 [M]. 北京：清华大学出版社，1998.
[25] 李晓玲，江贻送. 人力资源培训的发展趋势 [J]. 水利电力机械，2005（6）：70-72.
[26] 张德. 组织行为学 [M]. 北京：高等教育出版社，1999.
[27] 堪新明. 人力资源管理概论 [M]. 北京：清华大学出版社，2005.
[28] 匡晓蕾，高扬，等. 人员培训与开发——理论、方法、工具、实务 [M]. 北京：人民邮电出版社，2014.
[29] 郗亚坤，曲孝民. 员工培训与开发 [M]. 2版. 大连：东北财经大学出版社，2013.
[30] 周正勇，周彪. 员工培训管理实操从新手到高手 [M]. 北京：中国铁道出版社，2014.